U0136061

臺灣史研究名家論集

（二編）

尹章義　王見川　吳學明

李乾朗　周翔鶴　林文龍

邱榮裕　徐曉望　康　豹

陳小沖　陳孔立　黃卓權

黃美英　楊彥杰　蔡相輝

蘭臺出版社

作者簡介（依姓氏筆劃排序）

尹章義　社團法人臺灣史研究會理事長、財團法人福祿基金會董事、財團法人兩岸關係文教基金會執行長。中國文化大學民國 106 年退休教授，輔仁大學民國 94 年退休教授，東吳、臺大兼課。出版專書 42 種（含地方志 16 種）論文 358 篇（含英文 54 篇），屢獲佳評凡四百餘則。

赫哲人，世居武昌小東門外營盤（駐防），六歲隨父母自海南島轉進來臺，住臺中水湳，空小肄業，四民國校、省二中、市一中畢業，輔仁大學學士，臺灣大學碩士，住臺北新店。

王見川　1966 生，2003 年 1 月取得國立中正大學歷史所博士學位。2003 年 8 月至南臺科技大學通識教育中心任助理教授至今。研究領域涉及中國民間信仰(關帝、玄天上帝、文昌、媽祖)、預言書、明清以來民間宗教、近代道教、佛教、扶乩與慈善等，是國際知名的明清以來民間宗教與相關文獻專家。著有《從摩尼教到明教》（臺北新文豐出版公司，1992）、《臺灣的齋教與鸞堂》（臺北南天書局，1996）、《漢人宗教、民間信仰與預言書的探索：王見川自選集》（臺北：博揚文化公司，2008 ）、《張天師之研究：以龍虎山一系為考察中心》（臺北：博揚文化公司，2015）等書。另編有《明清民間宗教經卷文獻》、《中國預言救劫書彙編》《臺灣宗教資料彙編：民間信仰、民間文化》、《中國民間信仰、民間文化資料彙編》、《明清以來善書叢編》等套書。

吳學明　國立臺灣師範大學歷史學碩士、博士，現任國立中央大學歷史研究所教授，曾任國立中央大學客家社會文化研究所所長、客家研究中心主任等職。主要研究領域為臺灣開發史、臺灣客家移墾史、臺灣基督教長老教會史與臺灣文化史，關注議題包括移民拓墾、北臺灣隘墾制與地方社會、南臺灣長老教會在地化歷程等。運用自民間發掘的族譜、契約文書等地方文獻，從事區域史研究，也對族群關係、寺廟與社會組織等底層民眾行動力進行探討。著有《金廣福墾隘與新竹東南山區的開發（1835-1895）》、《頭前溪中上游開墾史暨史料彙編》、《金廣福隘墾研究》、《從依賴到自立———臺灣南部基督長老教會研究》、《變與不變：義民爺信仰之擴張與演變》、《臺灣基督長老教會研究》

與學術論文數十篇，並着編《古文書的解讀與研究》（與黃卓權合編著）、《六家林氏古文書》等專書。

李乾朗　中國文化大學建築及都市設計系畢業，現任國立臺灣藝術大學古蹟藝術修護學系客座教授。致力於古建築田野調查研究，培養古蹟維護的專業人才，並積極參與學術研討會發表研究成果。曾出版了《臺灣建築史》、《古蹟入門》、《臺灣古建築圖解事典》、《水彩臺灣近代建築》、《巨匠神工》等八十餘本與傳統建築或近代建築相關之個人著作，同時也主持多項古蹟、歷史建築的調查研究計劃，出席各縣市政府之古蹟評鑑會議或文化資產議題會議，盡其所能地為臺灣古建築的保存與未來發聲。2011 年榮獲第十五屆臺北文化獎，2016 年榮獲第三十五屆行政院文化獎。

周翔鶴　廈門大學臺灣研究院歷史研究所副教授。

林文龍　南投竹山人，現寓彰化和美。1952 年生，臺灣文獻館研究員。喜吟詠，嗜藏書，旁及文房雅玩。近年，以科舉與臺灣書院研究為重點。著《臺灣的書院科舉》、《彰化書院與科舉》、《臺灣科舉家族——新竹鄭氏人物與科名》，以及《掃籜山房詩集》、《陶村夢憶雜詠》等集。別有書話《書卷清談集古歡》，含〈陶村說書〉、〈披卷餘事〉二編。

邱榮裕　臺灣省桃園縣中壢市人，1955 年生，臺灣省立臺北師專、國立臺灣師範大學、日本立命館大學文學碩士、博士。歷任國小、國中教師、臺灣師範大學專任助教、講師、副教授，全球客家文化研究中心主任；兼任中央大學客家學院副教授、臺灣大學客家研究中心特聘副研究員、中華民國斐陶斐榮譽學會榮譽會員等；曾任國立臺灣師範大學校友總會秘書長、臺灣客家研究學會第六屆理事長、考試院命題暨閱卷委員、客家委員會學術暨諮詢委員、臺北市客家事務委員會委員等。
學術專長領域：臺灣史、客家研究、文化資產與社區。專書有：《臺灣客家民間信仰研究》、《臺灣客家風情：移墾、產業、文化》、《臺灣桃園大溪南興庄纘紳公派下弘農楊氏族譜》、《傳承與創新：臺北市政府推展客家事務十週年紀實（民國 88 年至 98年）》、《臺北市文獻委員會五十週年紀念專輯》等，並發表相關研究領域學術研討會論文數十篇。

徐曉望　生於 1954 年 9 月，上海人。經濟史博士。現為福建社會科學院
　　　　歷史研究所研究員，閩臺文化中心主任。2000 年獲評國務院特
　　　　殊津貼專家，2012 年獲評福建省優秀專家，2016 年獲評福建省
　　　　文史名家。廈門大學宗教研究所兼職教授，福建師範大學歷史
　　　　系兼職教授，福建省歷史學會副會長。2006 年被聘為福建師範
　　　　大學社會歷史學院博士導師。主要研究方向為明清經濟史、福
　　　　建史、海洋史等。發表專著 30 餘部，發表論文 300 餘篇，其中
　　　　在《中國史研究》等核心刊物上發表論文 100 餘篇，論著共計
　　　　1000 多萬字。主要著作有：主編《福建通史》五卷本 186 萬字，
　　　　《福建思想文化史綱》40 萬字，個人專著有：《福建民間信仰源
　　　　流》《閩國史》《福建經濟史考證》《早期臺灣海峽史研究》《媽
　　　　祖信仰史研究》《閩商研究》《明清東南山區經濟的轉型——以
　　　　閩浙贛邊山區為核心》等；近著有：《福建文明史》《福建與東
　　　　南：海上絲綢之路發展史》等。獲福建省社會科學優秀著作一
　　　　等獎一次，二等獎三次，三等獎二次。

康　豹　1961 年在美國洛杉磯出生，1984 年耶魯大學歷史系學士，1990
　　　　年美國普林斯頓大學東亞系博士。曾經在國立中正大學歷史研
　　　　究所與國立中央大學歷史研究所擔任過副教授和教授。2002 年
　　　　獲聘為中央研究院近代史研究所副研究員，2005 年升等為研究
　　　　員，並開始擔任蔣經國國際學術交流基金會研究室主任。2015
　　　　年升等為特聘研究員。研究主要集中在近代中國和臺灣的宗教
　　　　社會史，以跨學科的方法綜合歷史文獻和田野調查，並參酌社
　　　　會科學的理論。

陳小沖　1962 年生，廈門大學歷史系畢業。現為兩岸關係和平發展協同
　　　　創新中心文教平臺首席專家，廈門大學臺灣研究院歷史研究所
　　　　所長、教授，《臺灣研究集刊》常委副主編。出版《日本殖民統
　　　　治臺灣五十年史》等多部專著及臺灣史學術論文數十篇。主持
　　　　或參加多項重大科研課題。主要研究方向：海峽兩岸關係史、
　　　　殖民地時期臺灣歷史。

陳孔立　1930 年生，現任廈門大學臺灣研究院教授、海峽兩岸和平發展
　　　　協作創新中心學術委員會委員。曾任廈門大學臺灣研究所所
　　　　長、中國社會科學院臺灣史研究中心副理事長、中國史學會理
　　　　事。主要著作有：《臺灣歷史綱要》(主編)、《簡明臺灣史》、《臺
　　　　灣歷史與兩岸關係》、《臺灣史事解讀》,《臺灣學導論》、《走近
　　　　兩岸》、《心繫兩岸》、《臺灣民意與群體認同》等。

黃卓權 1949 年生於苗栗縣苗栗市，現籍新竹縣關西鎮。現任客委會諮詢委員、新竹縣文獻委員、國立交通大學客家文化學院客座專家、《關西鎮志》副總編纂。專長臺灣內山開墾史、客家族群史、清代地方制度史。發表研究論著約百萬言，主編「新竹研究叢書」及文史專輯等十餘冊。主要著作：《苗栗內山開發之研究》、《跨時代的臺灣貨殖家：黃南球先生年譜 1840-1919》、《進出客鄉：鄉土史田野與研究》、《古文書的解讀與研究》上、下篇（與吳學明合著）等書；出版詩集《人間遊戲：60 回顧詩選》、《笑看江湖詩選》二冊；參與編撰《新竹市誌》、《獅潭鄉志》、《大湖鄉志》、《北埔鄉志》等地方誌書。

黃美英 政治大學宗教研究所博士生、法鼓佛教學院碩士（主修：佛教史、禪學）。清華大學社會人類學研究所碩士（主修：歷史人類學、宗教人類學、族群史）。臺灣大學中國文學系畢業、臺灣大學考古人類學系肄業。中央研究院民族學研究所研究助理、國立暨南國際大學歷史學系兼任講師。相關學術著作《臺灣媽祖的香火與儀式》、《千年媽祖》及論文二十多篇，主編十多冊書籍。

楊彥杰 男，廈門大學歷史系畢業，長期從事臺灣史和客家研究。歷任福建社會科學院研究員兼臺灣研究所副所長、科研組織處處長、客家研究中心主任、中國閩臺緣博物館館長等職，2014 年退休。代表作：《荷據時代臺灣史》、《閩西客家宗族社會研究》。撰著或主編臺灣史專題、客家田野叢書十餘種，發表論文百餘篇。

蔡相輝 中國文化大學史學研究所博士，歷任任國立空中大學人文學系主任、圖書館館長、總務長等職。現任臺北市關渡宮董事、臺南市泰安旌忠公益文教基金會董事、北港朝天宮諮詢委員、中華媽祖交流協會顧問等職。
著有：《臺灣的王爺與媽祖》（1989）、《臺灣的祠祀與宗教》（1989）、《北港朝天宮志》（1989、1994）《臺灣社會文化史》（1998）、《王得祿傳》（與王文裕合著）（1998）、《媽祖信仰研究》（2006）、《關渡宮的歷史沿革》《關渡宮的祀神》（2015）、《天妃顯聖錄與媽祖信仰》（2016）等專書及論文篇多。

《臺灣史研究名家論集》——總序

　　《臺灣史研究名家論集》即將印行，忝為這套叢刊的主編，依出書慣例不得不說幾句應景話兒。

　　這十幾年我個人習慣於每學期末，打完成績上網登錄後，抱著輕鬆心情前往探訪學長杜潔祥兄，一則敘敘舊，問問半年近況，二則聊聊兩岸出版情況，三則學界動態及學思心得。聊著聊著，不覺日沉西下，興盡而歸，期待半年後再見。大約三年前的見面閒聊，偶然談出了一個新企劃。潔祥兄自從離開佛光大學教職後，「我從江湖來，重回江湖去」（潔祥自況），創辦花木蘭出版社，專門將臺灣近六十年的博碩士論文，有計畫的分類出版，洋洋灑灑已有數十套，近年出書量及速度，幾乎平均一日一本，全年高達三百本以上，煞是驚人。而其選書之嚴謹，校對之仔細，書刊之精美，更是博得學界、業界的稱讚，而海峽對岸也稱許他為「出版家」，而不是「出版商」。這一大套叢刊中有一套《臺灣歷史文化叢刊》，是我當初建議提出的構想，不料獲得彼首肯，出版以來，反應不惡。但是出書者均是時下的年輕一輩博、碩士生，而他們的老師，老一輩的名師呢？是否也該蒐集整理編輯出版？

　　看似偶然的想法，卻也是必然要去做的一件出版大事。臺灣史研究的發展過程，套句許雪姬教授的名言「由鮮學經顯學到險學」，她擔心的理由有三：一、大陸學界有關臺灣史的任務性研究，都有步步進逼本地臺灣史研究的趨勢，加上廈大培養一大批三年即可拿到博士學位的臺灣學生，人數眾多，會導致臺灣本土訓練的學生找工作更加雪上加霜；二、學門上歷史系有被社會科學、文學瓜分，入侵之虞；三、在研究上被跨界研究擠壓下，史家最重要的技藝——史料的考訂，最後受到影響，變成以理代証，被跨學科的專史研究壓迫得難以喘氣。另外，中研院臺史所林玉茹也有同樣憂慮，提出五大問題：一、是臺灣史研究受到統獨思想的影響；二、學術成熟度仍不夠，一批缺乏專業性的人可以跨行教授臺灣史，或是隨時轉戰研究臺灣史；三、是研究人力不足，尤其地方文史工作者，大多學術訓練不足，基礎條件有限，甚至有偽造史料

或創造歷史的情形，他們研究成果未受到學術檢驗，卻廣為流通；四、史料收集整理問題，文獻資料躍居成「市場商品」，竟成天價；五、方法問題，研究者對於田野訪查或口述歷史必須心存警覺和批判性。

　　十數年過去了，這些現象與憂慮仍然存在，臺灣史學界仍然充滿「焦慮與自信」，這些焦慮不是上文引用的表面問題，骨子裡頭真正怕的是生存危機、價值危機、信仰危機，除此外，還有一種「高平庸化」的危機。平心而論，臺灣史的研究，不論就主題、架構、觀點、書寫、理論、方法等等。整體而言，已達國際級高水準，整個研究已是爛熟，不免凝固形成一僵硬範式，很難創新突破而造成「高平庸化」的危機現象。而「高平庸化」的結果又導致格局小、瑣碎化、重複化的現象，君不見近十年博碩士論文題目多半類似，其中固然也有因不同學門有所創見者，也不乏有精闢的論述成果，但遺憾的是多數內容雷同，資料重複，學生作品如此；學者的著述也高明不到哪裡，調研案雖多，題材同，資料同，析論也大同小異。於是乎只有盡量挖掘更多史料，出版更多古文書，做為研究創新之新材料，不過似新實舊，對臺灣史學研究的深入化反而轉成格局小、理論重複、結論重疊，只是堆砌層累的套語陳腔，好友臺師大潘朝陽教授，曾諷喻地說：「早晚會出現一本研究羅斯福路水溝蓋的博士論文」，誠哉斯言，其言雖苛，卻是一句對這現象極佳註腳。至於受統獨意識形態影響下的著作，更不值得一提。這種種現狀，實在令人沮喪、悲觀，此即焦慮之由來。

　　職是之故，面對臺灣史這一「高平庸化」的瓶頸，要如何掙脫困境呢？個人的想法有二：一是嚴守學術規範予以審查評價，不必考慮史學之外的政治立場、意識形態、身分認同等；二是返回原點，重尋典範。於是個人動了念頭，很想將老一輩的著作重新整理，出版成套書，此一構想，獲得潔祥兄的支持，兩人初步商談，訂下幾條原則，一、收入此套叢書者以五十歲（含）以上為主；二、是史家、行家、專家，不必限制為學者，或在大專院校、研究機構者；三、論文集由個人自選代表作，求舊作不排除新作；四、此套書為長期計畫，篩選四、五十位名家代表

作，分成數輯分年出版，每輯以二十位為原則；五、每本書字數以二十萬字為原則，書刊排列起來，也整齊美觀。商談一有結論，我迅即初步擬定名單，一一聯絡邀稿，卻不料潔祥兄卻因某些原因而放棄出版，變成我極尷尬之局面，已向人約稿了，卻不出版了。之後拿著企劃書向兩家出版社商談，均被婉拒，在已絕望之下，幸得蘭臺出版社盧瑞琴女史遞出橄欖枝，願意出版，才解決困局。但又因財力、人力、市場的考慮，只能每輯以十人為主，這下又出現新困擾，已約的二十幾位名家如何交代如何篩選？兩人多次商討之下，盧女史不計盈虧，終於同意擴大為十五位，並不篩選，以來稿先後及編排作業為原則，後來者編入續輯。

　　我個人深信史學畢竟是一門成果和經驗累積的學科，只有不斷累積掌握前賢的著作，溫故知新，才可以引發更新的問題意識，拓展更新的方法、理論，才能使歷史有更寬宏更深入的研究。面對已成書的樣稿，我內心實有感發，充滿欣喜、熟悉、親切、遺憾、失落種種複雜感想。我個人只是斗膽出面邀請同道之師長友朋，共襄盛舉，任憑諸位自行選擇其可傳世、可存者，編輯成書，公諸同好。總之，這套叢書是名家半生著述精華所在，精彩可期，將是臺灣史研究的一座豐功碑及里程碑，可以藏諸名山，垂範後世，開啓門徑，臺灣史的未來新方向即孕育在這套叢書中。展視書稿，披卷流連，略綴數語以說明叢刊的成書經過，及對臺灣史的一些想法、期待與焦慮。

卓克華

2016.2.22 元宵　於三書樓

《臺灣史研究名家論集》——推薦序

　　陳支平教授在《臺灣史研究名家論集》第一輯之《推薦序》裡精闢地談論海峽兩岸學者共同參與「臺灣史研究」學科建設的情形，並謂「《臺灣史研究名家論集》，在一定程度上體現了當今海峽兩岸臺灣史學術研究的基本現狀和學術水準。這套論集的出版，相信對於推動今後臺灣史研究的進一步開拓和深入，無疑將產生良好積極的作用」。誠哉是言也！

　　值此《臺灣史研究名家論集》第二輯出版之際，吾人亦有感言焉。

　　在中國學術史上不乏「良好積極」的示範：一套叢書標誌著一門學科建設的開啟並奠定其「進一步開拓和深入」的基礎。

　　譬如，1935—1936 年間，由編輯家、出版家趙家璧策劃，蔡元培撰序，胡適、鄭振鐸、茅盾、魯迅、鄭伯奇、阿英（錢杏邨）參與編選和導讀，上海良友圖書公司編輯出版了十卷本《中國新文學大系》。於今視之，《中國新文學大系》之策劃和序論、編選與導言、編輯及出版，在總體上標誌著「中國新文學史研究」學科建設的開啟並為其發展奠定基礎。

　　「臺灣史研究」的學科建設亦然。1957—1972 年間出版的《臺灣文獻叢刊》具有發動和發展「臺灣史研究」學科建設的指標意義和學術價值。1988 年 1 月 30 日至 2 月 1 日在臺北舉辦的「臺灣史學術研討會」開始有邀請大陸學者、邀請陳孔立教授「共襄盛舉」的計畫。由於政治因素的干擾，陳孔立教授未能到會，他提交了論文《清代臺灣移民社會的特點》，由臺灣學者尹章義教授擔任評論人。陳孔立、尹章義教授的此次合作，值得記取，令人感慨！2005 年，陳支平教授主持策劃的《臺灣文獻彙刊》則是大陸學者對於「臺灣史研究」學科建設的一大貢獻。

　　在我看來，作為叢書，同《臺灣文獻叢刊》、《臺灣文獻彙刊》一樣，《臺灣史研究名家論集》對於「臺灣史研究」學科建設的意義和價值堪當「至重至要」四字評語。

　　《臺灣史研究名家論集》第二輯的作者所顯示的學術陣容相當可觀。用大陸學界的習慣用語來說，陳孔立教授、尹章義教授及其他各位

教授均屬於「臺灣史研究」的「學科帶頭人」、「首席學者」一類的人物。

　　臨末，作為學者和讀者，我要對出版《臺灣史研究名家論集》的蘭臺出版社與籌劃總主編卓克華教授表達敬意。為了學術進步自甘賠累，蘭臺出版社嘉惠學林、功德無量也。

汪毅夫

2017 年 7 月 15 日記於北京

《臺灣史研究名家論集》——編後記

　　《臺灣史研究名家論集》〈二編〉就將編校完成，出刊在即，蘭臺出版社編輯沈彥伶小姐，來電囑咐寫篇序，身為整套論集叢書主編，自是不容推辭。當初構想在每編即將出版時，寫篇序，不過（楊）彥杰兄在福州一次聚會中，勸我不必如此麻煩，原因是我在《初編》中已寫過序，將此套書編集成書經過、構想、體制，及對現今研究臺灣史的概況、隱憂都已有完整交待，可作為總序，不必在每編書前再寫篇序，倒不如在書後寫篇〈編後記〉，講講甘苦談，說說些有趣的事兒，這建議非常好，正合我意，欣然同意！

　　當初以為我這主編只要與眾位師長、好友、同道約個稿，眾志成城，共襄盛舉就好了，沒想到事非經過不知難，看似簡單不過的事兒，卻曲折不少。簡言之，有三難，邀稿難，交稿難，成書更難。此話怎說？且聽我一一道來：

　　一、邀稿難：這套論集是個人想在退休前精選兩岸臺灣史名學者約 40-50 位左右，將其畢生治學論文，擇精編輯，刊印成書，流傳後世，以顯現我們這一代學人的治學成績。等到真的成形，付諸實踐，頭一關便遇到選擇的標準，選誰？反過來說即是不選誰？雖然我個人對「名家」的標準指的是有「名望」，有「資望」，尤其是有「重望」者，心中雖有些譜，但真的擬定名單時，心中卻忐忑不安，擔心得罪人。一開始考慮兩岸學者比例，以三分之二、三分之一為原則，即每編 15 位學者中，臺灣學者 10 人，大陸學者 5 人，大陸學者倒好處理，以南方學者為主，又集中在廈門大學。較困難的是北方有那些學者是研究臺灣史的？水平如何？不過，幸好有廈大諸師友的推薦過濾，尚不構成困擾。較麻煩的反倒是臺灣本地學者，列入不列入都是麻煩，不列入必定會得罪人，但列入的不一定會答應，一則我個人位卑言輕，不足以擔此重任，二則有些學者謙虛客套，一再推辭，合約無法簽定，三則或已答應交給某出版社出版，不便再交給蘭臺出版社，四則老輩學人已逝，後人難尋，難以

簽約。最遺憾是有些作者欣然同意，更有意趁此機會作一彙編整理，卻不料前此諸多論文已賣斷給某出版社，經商詢該出版社，三番兩次均不答應割愛，徒呼奈何。此邀稿難。

二、交稿難：我原先希望作者只要將舊稿彙整擇精交來即可，以 15 萬字為原則，結果發現有些作者字數不足，必須另寫新稿，但更多的作者都是超過字數，結果守約定的學者只交來 15 萬字，因此割愛不少篇章，不免向我訴苦，等出版社決定放寬為 20 萬字時，已來不及編輯作業，成為一大憾事。超過的，一再商討，忍痛割捨才定稿。更有對昔年舊稿感到不滿，重新添補，大費周章，令我又佩服又慚愧。也有幾位作者真的太忙，拖拖拉拉，一再延遲交稿，幸好我記取《初編》經驗，私下有多約幾位作者，以備遞補，遲交的轉成《三編》、《四編》。但最麻煩的是有一、二位作者遲遲不簽合約，搞得出版社不敢出版，以免惹上著作權法的法律問題。

三、成書難：由於不少是多年前的舊稿，作者雖交稿前來，不是電子檔，出版社必須找人重新打字，不免延擱時間。而大部份舊稿，因是多年前舊作，參考書目，註釋格式，均已改變，都必須全部重新改正，許多作者都是有年紀的人，我輩習慣又要親自校對，此時已皆老眼昏花，又要翻檢原書，耗費時日，延遲交稿，所在皆是。而蘭臺出版社是一家負責任且嚴謹的公司，任何學術著作都要三校以上才肯出版，更耗費時間。

不可思議的在《二編》校對過程，有作者因年老不慎跌倒，顱內出血；或身體有恙，屋漏偏逢連夜雨，居然又逢車禍；或有住家附近興建大廈，整日吵雜，無法專心校對，又堅持一定要親自校對……等等，各種現象都有，凡此都造成二編書延遲耽擱（原本預計九月底出版），而本論集又是以套書形式出版，只要有一本耽誤，便影響全套書出版。

邀稿難，交稿難，成書更難，這是我個人主編《臺灣史研究名家論集》最大的切身感受，不過忝在我個人自願擔負此一學術工程的重大責任，這一切曲折、波折都是小事，尤其看到即將成書的樣稿，那心中的

喜樂是無法言宣的，謝謝眾位賜稿的師友作者，也謝謝鼎力支持，不計盈虧的蘭臺出版社負責人盧瑞琴女士。

卓克華

106 年 12 月 12 日 於三書樓

康豹

臺灣史研究名家論集

（二編）

蘭臺出版社

目　錄

一部臺灣宗教社會史的經典論著
——康豹專集推薦序

　　我和康豹（Paul R. Katz）相識始於 1995 年巴黎的「遺跡崇拜與聖者崇拜：中國聖跡記與地域史的材料」國際漢學會議。那天，他剛從臺北乘飛機到會議報到，可是第二天吃早餐的時候又急匆匆地和大家道別了，原因是他的第二個孩子誕生了，沒能參加會議的遺憾和作為丈夫與父親的雙重責任複雜地寫在他的臉上。這件事讓我印象深刻。

　　往後幾年，我經常到臺灣參加學術會議或做訪問研究，與康豹的見面機會增多。每次見面，我們都會交談彼此的研究心得，並互贈一些新作品。有意思的是，我有幾篇參加會議的論文居然都是由康豹點評的。他不僅在會前詳細閱讀了我的論文，很中肯地提了他的意見，而且在點評之後經常把事先備好的資料送給我。這些資料主要是大陸學者平時很難用到的日據時期的材料，包括與論文有關的寺廟台賬、人口調查等，這讓我很感動。不僅是因為他的意見和資料對我有用，更重要的是，讓我看到了康豹的為人——真誠、熱情和富有責任感。

　　作為學者，康豹自從普林斯頓大學（Princeton University）畢業以後就一直從事中國宗教社會史研究。他的研究足跡不僅在臺灣，也涉及大陸的浙江、湖南等省，發表了諸如 *Demon Hordes and Burning Boats: The Cult of Marshal Wen in Late Imperial Chekiang*（1995）、《臺灣的王爺信仰》（1997）、《染血的山谷——日治時期的噍吧哖事件》（2006）等許多中、英文著作和論文，在中國宗教社會史學界出類拔萃，是一個學風嚴謹、具有深刻思辨能力和創新精神的佼佼者。本書收錄的是他用中文發表（個別由英文譯成）主要涉及漢人尤其是臺灣宗教信仰的部分論文，其中除了一篇屬於新書推薦序之外，其餘八篇都與臺灣宗教社會史有關。這可以讓更多讀者瞭解到這一領域的學術進展，同時也較好反映

了他的學術思想以及對臺灣史研究的新貢獻。本書最值得提及的有三方面：

　　第一、為臺灣史研究打開了一個新視野。以往做歷史研究的學者，對宗教問題大都是比較陌生的，這或許與學科特點以及學者的專業訓練有關，因此很多臺灣史研究的成果多集中於政治、經濟、軍事等領域，真正從事民間信仰研究的歷史學者很少，而且研究的重點多集中於神明源流、寺廟興廢等議題。近十幾年來，歷史學與人類學等學科的合作與整合越來越成為學術發展的新趨勢，康豹的論文正應和了這個趨勢。本書收錄的個案研究都是從民間信仰的角度，從百姓日常生活中代代相傳的信仰習俗、寺廟儀式、神明廟會等來透視一個地方社會文化的演變，以及官方與民間各種力量之間的互動，甚至對重大歷史事件的影響等。噍吧哖事件的研究就是一個很好的例子。這個在日本殖民統治時期發生的重大事件許多學者都研究過，而康豹的研究呈現了比以往更加多元、豐富的社會文化內涵，包括事件發生地的族群構成、地方公廟的形成與網路、民眾信仰習俗、事件發起人的個性及其社會交往等，由此揭示了這個重大歷史事件的發生與發展其實不是簡單的政治、經濟因素就可以得到充分說明。地方公廟及其信仰習俗在社會歷史進程中的作用是複雜多樣的，直至今天依然存在，這可以從另一篇探討戰後臺灣的宗教與政權的論文中看出來。

　　第二、扎實的史料功底。康豹論文的另一個特點就是使用資料相當廣泛，而且對資料的把握、整理、使用非常到位，因此許多看似平常的題目他卻可以「小題大做」，令人刮目相看。我最喜歡的是他那篇研究漢人神判儀式的論文。斬雞頭、告陰狀、審瘋子——這三種在漢人社會中常見的民間信仰習俗，在康豹論文中可以由今溯古串聯起來，並且與苗族乃至中古時期的歐洲、中東等相關儀式做比較，其中涉及資料之廣泛不言而喻。對資料的理解、運用顯示一個學者的治學能力和功底。康豹對道教文獻很是熟悉，同時又善於利用各種歷史文獻，包括先秦典籍、考古材料、文人筆記，乃至西方旅行者、傳教士留下的記錄等。在

研究臺灣宗教社會史方面，除了利用各種方志之外，特別強調對日據時期寺廟調查、戶籍檔案、報刊、人名錄等資料的運用，於此同時配合深入的田野調查，把民間流傳的各種口傳故事、道士科儀本甚至鸞堂善書都充分利用起來，加上對已有成果的清理，因此多篇論文都附有詳細的統計表。這些附表反映地方人物、寺廟鸞堂、各種儀式活動的複雜軌跡和互動關係，沒有深入解讀資料的能力和匯總加工的精細用心是做不到的。

第三、把臺灣宗教社會史置於更大的學術視野中進行討論。與傳統史學論著不同，康豹的論著更注重跨學科、跨地域的理論思考。研究臺灣宗教社會史並不能局限於臺灣一地，必須把它與大陸漢人社會，尤其是福建、廣東、浙江等地漢人宗教聯繫起來，在整體的理論框架下做個案探討。因此，本書收入的論文儘管大都是個案研究，但它們卻不是零散的。康豹在清晰整理了以往的學術成果（主要是西方學者的討論）後認為，寺廟儀式包括廟會是漢人地方社會最重要的公共活動領域，環繞寺廟儀式的三種社會力量——官員、地方菁英和神職人員——形成了三角網路結構，而以往的研究比較注重官員、地方菁英與寺廟儀式的互動，對神職人員卻關注較少。因此康豹的研究很多地方都特別注重神職人員這個群體，並且強調通過對各種寺廟儀式的觀察，可以深刻地反映地方社會。

當然，作為一種學術成果，不見得所有的研究範式和觀點都會得到完全認可。就臺灣宗教社會史而言，也仍有一些問題存在拓展空間，如宗教與經濟的關聯、不同族群儀式傳統的互動與交融等。然而作為一本具有創新意義的論著，康豹對臺灣宗教社會史的研究取得了豐富而且深刻的突破性進展，為我們打開了一個認識臺灣歷史的新視野，尤其是他強調從下往上觀察臺灣社會歷史的思路，強調臺灣史研究必須與大陸尤其是南方地區聯繫起來的理念，強調歷史文獻與田野調查相結合的方法，都是值得關注的。可以相信，這本書不僅對臺灣史研究，而且對中國社會文化史研究的學者都很有價值和意義，它的深刻與創新，必將成

為眾多相關學者尤其是習慣于中文閱讀的學者所必備精讀的經典論著。

楊彥杰

2017 年 2 月 22 日於廈門

多元而充實的學術果實：
讀《康豹台灣史研究名家論集》

　　我與 Paul R. Katz（康豹）相識多年，算是老朋友！在台灣史研究上，他比我略早踏入，1990 年前後即調查東港東隆宮的迎王情況，並發表相關論文。可說是較早調查研究東港王爺信仰者，其成果後成書《台灣的王爺信仰》，是台灣第一本王爺信仰的專門著作，引起台灣學界的廣泛注意，也讓他得到「康王爺」的稱號！

　　不過，就我所知，稱呼康豹為「康王爺」的人，其中不乏揶揄調侃，認為他是老外，懂什麼王爺，懂什麼台灣宗教信仰。這些人之所以這樣說，除了嫉妒外，其實是無知。他們根本或很少看康豹關於台灣史的著作。今日，在卓克華的慧眼關照下，《康豹台灣史研究名家論集》出版，讓我們有機會，系統地閱讀康豹關於台灣史的著作，一窺他的問題意識與學術努力！

　　作為先讀者的同行，個人以為《康豹台灣史研究名家論集》，至少有幾項顯著的特性：

　　一、先驅性：眾所周知，在學術上能找到重要而沒人或少人研究的課題，機會是不多的。康豹運氣不錯，眼光獨到，選擇東隆宮、指南宮與斬雞頭，都顯示他優越的選題能力。因為這些是台灣宗教信仰的重要課題，而恰恰沒人或少人研究。特別是斬雞頭蘊涵的神判立誓文化，是漢人民間文化（或叫中國文化）的重要顯現，不了解它很難理解台灣人或漢人！

　　二、原創性：康豹出身名校，受過完整而嚴格學術訓練，深知沒有原創性的看法，就不需要發表的道理，他本人也身體力行，所以《康豹台灣史研究名家論集》中每篇文章都具有原創性，值得細細品味！

　　三、宏觀性：一般認為要寫宏觀文章不難，大陸與台灣某一時期曾流行這類性質的論著，結果出現不少「假大空」的作品。這是作者沒有基礎研究與參考他人成果所致。康豹的通論性文章（如〈戰後台灣的宗教與政權〉等）與此相反，廣徵博引，既見大又能識小，非常適合外行

與初學者閱讀，讓他們很快吸收學者與他的研究成果！

　　四、比較性：比較研究是很難的，但談論宏觀性題目或針對外行或初學者難免要作比較，才能讓他們了解課題的性質與價值。《康豹台灣史研究名家論集》中的〈中國帝制晚期以降寺廟儀式在地方社會上的功能〉就是這方面的佳作，透過台灣寺廟的案例與其他學者關於中國，台灣的寺廟研究對話，讓人一目了然寺廟儀式在地方社會上的功能。

　　以上是我初讀《康豹台灣史研究名家論集》的感想，是否正確，請各位指正！當然，我也要提醒讀者，康豹在王爺信仰、噍吧年事件(或稱西來庵是件)神判、呂洞賓信仰都有專書，有興趣讀《康豹台灣史研究名家論集》者，應進一步閱讀他的專書。由於《康豹台灣史研究名家論集》中也收錄一些鸞堂與西來庵文章，讀者若能一併閱讀我關於鸞堂與西來庵的論著，那就更好！

王見川

2017.3.17

日治時代官方寺廟史料的重要性
——以東港東隆宮的沿革問題為例

一、前言

　　這篇文章的目的是在於探討台灣日治時代殖民政府所編的寺廟方面的史料對於研究台灣民間信仰的寺廟的重要性，以屏東縣東港鎮著名的王爺廟—東隆宮—為主要的研究對象。本人之所以選這個題目是因為在過去大部分台灣民間信仰的研究當中，日治時代的情形，特別是地方寺廟的歷史與發展，幾乎是一片空白。其背後的理由有四：第一，有一些學者的日文程度不佳，或者是對台灣日治時代歷史的了解有限，所以無法充份地利用相關的史料。[1]第二，台灣史的研究以前一直被忽視與不重視，而因為若干不同的因素，所以這個問題在日治時代台灣史的研究方面有特別大的影響。[2]第三，台灣史學界對於宗教社會史研究的態度相當保守，有一些人認為這方面的研究不屬於所謂的「正統」歷史範圍裡面。事實上，從 1945 到 1992 年在國內所撰寫的關於日治時代台灣史研究的六篇博士論文以及 102 篇碩士論文當中，[3]只有陳玲蓉一篇碩士論文，純粹以當時的宗教社會史為主題，[4]這種現象的後果有二：（1）國內大部份台灣宗教社會史的研究是由人類學、民族學、民俗學、文學、建築學等領域的學者所進行的；（2）有關台灣日治時代宗教社會史的博士論文往往是在國外的大學所撰寫的。[5]第四，這方面的史料不齊全，

---

[1]　請參見張炎憲，〈日治時代台灣史的研究定位〉，《台灣史田野研究通訊》，第 26 期，1993 年 3 月，頁 10-14。

[2]　〈日治時代台灣史研究的回顧與展望座談會記實〉，同註 1，頁 15-16。

[3]　林雅芳、褚秀玲、許進發，〈日治時代台灣史研究博碩士論文目錄〉，同註 1，頁 58-62。

[4]　陳玲蓉的碩士論文已出書了，見《日據時期神道統制下的台灣宗教政策》，自立晚報社文化出版部，1992 年。

[5]　蔡錦堂，《日本帝國主義下台灣の宗教政策》，東京：同成社，1994 年，這本書是蔡教授於 1990 年在筑波大學的博士論文。另外，蔡教授他前幾年所發表的一個演講稿〈日據時期台灣之宗教政策〉，《台灣風物》，42 卷 4 期，1992 年 12 月，頁 105-136，等於是這本書的長篇摘要。另外，參見 Sung Kwang-yu [宋光宇], "Religion and Society in Ch'ing and

經過第二次世界大戰及光復初期的混亂，很多地方的寺廟史料，特別是各地的《寺廟台帳》已經遺失了。[6]此外，很多寺廟自己沒有好好保存自己日治時代的史料，並且在寺廟裡有不少現存的史料（如碑文、匾額、對聯等）還沒有全部被搜集及出版。[7]另外，日治時代的「地方志」，即各地區的《要覽》，關於寺廟的記載不多，且沒有像中國的地方志包括碑文等文獻的〈藝文志〉。[8]當然也有許多日治時代關於台灣的民俗、風俗習慣以及宗教方面的專書，如片岡巖的《台灣風俗誌》（有中文譯本）、鈴木清一郎的《台灣舊慣習俗信仰》（同上），伊能嘉矩的《台灣文化志》（同上），台灣慣習研究會的《台灣慣習記事》（同上），增田福太郎的《台灣の宗教》及《台灣本島人の宗教》，以及曾景來的《台灣宗教と迷信陋習》等等。另外，當時報紙裡面也有一些這方面的報導。不過，上述這些史料對於台灣各個寺廟的歷史的記載不多，即使有，其內容通常相當簡略。

　　因為上面所提過的各種問題與困境，因此有關日治時代台灣民間信仰寺廟的研究似乎很難進行。幸好，也有另外一種史料能夠對於研究這個題目的學者提供很多寶貴的資料，就是日本殖民政府的行政機關所編纂的寺廟方面的史料，特別是大正年間台灣各廳所編的《寺廟調查書》以及台灣總督府文教局於昭和 18 年（1943）6 月所編的《台灣の寺廟問題—舊慣信仰改善に關する調查報告第四》。這些史料對於日治時代台灣寺廟的歷史有相當完整及詳細的記載，不過以前只有研究日本殖民政府宗教政策的學者，如陳玲蓉及蔡錦堂才充份地用過它們（見註 4、

Japanese Colonial Taipei"(Ph. D. thesis, University of Pennsylvania, 1990).

6　參見劉枝萬，〈台灣民間信仰之調查與研究〉，《台灣風物》，44 卷 1 期，1994 年 3 月，頁 15-29；另外，見陳乃蘖，〈各縣市日據時期「社寺廟台帳」存留情形表〉，《台灣文獻》，9 卷 4 期，1958 年 12 月，頁 127-133；劉枝萬，〈台灣省寺廟教堂（名稱、主神、地址）調查表〉，《台灣文獻》，11 卷 2 期，1960 年，頁 37-236。

7　如何培夫所主編的《台灣地區現存碑碣圖誌》到目前為止只完成了台南及澎湖的工作。另外，像鄭喜夫、莊世宗編輯的《光復以前台灣匾額輯錄》（台中：台灣省文獻委員會，1988 年）或黃清良《台灣區重要寺廟聯語匾詞探微》（台北：學海出版社，1980 年），也不齊全。

8　林秀姿，〈日治時期台灣各地區《要覽》評介〉，《台灣風物》，43 卷 1 期，1993 年 3 月，頁 85-116。

　　這份史料的另外一個版本是於昭和 63 年（1988）於日本出版的，出版社為位於奈良的天理教道友社。此時，史料的名稱改為《日本統治時代台灣における寺廟整理問題》。根據這本書後面的一個跋文，這份史料之所以會在日本正式出版是因為宮本延人於昭和 60 年（1985）6 月 25 日參與了一次日本天理大學從昭和 57 年(1982)以來所辦理的「台灣事情勉強會」時，把這份史料拿出來給在場的學者專家參考。因為天理教自從日治時代初期以來一直跟台灣有相當密切的關係，再加上參加「勉強會」的學者對台灣宗教史有很濃厚的興趣，因此才決定把這份史料正式出版。[18]

　　除了改書名及利用了現代的印刷術之外，《寺廟整理問題》與《台灣の寺廟問題》最大的不同是在於它在舊的內容之前加上十六頁的一個由宮本撰寫的「前篇」，裡面的內容分別介紹這份史料的歷史背景，一些關於民族與宗教的討論，關於中國人的宗教信仰的介紹，以及關於整個「寺廟整理」運動的一個回顧。[19]另外，書裡還保存了《台灣の寺廟問題》的原來封面，但右上角的「極密」兩個字已經不見了。雖然出現了這些改變，但是兩種版本的調查報告內容大同小異，只是改了當初一些文字方面的錯誤而已。不過，上述所有的改變似乎多多少少隱藏了這種史料原來屬於官方史料的性質，而且因為今日的學者往往會利用比較新的版本，[20]所以除非研究者詳細地讀這本書的內容，要不然會對於它原來的性質有所誤解。

　　《台灣の寺廟問題》一共分為兩個部份，每一部份有它自己的目錄（可惜的是，新版本的編輯沒有擬一個總目錄）。第一部份（新版本裡稱之為「後篇」）是宮本延人的調查報告，裡面討論了「寺廟整理」運動的經過，事後台灣寺廟的概況，以及未來政策的檢討。這二部份（新版裡稱之為「資料篇」）則為宮本當時所搜集到的關於「寺廟整理」運動的十六種資料（包括參考文獻）。其中包括當時台灣宗教信仰相關的

---

[18] 同上，頁 278-280。

[19] 同上，頁 3-18。

[20] 如蔡錦堂在其博士論文裡利用 1943 年的版本，但於較新的論文裡以 1988 年的版本為主。

法規，關於整個「寺廟整理」運動的經歷的圖表，當時相關的高等報告輯要，第七十四至七十五屆帝國會議時（昭和 14、15 年）關於「寺廟整理」的質詢，一些關於台灣最有名的寺廟的調查報告等等。由上述內容來看，《台灣の寺廟問題》對於研究「寺廟整理」運動的學者是一個重要的寶庫。[21]不過，這份史料同時也對於研究台灣民間信仰的學者也算是極為重要。特別是它關於台灣著名的寺廟的調查報告，對於台北霞海城隍廟、青山王廟（當時稱之為「館」）、指南宮、北港朝天宮及東港東隆宮的詳細記載，能夠彌補其他史料或田野調查的漏洞。以下，筆者以東隆宮的沿革問題為例來探討這份史料的重要性。

三、個案研究——東港東隆宮的沿革問題

當一個人想要研究某一座寺廟的歷史時，他（她）頭一個步驟之一，往往是去查當地的地方志。不過，就東港東隆宮的沿革而言，所得到的收穫並不多。這是因為陳文達與王瑛曾分別於康熙 59 年（1720）與乾隆 30 年（1765）所編修的《鳳山縣志》都沒有很多關於祀典以外寺廟的記載，也沒有提過東隆宮，至於盧德嘉在光緒 20 年（1894）所編的《鳳山縣采訪冊》，它只有關於東隆宮的下列簡短記載：

> 在東隆街（港東），縣東南三十里，屋九間（額「東隆宮」，內祀溫王），光緒 13 年（1877）陳順源募建，17 年（1891）洪朝輝董（重）修。[22]

日治時期的「地方志」，如大正年間的《阿緱廳案內》與《阿緱廳勢一覽》，大正 11 年（1922）至昭和 16 年（1941）的《高雄州要覽》與《高雄州大觀》，以及昭和 5 年（1930）至 14 年（1939）的《東港郡

---

[21]同註 5。不過，陳玲蓉在她的書裡則沒有用到《台灣の寺廟問題》，反而以李嘉嵩，〈日本治台—宗教政策考（1-3）〉，《瀛光》，第 128-130 期，1963 年 11 月的研究為主，令人難以理解。另外，台灣神職會從昭和 2 年（1927）到昭和 17 年（1942）所出版的《敬慎》也對於研究日治時代的宗教政策有很大的幫助。

[22]盧德嘉，《鳳山縣採訪冊》，《台灣文獻叢刊》，第 73 種，台灣銀行，1969 年，頁 181-182。

要覽》與《東港街要覽》等等（參見註 8），雖然包括一些關於東港寺廟的統計資料，但是也沒有提過東隆宮。而至於民國 43 年（1954）到60 年（1971）間所編的《屏東縣志》，它雖然形容了東隆宮在戰後的發展，但是對於清代的沿革並沒有進一步的分析，並把《鳳山縣采訪冊》誤以為「《鳳山縣志》」！[23]

由以上的內容可以得知，要依靠地方志來解決東隆宮的沿革問題是不會有什麼結果的。《鳳山縣采訪冊》關於這個問題的內容只告訴我們東隆宮是在光緒 13 年被「募建」而已，並沒有提過創建的情形。以台灣民間信仰的經驗來看，老百姓不太可能在第一次建立某一尊神明的寺廟時，就把它建的如此之大。因此，我們可以推斷，東隆宮應該是在光緒年代之前被創建。那麼，其確實的創建年代如何呢？目前在東港有兩種不同的說法：一個是康熙 45 年（1706）說，一個是乾隆年間說。[24]

在歷史文獻不足的情況之下，其補救辦法之一乃是很謹慎地利用一些做田野調查時所搜集到的資料以及訪問的結果。但是就東隆宮的沿革問題而言，這種研究方法卻無法使我們得到一個很確實的答案。如果到東隆宮去採訪的話，就可以拿到每三年一次由該廟的祭典委員會所編制印贈的《平安祭典專輯》。根據這份資料，東隆宮原來是於康熙 45 年創建，最早的位置在七個角頭之一的崙仔頂（今之鎮海里），到了光緒 20年被一次海嘯沖走。後來，重建於今日的位置（鎮中心的東隆宮）（見附錄 1）。[25]此外，由全國寺廟整編委員會主編的《東港東隆宮沿革誌》裡的紀載，雖然略詳細一點，但基本上接受了廟方的說法（見附錄 2）。[26]

不過，據地方精英吳朝進等人於民國 67 年（1978）所編的《東港沿革與東隆宮溫王爺傳》，東隆宮雖然創建於康熙 45 年，但其發祥地卻

---

[23]《屏東縣志·名勝古蹟篇》，《中國方誌叢書·台灣地區》，第 81 號，頁 720-721。此外，《台灣省通志》雖然沒有關於東隆宮沿革的記載，但以其創建年代為乾隆年間，見《重修台灣省通志》，台灣文獻委員會，1992 年，卷 3，住民志宗教篇，頁 1337。

[24]關於這個問題，參見拙著，〈屏東縣東港鎮的迎王祭典：台灣瘟神與王爺信仰之分析〉，《中央研究院民族學研究所集刊》，第 70 期，1991 年，頁 95-211；李豐楙，《東港王船祭》，屏東縣政府，1993 年。

[25]《甲戌正科平安祭典專輯》，1994 年，頁 5-6。

[26]《東港東隆宮沿革誌》，1992 年，頁 9-10。

在東港鎮東北東港溪對岸的新園鄉鹽埔村，後來於乾隆年間重修。此後，因為一次水災，所以這個廟被海水沖走了。經過很長的一段時間，東隆宮的主神溫王爺（溫府千歲）化為一個老人，安排把一批福州的木材送來，才解決了這個問題。這些木材漂流到崙仔頂，而當地的居民利用這些木材把東隆宮重建於東隆里。整個工程於咸豐 3 年（1853）完工（見附錄 3）。[27]另外，地方精英伍水源等人所編的《東港墾拓誌略》則接受了《台灣省通誌》的記載（參見註 19），以為東隆宮是在乾隆年間創建。[28]

　　這些種資料中，那一種的說法比較可信呢？事實上，這個問題在當地也引起了一些爭論。東隆宮的董事長以及大部分主要的委員都堅持《平安祭典專輯》的康熙 45 年說是完全正確的。不過，也有一些其他的委員及地方耆老則比較偏重於乾隆年間說，以為即使東隆宮是在康熙年間創建，其發祥地應該在鹽埔。我個人則認為，當初因大部分的東港人於康熙年間在鹽埔集居，所以溫王爺信仰在當地的發祥地應該在那裡。不過因為當時的鹽埔並不繁榮，人口也不多，所以大概沒有一座寺廟，比較可能是信徒在家中供奉溫王爺的神像（類似今日的「神壇」）。到了乾隆年間，因為水災的關係，所以大部分人搬到東港去，而因為當時的東港發展為一個主要的港口，所以才有足夠的資源把第一座正式的東隆宮建於崙仔頂。這座廟後來在光緒初期的另一次水災被沖走，而過了十幾年才被陳順源、洪朝輝等人募建重修於東隆里。[29]

　　《台灣の寺廟問題》對於解決這些困難有相當大的幫助。這是因為這份史料在其有關台灣最重要的寺廟的章節裡有一個很完整關於東隆宮的記載。其關於東隆宮的沿革有下述的內容：

> 本廟主神（溫）王爺的神像今日是用木頭做的。據說以前由於有
> 一個土偶在鹽埔仔被發現，所以最早的廟宇是在一個信徒家裡。
> 然而因為有一年日夜不斷地下大雨，造成東港溪的氾濫。當時居

---

[27] 《東港沿革與東隆宮溫王爺傳》，1978 年，頁 17，25-39。

[28] 《東港墾拓誌略》，年代不詳，頁 22-23。

[29] 同註 24，頁 105-106。

民撿到了不少木材，其中有一塊上面刻了「王爺」兩個字。老百姓把這件事當做神意，因此用那塊木頭刻溫王爺的神像，而把土偶丟到海裡。後來，在崙仔頂一帶的海面上出現了持續三天之久的火光，引起東港人把王爺廟建在崙仔頂之意。後來，溫王爺自己從支那（中國）某地得到了建廟的木材等材料，而把它運到東港，當地人也募集了七千圓的捐款，而建了一座宏大的廟宇。當時是乾隆 55 年（1790）。到了同治 9 年（1870），當地老百姓花了一千六十二圓四十七錢修建王爺廟，但是因為在光緒 3 年（1877）發生一次洪水，造成聖廟的倒塌流失。老百姓只好把溫王爺的神像臨時安置在媽祖廟（即今天的朝隆宮）。經過差不多八年的時間之後，因為陳赤孫、邱金貴、紅潮輝等人發起了重建王爺廟的運動，所以招募了一萬多元的捐款。從動土到竣工花了 3 年時間才把王爺廟建在目前的位置。[30]

從以上的記載我們可以得知，《台灣の寺廟問題》這份史料有助於解決東隆宮沿革方面的一些疑問。同時，它也顯示出，東港地方精英所編的資料，如《東港鎮沿革與東隆宮溫王爺傳》及《東港墾拓略誌》要比廟方所提供的資料稍微可靠一些，這點可以給研究台灣民間信仰的學者很重要的警惕。當然，《台灣の寺廟問題》的內容也離當時的事情有相當的距離，也未必完全可靠。不過，因為其對於東隆宮沿革的解釋既符合地方精英的說法，又跟《鳳山縣采訪冊》的內容相當一致，因此比較值得我們的信賴。

另外，因為上述引文的內容很明確地說明，東隆宮於乾隆 55 年建廟，離這份史料的撰寫時間差 127 年，所以我們可以推斷，這個紀錄應該是在大正 6 年（1917）所撰寫的，這點與《台灣の寺廟問題》其他關於台灣著名寺廟的資料不同，如關於台北霞海城隍廟的記載則提到了昭和 18 年的情形，北港朝天宮的記載提到了昭和 16 年的情形等。這點該如何解釋呢？我個人以為，上述關於東隆宮沿革的記載並不是宮本延人自己寫的，而是從別的史料抄來的。從這個沿革提到大正 6 年的情形來

---

[30] 同註 17，頁 267-268。

看，宮本延人很可能是抄襲了當時所編纂的，但今日已經遺失了的阿緱廳的宗教調查報告書。

　　除了關於東隆宮沿革的內容之外，《台灣の寺廟問題》對於這個寺廟的歷史與發展還能夠提供其他重要的訊息。比方說，它告訴我們當時廟裡的主神是溫王爺，而其從祀及配祀的神明包括：印童、劍童、註生娘娘、觀音佛祖、善才良女、境主公、土地公、文判、武判、千里眼、順風耳、虎爺、馬將軍等神。[31]除了千里眼跟順風耳之外（按：這兩尊神當時之所以會供奉在東隆宮裡，可能是因為溫王爺在清末曾經安置在東港的媽祖廟），這些神明仍然供奉在東隆宮裡，只是增加了水仙尊王。另外，該廟從民國66年到73年加蓋了二樓的先師殿與圖書館以及三樓的凌霄寶殿。先師殿裡供奉了至聖先師孔子、亞聖孟子以及製字先師倉頡。凌霄寶殿裡供奉了玉皇大帝、北斗星君、南斗星君、太上老君及太歲星君。觀世音菩薩現在也供奉在該店的右偏殿裡。

　　就東隆宮在日治時期的祭祀活動而言，《台灣の寺廟問題》裡的資料並不多，但是至少它告訴我們，該廟的例祭日分別為農曆的一月十五日、五月五日及十一月一日。十一月一日為溫王爺的誕辰，東隆宮至今每年會在這天舉行一次隆重的祭典，同時本地的信徒及外地的香客紛紛會來燒香膜拜。一月十五日是元宵節（也是上元節），同時也是天公、天官、臨水夫人等神明的誕辰。因為這些神都沒有供奉在東隆宮裡，所以我們很難判斷當時在這個廟裡所舉行的祭祀活動是甚麼？不過，上元節是普遍的祭典活動，慶祝「天公」生日，以求平安，常配合安光明燈、安太歲及改運等儀式活動，五月五日是端午節，也是近世中國南方及台灣許多地方舉行送瘟（王）船活動的日子。[32]東港東隆宮每三年一次舉行的迎王平安祭典（即送王船），從光復以來是在農曆九月初舉行的。至於這個祭典在日治時期的日期，地方耆老有兩種說法：一種是農曆三月份，媽祖誕辰之後，一種是農曆五月份。因此，《台灣の寺廟問題》

---

[31]同上，頁266。

[32]同註24，頁150-158。另外，參見拙著 (Paul R. Katz), *Demon Hordes and Burning Boats: The Cult of Marshal Wen in Late Imperial Chekiang* (Albany: SUNY Press, 1995)。

的記載比較支持後者的看法。不過，因為這個記載應該是在大正年間所寫的，所以也有一種可能是這個祭典活動到了昭和初期改到三月舉行，但必須找到更確實的資料才能夠證明這點。

　　至於日治時代東隆宮的財產，《台灣の寺廟問題》則提供不少重要的訊息。據它的記載，廟的地址在東港街的 726 番地，其境內地有一千九百九十八坪（按：一坪為 3.31 平方公尺）五勺，建地有一百三十二坪。此外，東隆宮也有三甲（按：一甲為 2.39 英畝（acre）多的農田及十二甲多的畑田（大部分在鹽埔）。另外，因為小琉球到了民國五十年代一直屬於東港東隆宮的祭祀範圍，所以當地人從清代到日治時代初期除了每年向廟方捐錢之外，還把該島的一部分土地（面積不詳）的收穫獻給了東隆宮；但到了明治 33 年（1900），這些的則用來支持新蓋的東港公學校琉球分校。《台灣の寺廟問題》也提到了信徒個別捐錢的情形，但其記載不太詳細。[33]

　　最後，大正年間的管理人為蕭界，[34]但我還沒找到他的戶籍資料，當地的耆老對他也沒有甚麼印象。蕭界以後的管理人有二：一為王闊（當地的米商），一為蔡冀（街長蔡朝取（1890~1962）的親戚，米商，州議會的議員）。[35]

四、結論

　　經過以上的討論，我們可以得知，像台灣各地的《寺廟調查書》或《台灣の寺廟問題》等日治時期的官方史料，不但能夠用來研究當時的制度史或宗教政策，而且有益於研究台灣比較主要的寺廟的歷史與演變。當然，這類的史料，難免有他們的缺點，利用時需要相當謹慎。但正如上述東港東隆宮的嚴格問題所顯示出，這些史料有時候在台灣民間

---

[33]同註 17，頁 266-268。

[34]同上，頁 266。

[35]見拙著 (Paul R. Katz), "Commerce, Marriage and Ritual: Elite Strategies in Tung-kang［東港］during the Twentieth Century," in 莊英章、潘英海合編，《台灣與福建社會文化研究論文集》，中央研究院民族學研究所，頁 127-165，1994。

信仰的研究上能夠發揮相當的作用。

　　雖然如此，但是大部分研究台灣民間信仰的歷史的學者尚未充分地利用這一類的史料。比方說，劉枝萬在他所做過關於台南縣北門鄉南鯤鯓代天府的研究中，雖然提過《台南廳寺廟調查書》，但沒有說明他是如何利用裡面的資料。[36]另外，蔡相輝在他的《台灣的王爺與媽祖》一書裡，雖然一開始就提到各地《寺廟調查書》的重要性，參考書目裡也列了上述六廳的調查書，但在他「實地考察」的幾種個案中，似乎都沒有用到。而在其關於北港朝天宮的研究中，也沒有用到《台灣の寺廟問題》裡很詳細的記載。[37]又，宋光宇在他關於台北霞海城隍廟的研究裡（參見註9），雖然有用到《台北廳社寺廟宇に關する調查》，但也沒有利用《台灣の寺廟問題》關於這個廟的記載。而因為這兩種史料的年代相差只有 28 年，所以很值得用來探討霞海城隍廟在日治時期的概況與演變。

　　當然，也有其他的官方史料也能夠用來研究日治時期台灣寺廟的歷史。像台中州政府在昭和 17 年（1942）所編的《台中州宗教關係調查》或台灣社寺宗教刊行會於昭和 8 年（1933）所編的《台灣社寺宗教要覽‧台北州下に於ける社寺教會要覽》等史料裡也有許多寶貴的資料。此外，也有許多其他類別的日治時期的史料不容我們忽視。比方說，我們可以透過日治時期的戶籍及地政資料來了解寺廟領導人物的家庭背景及經濟概況。另外，像《台灣人士鑑》等傳記資料裡偶爾也能找到關於這些人的訊息，而假如這些人有從事商業活動，像《台灣商工名錄》等資料常常也有記載。日治時代的報紙，如《台灣日日新報》等也偶爾有一些關於台灣寺廟的報導。而唯有透過上述及其他的史料，我們才能夠對於台灣寺廟的歷史進行完整的研究。

　　　本文初刊登於《台灣史料研究》，第 6 號（1995），頁 90-106，
　　　收入本書時略作修訂。

---

[36]同註9，頁 270，註95。

[37]蔡相輝，《台灣的王爺與媽祖》，台原出版社，1989 年，頁 15-16，221。蔡教授誤以為各廳的寺廟調查書皆是由台灣總督府所編的。

附錄 1——《甲戌正科平安祭典專輯》（摘錄）

　　神功造化東隆宮：清康熙 45 年（1706），所謂太監府附近，即昔時崙仔頂（今之鎮海里）海灘上，在一夜之間擱置大批自福建潮沖而至之木材，上書有「東港溫記」字樣，據當時地民傳聞其時溫王爺曾顯靈指示，欲在太監府舊址建廟，並依長短大小不同，選作恰如其分之用途，神靈威赫，毫光顯應民咸稱奇，感懷不已，恪尊神明旨意，醵資擇吉，動之興築初具規模之東港廟宇，聘請名師雕刻溫王爺金身神像，供奉於廟堂神龕，至今仍可景仰威嚴雄赳之尊容，極富歷史價值。此後本廟香火繁盛，百求百應，顯應之蹟屢現，名聞遐邇。光緒 20 年（1895）（筆者按：光緒 20 年實屬 1894 年），發生海嘯浪濤翻天，衝勢非凡，致時太監府淹沒流失不存，境內居民早已車前避災而去，惟東隆宮孤陷浪濤滾滾之中，因王爺神尊尚遺廟內，地方善男信女，在刻不容緩之情形下由士紳林合，發動民眾，伐竹筏，甘冒巨浪吞噬之風險，費盡了不少辛苦赴廟時，前殿巨浪吞天無法進內，隨即改道用開山斧劈穿後殿廟壁，及時搶救王爺神像脫離危境，未幾時神廟突然轟隆一聲，土崩瓦解，全面坍塌，片刻之間，消逝無影無踪，民眾見此異像，慶幸之餘更堅信溫王爺之神威，噫！昔時太監府已沉沒海底，地址距離現在鎮海里大約一公里之海中，滄海桑田，惟有神知，真是奇蹟。

　　化險如夷的溫王爺適時顯示，擇定時日興建新廟於屬「浮水蓮花」穴地之現址，得地理風水之賜，每於颱風海水倒灌、山洪急洩期間，低窪地區常遭水淹沒浸漬之苦，然僅東隆宮未受絲毫水患侵襲，乃一大奇蹟也。本廟年久欠缺維護，乃顯傾圮失修之象。民國 36 年（1947），當地士紳發起募捐活動，進行修葺事宜，當時由蔡冀擔任管理人，林庚申（1902~1974）、蔡朝取擔任總經理，陳聯豐、張萬寶擔任會計，齊力完成修建工作……

附錄 2——《東港東隆宮沿革誌》（摘錄）

　　東港東隆宮是本省著名的王爺廟，主祀溫府千歲。溫王原係唐朝進士，於奉旨巡行天下時，遇海難而亡，成神之後，常巡行閩、浙沿海，佑護往來船隻，是以漳、泉二州人民對溫王崇禮有加。

　　清康熙 33 年（1694），東港地區設置巡檢署，漳、泉移民陸續前來定居。康熙 45 年（1706），在東港海岸「太監府」附近，即舊稱崙仔頂（今鎮海里）海灘上，一夜之間擱置大批自福建潮沖而來的木材，上書有「東港溫記」字樣。斯時溫王亦曾顯靈指示，欲在太監府舊址建廟，並諭示信眾依照木材的長短大小，揀選恰如其分的用途。溫王鎮台駐蹕已定，東港信眾乃恪遵神意，展開建廟事宜，並聘請名師雕刻溫王金身，擇吉安座。東隆宮落成之後，溫王神威大顯，靈蹟屢現，成為全島性的信仰中心。

　　光緒 20 年（1894），東港發生海嘯，濤天巨浪，淹沒太監府，東隆宮淪陷滾滾駭浪中，險象環生；當時，避難他處的庄民皆欲搶救王爺金身，士紳林合（筆者按：林合為林庚申的曾祖父）於是發動信眾，駕筏劈開廟殿後壁，及時搶救王爺神像，剎時之間，神廟坍塌瓦解，沖逝無遺。信眾見此異象，更堅定對溫王爺的信仰。

　　歷經大變的東港亟待重建，溫王爺適時諭示，擇定「浮水蓮花」穴地為新廟址，信眾集腋成裘，匯流成海，終於完成嶄新的東隆宮。得風水之賜，每逢颱風海水倒灌或山洪急洩期，低窪地區常有水淹之苦，然東隆宮卻絲毫未受影響，誠乃一大奇蹟。

　　日據時期，戰亂倥傯，東隆宮維護不易，傾圮之態畢現。迨抗戰勝利，台灣光復，百廢待舉，東港士紳乃於民國 36 年發起修建之議，由蔡冀擔任管理人，林庚申、蔡朝取擔任總經理，陳聯豐、張萬寶擔任會計，善男信女捐輸經費，齊心戮力完成廟殿修建工程。

　　歲月更替，嶄新外貌隨著風雨侵蝕而斑駁古舊，極需重建。民國 66 年，在全體信徒的共識下成立重建委員會，全權負責重建事宜，承蒙各界善信大德慷慨捐輸，熱誠參與，使得這項歷時七年的浩大工程得

以順利於民國 73 年竣工完成，仲秋時節隆重舉行入廟登龕平安祭典。

附錄 3——《東港沿革與東隆宮溫王爺傳》（摘錄）

　　在東港古蹟中尚有一座王爺廟，修建於乾隆年間……內奉有溫王爺……（當初，從福建來的移民）倡議擇地在新園鄉鹽埔村之東方……興建一座廟宇，稱為王爺廟，安神奉祀溫王爺，時為康熙 45 年……鹽埔村尚有王爺畑地，其數相當可觀。當時王爺廟建在鹽埔村的溪東，惟該處沒有防浪設施，致砂土年年被海水沖崩，不久王爺廟便沉浸在水中，且在廟基四週起浪，附近民眾已遷居安全地帶，只有王爺廟屹立在海中，但廟基勢將崩陷，由本鎮一位篤信王爺的信眾登高一呼，大喊搶救鎮殿王爺神像要緊……急駕駛竹筏……準備將神轎之頂蓋掀起，欲將王爺鎮殿神像載走……費盡九牛二虎之力，終於將神像安置在神轎內划走。離開門時，忽聞雷鳴之聲，瞬間廟基無影無蹤崩塌海中……在廟基下海螺成群密佈海面（據稱廟基下層是海螺穴，俗稱倒退當穴）……當時搖鐘網漁民在三天內爭取捕獲海螺甚多……自此之後遷建廟之議應而起，奈因建廟所需福杉經主事者四處奔走好久不能得手，大家焦急萬分。

　　有一天王爺化身成一個老人，到福州一家木材行裡……點購了大批上等木材，且叮嚀註明大小長短用途尺寸，並吩咐老板將木材每枝都寫上「東港溫記」字樣，然後拋入海中，不用船運自然就會漂流到台灣東港的目的地……詎料翌晨木材市場便漲價，老板要大吃虧，因把心一橫，竟將老人所訂的貨不送出門……正當老板自言自語得意時，當晚作了一個惡夢，見那老人來催貨，滿面怒容，用責備口氣說：「如果不即刻把木材依約拋入海中時性命難保」……那知當日渾身發燒，從此病倒床上，請大夫吃藥無效，病況越發沉重。於是趕緊命家人將老人所訂木材數量如約入海中。任其流去，不到幾天這批木材隨潮水自行流入台灣東港崙仔頂海灘上岸。木材老板的病也神祕的痊癒了。

　　……（不久之後），在一個洪姓漁民家的屋頂上……每天入夜屋頂上遙遙地可以望見一盞光芒，但走近時又不見了。運送人並作了一夢，夢見老者頭戴碗帽，身穿深青色長衫，手拿一隻黑骨煙斗，留五部鬚，稱：「我是溫府王爺，奉命前來東港上任，為感化民心，改惡向善，代天宣化，宣揚神明德威，廟宇年久失修，且崩倒海中，現沒有完整廟宇，蓋廟用木材將從福州運到了。我的神像可把你家屋頂上那塊香樟木拿去雕刻供奉。」屋主人醒後記起了從前因颱風後海水漂來在屋頂上撈得二塊好木材一長一短，短的異香撲鼻。回憶該香木原被小琉球人撿在琉球海灘上，後被風浪吹落海中，隨風浪漂來崙仔頂，被他所撿得，因他屋頂係茅草，恐被風吹毀，以它為鎮壓茅草之用……後來小琉球與崙仔頂漁民便爭議起來，最後由東港人士從中調解洽妥，皆奉祀神明，將短的樟木雕刻為東隆宮鎮殿王爺神像，供奉萬人崇拜，長的作為廟前帥旗柱（旗桿），並約定東港三年一次迎王時，小琉球漁民無條件招三千歲（池王爺）參加遶境，並由東港供膳宿，始解決糾紛。

　　……（木材漂來之後），由崙仔頂釀酒廠老闆蕭光山……負責用運載酒之牛車十三輛免費提供運載建廟用之建材，又由當地同業釀私酒之老闆名叫洪烏足，稱不勸募建廟經費，獨立負責一切經費，時為咸豐3年（1853）……自是以後民心一致遵照神明示，擇地在現在之廟地（東隆里）擇日奠基建廟……經過一百餘年來，香煙靄靄如昔日之香味……此地勢地理乃為福水蓮花穴地……後來，樟木所雕刻王爺神像由王爺擇日安座後，將原有之鎮殿土像經王爺指示日期送入大海……。

台灣的呂洞賓信仰——以指南宮為例

　　呂洞賓為廣受漢人禮敬的神明之一，祂或是以單一信仰的形式，或是以八仙之一的形式，出現在道教、民間信仰及民間教派的系統中。關於呂洞賓信仰在中國大陸的淵源與演變已有不少學者做過研究。[1]不過，祂的信仰流傳到台灣的過程以及在本地發展的經歷一直是一個被忽略的課題。事實上，自從十九世紀末期以來，呂洞賓信仰在本島逐漸成長為最興盛的信仰之一。政府關於寺廟的資料，雖然不完全可靠，[2]但是多多少少也能夠反映出這個趨向。根據《重修台灣省通志》的記載，到了民國 70 年，以呂洞賓（或稱之為呂祖、仙公、孚佑帝君）為主神的寺廟共有 52 座（全台的第 18 位）。[3]此外，也有不少鸞堂以呂洞賓為其主神（三恩主或五恩主）之一。[4]因此，我覺得我們有必要針對呂洞賓信仰在台灣社會的流傳與演變過程進行考察。

　　這篇論文便是我長期研究計劃的第一個初步成果。這個計劃基本上有兩種目標。第一，對於呂洞賓信仰在台灣的歷史與發展，做一個完整及徹底的描述。第二，試著解答下述幾個問題：（一）呂洞賓信仰在流傳到台灣之後是如何改變的？（二）這個信仰最主要的支持者包括那些人或社會團體？（三）不同的人對於呂洞賓的「表象」（representations）如何？這些「表象」之間有沒有相互影響？（四）以呂洞賓為主神的寺廟或鸞堂是否可以算是一種能夠橫跨政府跟社會之間的「公共領域」

---

[1] 請參見 Farzeen Baldrian-Hussein, "Lü Tung-pin in Northern Sung Literature," *Cahiers d'Extrême Asie*, 2(1986), pp. 133-169; Richard L. S. Yang, "A Study of the Origin of the Legend of the Eight Immortals," *Oriens Extremis*, 5.1 (1958), pp. 1-22; 浦江清，〈八仙考〉，《清華學報》11：1（1936），頁 89-136；馬曉宏，〈呂洞賓信仰溯源〉，《世界宗教研究》3（1986），頁 79-95；小野四平，〈呂洞賓傳說〉，《東方宗教》32（1968），頁 52-69；及拙著，"Enlightened Alchemist or Immoral Immortal? The Growth of Lü Tung-pin's Cult in Late Imperial China," in Meir Shahar & Robert Weller, eds., *Divinity and Society in China: Shaping and Transmitting Gods' Cults*(Honolulu: University of Hawaii Press, forthcoming)

[2] 如仇德哉把指南宮的主神列為玉皇大帝，見《台灣廟神傳》（斗六：信通書局，1979），頁 336。

[3] 《重修台灣省通志‧住民志‧宗教篇》（南投：台灣省文獻委員會，1992），頁 1061-1062。

[4] 有關鸞堂方面的研究，見王見川，〈台灣鸞堂研究的回顧與前瞻〉，《台灣史料研究》6（1995 年 8 月），頁 3-25。

（public sphere）？

　　為了探討這些問題，我從去年以來開始進行有關台北市木柵區指南宮（也稱為仙公廟）的個案研究，以廣泛地參考台灣日治時期及光復後的史料及做田野調查為主要的研究方法。[5]指南宮是在清光緒 17 年（1891年）創建的，到目前為止已發展為全台灣規模最大、歷史最悠久的呂洞賓寺廟之一。今日的指南宮包括四個主要的宮殿，反映出信徒三教合一的觀念：（一）本殿（以呂洞賓為主神），（二）大成殿（在指南宮後山；以孔子為主神；原為日治時期一位正鸞生個人修行之場所〔名為「清心閣」〕，後來於光復初期變為供奉孔子、孟子、曾子等先賢的場所），（三）供奉道教天神、地祇、神仙之凌霄寶殿（民國 52 年動工、55 年竣工落成），以及（四）以釋迦如來佛祖為主神的大雄寶殿（民國 65 年動工，73 年竣工；裡面另外供奉泰國巴博元帥三詣指南宮之後所送的一尊釋迦牟尼金佛）。此外，也有一座土地公廟。

　　指南宮並不是木柵地區的公廟，不舉辦遶境活動，也不收丁口錢，而必須全部依靠信徒、香客及遊客（指南宮也有自己的觀光樂園與洞庭湖餐廳）的捐款。不過，它在宗教、社會方面的影響力並沒有因此而還減弱。到目前為止，已經有少數南部的呂洞賓廟宇與指南宮建立了分香關係（如鳳山的鎮南宮、旗山的興南宮、霧峰的進南宮等）。此外，指南宮也在凌霄寶殿的第一到第三層設立了中華道教學院，以教「道教的宗教哲學」。就其支持者而言，指南宮從日本大正年間以來一直吸引了各地各社會階層的人物。而其歷代的領導人（主任、住持、董事、管理委員等）也包括了不少地方士紳、地方精英、商人、礦主、茶農等，目前的董事長高忠信曾經當過立法委員，而在他之前的董事長李建和乃是日治時期及光復初期有名的礦主。[6]他的兒子、親戚及姻親（包括高忠

5　本人在進行研究時，參與由李豐楙及朱榮貴所主持的「道教、民間信仰與民間文化」研究計劃，也接受這個計劃的補助。在此，特別感謝兩位主持人的支持。此外，本人特別要向王見川、宋光宇、Philip Clart, Stephan Feuchtwang, Christian Jochim, David Jordan 及 Laurence Thompson 表示最深的謝意。

6　李建和的傳在《台灣礦業會志》（台北：華泰印刷廠有限公司，1991），頁 798-799。關於北部礦業的歷史，見黃清連，《黑金與黃金》（板橋：台北縣立文化中心，1995）。

信）一直在指南宮的成長過程中扮演了極為重要的角色。

　　雖然如此，但是，關於指南宮的研究報告卻既少又簡短，[7]而且有一些學者對於它的歷史提出錯誤的看法。有的認為指南宮是從山西永樂宮分靈出來的；有的以為它最早是一座佛寺；還有人主張它是分香自宜蘭的喚醒堂。這些說法也不是完全錯的。指南宮早期的確為一種鸞堂，並且在日治時期與佛教有關係（見下面的討論），但是，這些說法無法充份地掌握指南宮的發展史。事實上，就這篇論文所要探討的時間範圍而言（1891-1945 年），指南宮同時為一個進香、扶乩、治病、念佛、祈夢及修道的聖地。為了進一步地了解這個相當複雜的發展史，本人將先探究上述錯誤的看法，接著用各種史料及田野資料來重建指南宮早期的歷史。至於指南宮在光復以後的發展這個題目，將在另一篇文章討論。

說法 1——自永樂宮分靈

　　這種說法最早似乎是由指南宮的委員提出來，特別是在其民國 79 年（指南宮「啟教百週年」）所出版的《指南宮》。這本書裡面有下述的記載：

> 遜清末年（光緒八年，公元 1882 年），呂祖分靈南來，主其事者，乃淡水知縣王彬林氏，他從山西高原奉靈渡海。王氏自永濟迎奉呂祖來台之初，先祀於艋舺之玉清齋。自開壇之日起，即有「靈應顯化」的具體例證，一件接一件的，廣為傳播於市井鄉梓之間。試就較著事項說，當年艋舺（今萬華）普患瘟疫，震撼全城，幸呂祖庇蔭人寰，終未蔓延成巨災大難；就個別人而言，有「目盲」，因神佑而重見光明的（汐止鄭醫師）；有吐血瀕危，因祈神而康復的（坪林劉氏子）；有多年未生育，因至誠感神而得舉一男的（王知縣夫人），凡此種種，例多不及備述。當呂祖「靈應」遍及遐邇之際，各地分靈者，由北而東南，漸次遠拓全台。如西部

7　見黃得時，〈指南宮與行天宮〉，《幼獅月刊》44：5（1976），頁 6-14；蔣秀純，〈指南宮沿革〉，《台北文獻》73（1985 年 9 月），頁 141-149。

之景尾肫風社、深坑集文堂、淡水行忠堂，如中部之新竹普濟堂
及東部蘭陽喚醒堂等，均先後奉靈立祀，萬家頂禮，俎豆永獻千
秋。此時也，尤為令人感奮的是，宋代張祖師的乩筆，適時為名
山勝地譜出了更有意義的神性樂章。綜其乩文的大旨是：「猴山
坑乃一寶穴，應即建廟，主祀神以虔供呂祖為切要！」因此群策
共啟新猷，進而結合群力，剗平了籌建中的一切坎坷，依張祖師
指定的鼓石近處，指南宮於光緒十六年（公元 1890 年）全部落
成，侖奐之美，殿內殿外雕塑藝術之壯麗，夙為海內外各界所同
欽，如上溯移靈安座之時間推算，則迄今（民國七十九年）應為
「啟教」一百週年紀念。寶筏南來，揚帆萬里，萬家禮讚呂純陽，
此華族宗教史上所應大書特書之盛事也。（頁 2-3）

　　這段記載出版之後，就被不少台灣及大陸的學者運用。[8]不過，它
雖然提到不少寶貴的訊息（如提到指南宮與肫風社、喚醒堂等鸞堂的關
係），但是可疑之處也相當多。首先，它以光緒 16 年（1890 年）為指
南宮的創建年代，但所有其他的史料（包括日治時代初期的）皆以光緒
17 年（1891 年）為主。另外，根據台灣的職官表，淡水縣從來沒有一
個名為王彬林的知縣。[9]日治時代關於指南宮的史料也並沒有提到他。
最後，有關永樂宮的史料，以及今日在永樂宮的信徒，都沒有提過這個
「分靈」的事件[10]。解嚴之後，指南宮的信徒曾經到永樂宮去進香、謁
祖；或許這個故事與這件事有關。無論如何，我們需要對於這個說法進
行相當嚴格的考證，才能夠接受它。

8　蔣秀純，〈指南宮沿革〉，頁 141；鄭石平，《道教名山大觀》（上海：上海文化出版社，
　　1994），頁 392-393；卿希泰，《中國道教》（上海：知識出版社，1994），第 4 冊，頁 282；
　　黃宇元等編，《台北市發展史》（台北：台北市文獻委員會，1983），第 4 冊，頁 71-72。
　　不過，比較早的文章，如黃得時的，並沒有提到王彬林。

9　見黃宇元等編，《台北市發展史》，第 1 冊，頁 810。王見川則以為王彬林可能是一位原籍
　　安徽而在新莊、台北當過官的王斌林先生，但是這點仍需要進一步地考證。見王見川，〈台
　　灣鸞堂研究〉，頁 20（註 4）。

10　見拙著，"The Interaction Between Ch'üan-chen Taoism and Local Cults: A Case Study of the
　　Yung-lo Kung,"收入《民間信仰與中國文化國際研討會論文集》（台北：漢學研究中心，1994），
　　第 1 冊，頁 201-250；"Text and Textuality: Temple Inscriptions and the Study of Chinese Local
　　Cults"發表於 "The Cult of Saints and the Cult of Sites: Sources of Chinese Local History and
　　Hagiography"（巴黎，1995 年，5 月 30 日至 6 月 2 日）。

說法 2——原為佛寺

　　據我所知，到目前為止只有一位學者提過這麼一個說法，即英國的一位人類學家 Stephan Feuchtwang（王斯福）。王教授於 60 年代在石碇做研究，後來撰寫了關於這個地方的民族誌（也就是他的博士論文）。當他寫到呂洞賓信仰於日治時期從指南宮流傳到石碇時，以為指南宮「原為一座佛寺」[11]。後來，在另外一篇會議論文裡把意思表達得更清楚，認為指南宮「在清末創建。原來為一座佛寺，後來才變成了一座民間信仰的寺廟」[12]王教授的看法並不是完全沒有道理。指南宮歷代的住持當中，有一位為和尚（普華，任期為大正 14 年〔1925 年〕至昭和元年〔1926 年〕）。此外，有一位老信徒在描述其於昭和 4 年（1929 年）在指南宮所經歷的奇蹟時，也特別指出：當時指南宮裡也有教信徒念佛的和尚。[13]指南宮於昭和 8 年（1933 年）所興建的鸞堂於皇民化運動期間也改為觀音殿（即今日的大雄寶殿）。[14]而根據當時的官方史料，[15]指南宮所擁有的經書中（《明聖經》、《大洞真經》、《阿彌陀經》、《金剛經》及《般若波羅密多心輕》），大部份屬於佛教的。[16]不過，我們雖然可以確定指南宮一直跟佛教有相當密切的關係，但要說它原來是一座佛寺是不正確的。

---

[11] 見 Feuchtwang, "The Social Bases of Religion and Religious Change in a Market Town on the Mountainous Rim of the Taipei Basin, Northern Taiwan," Ph. D. thesis (University of London, 1974), p. 96.

[12] 見 "City Temples in Taipei Under Three Regimes," in Mark Elvin and G. William Skinner, eds., *The Chinese City Between Two Worlds*(Stanford: Stanford University Press, 1974), pp. 263-301.

[13] 李聰慧編，《無疆》（台北：天華出版事業股份有限公司，1980），頁 48-63。

[14] 蔣秀純，〈指南宮沿革〉，頁 141-143。

[15] 有關這些史料的優點與缺點，見劉枝萬，〈台灣民間信仰之調查與研究〉，《台灣風物》44：1（1994 年 3 月），頁 15-29；拙著，〈日治時代官方寺廟史料的重要性〉，《台灣史料研究》6（1995 年 8 月），頁 90-106。

[16] 宮本延人，《日本統治台灣における寺廟整理問題》（奈良：天理教道友社，1988），頁 260。

說法 3——分香自喚醒堂

　　這個說法之所以會出現是因為宋光宇在民國 83 年的一篇關於善書的論文裡報告了喚醒堂今日的副堂主的看法,即指南宮原來是分香自喚醒堂。[17]後來,王見川在一篇關於鸞堂的論文裡,根據副堂主的看法及在石碇福善堂於明治 34 年(1901 年)所出版的《醒世新篇》裡的一段記載,[18]認為「……指南宮是由喚醒堂分香而來」。[19]事實上,指南宮的扶鸞系統(即「鸞法」)最早來自於景美的胐風社,後來與基隆正心堂也有關係(見下面的討論)。因此,王先生後來修改了他的看法,強調:

> 指南宮早期扶鸞著作的《指南金針》,即與喚醒堂系統的鸞堂宣化堂有些許牽涉。指南宮在 1903-1904 年扶鸞著作的《指南金針》,主要是由基隆正心堂的鸞生幫助下才完成的,而正心堂的鸞法曾受到宣化堂正鸞生黃錫祉的指導。從鸞法的淵源來說,指南宮與宣化堂的母堂喚醒堂是有關的,並非完全無涉。[20]

　　這個看法似乎比較合理,不過喚醒堂的鸞法究竟對於指南宮在日治時期及光復以後的扶鸞系統有多麼深刻的影響恐怕仍待進一步地考證。

　　總括上述三種說法,我們可以判斷:它們雖然都有某程度的正確性,但仍然無法使我們很清楚的了解指南宮的早期歷史。關於這個問題,本人將在下面詳細地討論。不過,首先需要對於木柵及其附近的地方做一個簡單的介紹。

木柵的歷史與地理

---

[17]宋光宇,〈關於善書的研究〉,《新史學》5:4(1994 年 12 月),頁 187-190。

[18]這段記載的內容如下:

　　……喚醒堂皆因吳部員小徒未歸真之前,集書數部。後傳行忠堂,時逢李錫疇,集《忠孝集》一書。如宣化吳主任,堂主鄭冠三,集《濟世仙舟》一部。如呂翁開指南於侯(猴)山,到隆東設正心,著成《挽世金篇》,後臨北地,堂曰福善,集著《醒世新篇》一書。見王見川,〈清末日據初台灣的「鸞堂」——兼論「儒宗神教」的形成〉,《台北文獻》112(1995 年 6 月),頁 60。

[19]同上。

[20]王見川,〈台灣鸞堂研究〉,頁 16。

　　木柵位於台北市以南的山區，東界深坑、西界景美、東南界石碇、西南界石碇。清代原名木柵莊，因當時四面圍繞樹柵以防地方土著的侵襲故名。[21]因地沿景美溪，所以到了清代中期已變成以淡水河為主的水運、貿易系統，而特別與景美有相當密切的關係，[22]因此，指南宮早期的成長之所以會與這兩個地方的人物有關是可以理解的。

　　木柵原為馬來社原住民所居，它的開發大致上是在乾隆年間由來自泉州府安溪縣的人所進行的。[23]在開發的過程當中，高姓、張姓及劉姓等家族扮演了非常重要的角色。如乾隆 7 年（1742 年），安溪人高培、高鐘開闢木柵區埤腹，9 年（1744 年）高太山開同區石壁坑，10 至 16 年（1745 至 1751 年）高培全開十一命，高阿泉開阿泉坑，高標歲開打鐵坑等等。此外，在乾隆 10 年前後，泉州人張姓一族多人，也開闢木柵的番仔公館、樟湖、猴山坑（即指南宮的位置）、下崙尾等地。至於來自泉州的劉姓家族，也於乾隆 9 年至 14 年（1749 年）間開闢了木柵的魚衡仔、樟腳等地。[24]這些人的後代到了清末、日治時期初期則變成了指南宮最主要的支持者。

　　木柵的經濟史基本上跟茶葉與礦業有關。雖然它早期的開發較以樟腦為主，但是到了十九世紀中期，茶葉的生產與出口則變成了木柵的生命線。在道光年間，文山堡已有兩個茶園。到了同治四年（1865 年），陶德（John Dodd）從安溪購運茶樹插枝進來，貸款給茶農鼓勵增產，

---

[21] 《台北縣志‧疆域志》（1959-1960），《中國方志叢書‧台灣地區》，第 66 種，頁 478。

[22] 關於台北地區的歷史，參見戴寶村，〈清季淡水港之研究〉，《台北文獻》66（1983），頁127-317；溫振華，〈淡水開港與大稻埕中心的形成〉，《歷史學報》6（1978 年 5 月），頁 1-26；宋光宇，〈霞海城隍祭典與台北大稻埕商業發展的關係〉，《中央研究院歷史語言研究所集刊》62：2（1993），頁 291-336；王世慶，〈淡水河內陸河港水運史的考察〉，發表於「第六屆中國海洋發展史研討會」（南港，1995 年 3 月 30 日至 4 月 1 日）。

[23] 《台北縣志‧開闢志》，頁 1354-1356。

[24] 黃宇元，《台北市發展史》，第 2 冊，頁 65-66、82-84、106-108、132-143、136-139 及 199-201。關於安溪人在台灣的開發中所扮演的角色，見白長川，〈為台茶尋根──安溪與台灣人和華僑的血緣關係〉，《台北文獻》65（1983 年 9 月），頁 167-255；Robert Gardella, *Harvesting Mountains: Fujian and the China Tea Trade, 1757-1937* (Berkeley: University of California Press, 1994), pp. 86-87; Stevan Harrell, *Ploughshare Village: Culture and Context in Taiwan* (Seattle and Longdon: University of Washington Press, 1982), pp. 17-21.

促進茶業進一步的發展。從這個時候起，茶業變成木柵最重要的產業之
一。當時木柵的建成茶行、和芳茶行、和成茶行，在經營製造再製茶後，
售與台北的洋行出口外國。水運的河船由景尾街上溯到木柵、石碇、深
坑等河港津頭，而由該地運出山產茶葉、水果、竹筍、樟腦等到景尾、
艋舺、台北販售，並自台北、艋舺、景尾街採運日用品回去。[25]當時的
地主與有錢的茶農（即開發木柵的家族的後代），在指南宮的早期發展
中佔有很高的地位。

　　到了日治時代，金礦業及煤礦業逐漸地發展為木柵及台灣北部、東
北部最主要的工業。[26]不過，因為這種工業的風險很多，所以使不少礦
主到指南宮來祈夢，請求呂洞賓的保祐及指示，而這些人在昭和年間之
後則變成了指南宮的第二批重要的支持者。

指南宮的早期發展

　　由上述的資料我們知道，木柵在社會經濟方面與艋舺、景美兩地有
相當密切的關係，而指南宮的歷史也不例外。根據在西來庵事件之後由
日本官方所編纂的《社寺廟ニ關ヌル調查：台北廳》（1916）等史料，
在清末的艋舺街有一座堂號為玉清齋的鸞堂，正鸞生為鄭天賜。因為這
個鸞堂頗為靈驗，所以到了光緒 7 年（1881），景美的地方鄉紳劉廷玉、
高達三請艋舺的工匠刻一尊與玉清齋的神像一模一樣的呂洞賓金身，而
把祂供奉於在景美所創設的鸞堂，堂號為肫風社，正鸞生為高標旺。因
為呂洞賓在肫風社常常顯靈，所以木柵的人士也有所耳聞。到了光緒

---

[25] 見王世慶，〈淡水河內陸河港水運史的考察〉，頁 34-37。此外，見林滿紅，《茶、糖、樟腦
與晚清台灣》，《台灣研究叢刊》第 115 種（台北：台灣銀行，1978）；Mark A. Allee, *Law
and Local Society in Late Imperial China. Northern Taiwan in the Nineteenth Century*(Stanford:
Stanford University Press, 1994), pp. 97-99; James W. Davidson, *The Island of Formosa. Past
and Present*(Oxford: Oxford University Press, 1903), pp. 371-396; Gardella, *Harvesting
Mountains*, pp. 63-69 & 89-91; Samuel P. S. Ho, *Economic Development of Taiwan,
1860-1970*(New Haven and London: Yale University Press, 1978), pp. 14-16 & 20-24.

[26] 見註 6，以及 Davidson, *The Island of Formosa*, pp. 459-491; Ho, *Economic Development of Taiwan*,
pp. 71-77, 91-93, 302-304, 324-326, 336-339 & 365-370.

16 年（1890 年），木柵的區長張德明和其他當地的士紳、精英，以及玉清齋、朏風社的人士合作，開始在木柵猴山的石碣頭興建指南宮，於光緒 17 年 9 月 30 日「入廟」。就當初的組織而言，共分為福祿壽全四房，四房的管理人分別為福房劉廷藩、祿房劉廷獻、壽房黃祖濤、全房鄭天賜。第一代住持為高標旺。[27]

　　然而，上述的領導人物是什麼樣的人呢？我想我們可以透過相關的傳記資料進一步了解他們。在此，有兩位關鍵人物特別值得一提。一位是劉廷玉，一位是張德明：

> 劉廷玉，字石卿，文山堡大坪林莊人。少聰穎，有膽識，異於常兒。長遊臺北大龍峒陳維英之門。作文論事，卓有見地，為師長同學所器重。年二十二，進臺南府學，旋食廩，執教海山堡三角湧莊。數載辭歸，倡建指南宮於猴山坑。當是時劉銘傳開府臺北，廣羅才俊，廣文乃乘時入幕。會法軍入寇，乃募勇駐守暖暖、大水窟等地。銘傳嘗曰「地方士紳，盡人如劉某，則天下事，不足慮也。」嗣和議成，以功賞戴藍頂花翎。既與林朝棟開撫烏來八社「番地」。設撫墾局於屈尺，以兄廷藩，侄隆得為襄理，募業者入山，栽菁植茶，並設教育所，以弟祖墣為司教，招「番童」四、五十人，教以簡易語文，勸改其馘首惡俗，並為易姓如陳、林、高、潘等。八社「和番」，時挈妻子，遊屈尺、新店間，換物交貨，而屈尺至桶坪山地乃為大化。年五十二，內渡入榕垣，舉優貢，旋回臺，興塾於鄉，培植甚眾，至今鄉人稱之。（林佛國稿）[28]

　　從這個傳記，我們可以得知，劉廷玉為當地有名的文人、愛國人士，後來也被選為榕垣優貢生，在文山堡的經濟、教育、宗教方面的發展當中，劉廷玉與他的哥哥劉廷藩扮演了很重要的角色。

---

[27] 見《社寺廟宇二關ヌル調查：台北廳》（1916）；宮本延人，《日本統治台灣における寺廟整理》，頁 261；《台北廳誌》（1919），《中國方志叢書・台灣地區》，第 202 種，頁 715；蔣秀純，〈指南宮沿革〉，頁 141。

[28] 《台北縣志・人物志》，頁 5180-5181。林佛國為景美地區有名的熱心公益人士，也當過台北縣文獻委員會的副主任委員。

　　至於張德明的生平，我們可以從地方耆老的回憶知道，他在清末曾
經當過把總，在日治時期也擔任過木柵區長、深坑莊長、台北州議員、
木柵信用組合長、木柵茶業公司長等重要職位。他對地方的建設有相當
大的貢獻，其中包括指南宮及木柵的集應廟（以「尫公」〔即保儀尊王
張巡與許遠〕為主神）。集應廟裡仍有他在光緒 20 年（1894 年）所贈
過的匾額：「惠我無疆」。[29]

　　此外，我們也可以從一些早期關於指南宮的詩文進一步了解它的支
持者。如景美的舉人高選鋒所寫的〈謁文山指南宮〉一首：

　　文山山上指南宮，不與尋常佛寺同。壁峭峰高雲路近，林深樹密
　　石門通。
　　晨清鳥語喧庭外，日暮禪聲雜院中。我到蓬萊經兩度，儼然如遇
　　活仙翁。[30]

　　高選鋒原來住在景美，但是在日本佔領台灣之後，便帶著妻兒到廈
門去住，到了大正 10 年（1921 年）才回來重修高氏宗祠，之後，常到
景美來找宗親，後來因為大正 13 年大水災而失蹤。其孫子高松壽曾經
擔任過內政部警務署副署長。[31]他那一年是基於什麼理由到指南宮去參
拜還不清楚，不過，因為他所寫的詩提到了清晨的情境，因此我們可以
判斷他大概是在指南宮過夜，甚至於可能是為了祈夢。

　　總括上述資料，我們可以確定，指南宮早期的支持者包括了當地的
地方士紳（local gentry）與地方精英（local elites），而這些人在日本佔
領台灣時，對於時局的反應則有所不同。有的先逃到中國大陸，後來才
回到台灣。有的留在台灣，幫日本殖民政府建設地方。無論如何，這些
人可以為了興建指南宮而攜手合作，甚至於透過扶乩儀式而出版《指南

[29]見〈木柵區耆老座談會紀錄〉，《台北文獻》73（1985 年 9 月），頁 16-18。
[30]蔣秀純，〈指南宮沿革〉，頁 147。此外，嘉義的貢生賴世觀也到過指南宮拜拜，並寫過詩；
　　見蔣秀純，〈指南宮沿革〉，頁 147-148。寫詩也是文人用來對於地方寺廟表示支持的一種
　　方式。見 Timothy Brook, *Praying For Power*(Cambridge, MA: Harvard University Press, 1993),
　　pp. 176-181.
[31]見〈景美區耆老座談會紀錄〉，《台北文獻》72（1985 年 6 月），頁 12-13。

金針》這本善書（見下面的討論）。這也值得我們注意。至於這些人的「心態」（mentalities）如何表現在這本善書裡，則是我將來要研究的問題之一。

就指南宮在創建以後幾年的活動而言，我們只知道它應該也是一種鸞堂；它的管理人也包括玉清齋及胚風社的正鸞生。不過，我們找不到在這幾年所出版的善書。而到了明治 33 年（1900 年），它的情況開始有一些變動。首先，陳返在那年擔任了指南宮的第二代住持。此外，當年 3 月 18 日的《台灣日日新報》有關於指南宮的報導，云：

> 禮禱仙乩。文山堡侯（猴）山清曆時建築仙公廟（即指南宮）最稱靈應。數年來匪賊峰起，庄民朔望行香求問仙乩，皆以道里艱難因假壇於景尾街較為便捷。[32]

這段記載告訴我們，因為當時指南宮太偏僻，所以它的扶乩儀式移到景美舉行。事實上，我們從《指南金針》的成書過程可以知道，指南宮到了明治 36 年（1903 年）已經沒有自己的正鸞生（見下面討論）。這種情形是否因為高標旺等人已經過世，或者是因為某種理由回到景美，因而離開了指南宮的組織，仍不清楚。無論如何，我們可以確定一點，那就是指南宮的扶鸞傳統在 20 世紀初期已面臨危機。

到了明治 36 年，鄭林綠擔任指南宮的第三代住持。同年農曆 6 月份一直到明治 37 年 1904 年，指南宮和基隆正心堂的信徒一起舉行扶鸞儀式，出版了《指南金針》。正心堂也受到景美扶鸞系統的影響，[33]不過是否與胚風社有關則仍待考證。無論如何，我們可以從正心堂於明治 33 年編，明治 34 年（1901 年）刊的《挽世金篇》的內容了解正心堂與指南宮之間的關係。最主要有兩段記載，都是指南宮的袁天君在扶鸞時所降筆的，其文如下：[34]

> 我恩主呂（祖），每自嘆呻，不辭勞苦，下凡飛鸞醒世，幸逢基

---

[32] 王見川，〈台灣鸞堂研究〉，頁 20（註 4）。
[33] 王見川，〈清末日據時代台灣的鸞堂〉，頁 60。
[34] 這些資料是王見川先生提供的。在此，向他表示感謝。

隆諸子，頗知積德，略識善功，邀集結社曰正心，恭請諸真列聖飛鸞開人間之覺路，引愚蒙之迷津。登山涉水到指南……（《挽世金篇》，卷1，頁77a）。

劉隆修、劉宗誌、許乞，今宵乃千古奇逢。劉隆修，汝令尊及令叔（即劉廷藩、劉廷玉），重倡指南宮，超拔令祖為神，喜得子承父志，共招集正心，又轉拔為堂印天官（同上，卷1，頁94a）。

由此可見，在那個時期，指南宮與正心堂之間的關係相當密切，甚至於指南宮的信徒也會參與正心堂的扶鸞儀式。

《指南金針》這本善書可以說是指南宮及正心堂合作之成果。從其「鸞下執事」名單我們可以知道，有不少指南宮的「開山董事」參加了這本善書的扶鸞過程，其中包括劉廷藩（正堂主）、劉廷獻（副堂主兼內務）、劉廷玉（正校正生）、張德明（司鼓生）、黃祖濤（效勞生）等等。[35]而當時的正鸞生及副鸞生分別為正心堂的何鵬搏與汪慶昌。[36]

有關《指南金針》之所以會被出版的背景，我們可以從它的序看得很清楚，如梓潼帝君（即文昌帝君）降乩，云：

……三聖（三恩主）憫斯民之疾苦，連班出奏，叩請天恩，准其著書，頒行於世，誘挾愚民。因正心書著三部，告厥成功，惟指南書未刊行。故藉正心堂，以為聖神飛鸞之所。[37]

關於文山劉姓望族在《指南金針》的成書過程所扮演的角色，關聖帝君降筆撰序，云：

……幸文山劉家諸子，一默善念，蓄諸素衷，已非一日。余觀諸

---

[35] 《指南金針》，1：20a-22a。這本善書原來藏在木柵一個家族裡，後來由中央研究院台灣史研究所籌備處收藏。見許雪姬，〈費邁克資料介紹〉，《台灣史研究》1：1（1994年6月），頁117-131。在此，特別向黃富三主任及台史所圖書室的人員致謝，讓我能夠看到這份史料。至於善書的成書過程，見 Philip Clart, "The Birth of a New Scripture: Revelaton and Merit Accumulation in a Taiwanese Spirit-Writing Cult," *B. C. Asian Review*, 8 (Winter 1994-1995), pp. 174-203.

[36] 同上，1：22a。

[37] 同上，1：1a-b。

子，實心行善，奈地乏其人，恐難奏績。[38]

　　這段內容已暗示了上述所提指南宮扶鸞系統的危機。有關這點，呂洞賓於 1903 年農曆 6 月 19 日戌時末（晚上 7 時至 9 時）降乩云：

> ……本擬在指南著造（這本善書），無如人數不齊，故將正心堂改作行臺。明天可著劉子廷獻具一稟文，付柳徒（指呂洞賓曾經度脫之柳精）帶歸。今夜不暇，吾欲回去。[39]

　　上述的資料顯示，指南宮的信徒在 20 世紀初期相當活躍，只是該廟已沒有自己的正鸞生，也無法進行自己的扶鸞儀式，是否稱得上「鸞堂」是一個很大的問題。雖然如此，《指南金針》之刊行似乎也帶動了指南宮第二波的發展。據《台灣の寺廟問題》（1943 年），指南宮第一次的重修工程是在明治 37 年進行的。當時捐 100 圓以上的人包括劉廷玉、劉廷藩、劉廷獻、張德明、高齊等人[40]（高齊為木柵地區的大農戶，也是當地高姓的首腦）。[41]同一年，呂洞賓所「聖示」的匾額「臺山第一」也掛在指南宮的正殿裡，不過，究竟是在正心堂或指南宮降筆仍不清楚。[42]

　　從明治末年到大正初期之間，有關指南宮的資料並不多。根據《社寺廟宇ニ關ヌル調查：台北廳》，指南宮的扶鸞儀式到了大正初期已經恢復了，並吸引了不少信徒，不過，這種儀式究竟是在那一年恢復的、當時的正鸞生是誰，則沒有記載。[43]此外，《台北廳誌》也提到當時到指南宮去參拜的信徒已經絡繹不絕。[44]大概是基於這個原因，所以於大正 3 年（1914 年）設了通到指南宮的馬路及渡過景美溪的渡船場，供信徒使用。[45]

---

[38] 同上，1：7b。

[39] 同上，1：36b。

[40] 宮本延人，《日本統治台灣における寺廟整理》，頁 261。

[41] 〈景美耆老座談會紀錄〉，頁 16。

[42] 蔣秀純，〈指南宮沿革〉，頁 161。

[43] 《社寺廟宇ニ關ヌル調查：台北廳》。

[44] 《台北廳誌》，頁 715。

[45] 宮本延人，《日本統治台灣における寺廟整理》，頁 261。

指南宮在日治時代最蓬勃的發展時期是從大正 9 年（1920 年）開始。那年，指南宮的董事重新組織了四房的管理人：福房黃德隆，祿房鄭乾元，壽房劉隆修，全房周鴻城。同時，開會決議廟規，由管理人輪流值東，監督廟務，並推選第四代住持劉隆修。[46]次年，展開了大規模的重修工程，把正殿擴建成今日的規模。整個工程到了大正 14 年（1925年）才竣工，一共花費了 600,000 圓以上。又於昭和 3 年（1928 年）舉行了三朝祈安清醮的落成儀式。當時，第五、六代的住持分為普華（任期為 1925 至 1926 年）與黃金印（任期為 1927 至 1929 年）。[47]當時的扶乩儀式也很盛行。據一位老信徒對於昭和 4 年（1929 年）的情形的追憶，晚上九時起，信徒會在乩壇聚會，用扶乩向呂洞賓請問自己的私事。當時也有兩位出家人經常在指南宮念經：一位叫普耀法師，一位叫會機法師。[48]

到了昭和年間，指南宮的相關硬體不斷擴充。首先，在第七代住持吳大士（任期為 1930 至 1932 年）的領導之下，建設了石碣頭登山道路。不過，對指南宮的發展最具關鍵性的一件事是在第八代住持許友頁的任期內（1933 至 1935 年）發生的。當時昭和 8 年（1933 年）福房的管理人黃德隆為了決定在何地開礦而向呂洞賓祈夢，後來果然靈驗而大有收獲。為了表達對呂洞賓的感恩，黃德隆隨後興建了鸞堂（後來改為觀音殿、大雄寶殿），同時也建設了福德祠及七星池（在正殿山坡下）。為了紀念這件事情，還贈送了一個匾額：「點石成金」。[49]至於「祈夢」這種儀式是於何時在指南宮開始的，尚未考證。至少，到了昭和 9 年（1934年），廟裡已經有了三十多個「祈夢室」。當時，想要住在祈夢室的信徒必須先以筊杯的方式向呂洞賓請示。如果得到祂的同意的話，就可以免

---

[46]蔣秀純，〈指南宮沿革〉，頁 141。

[47]同上。此外，見宮本延人，《日本統治台灣における寺廟整理》，頁 261；《文山郡管內要覽》（1927），《中國方志叢書·台灣地區》，第 224 種，頁 19；《文山郡管內要覽》（1931），頁 177。有關這種史料的性質、優點與缺點，見林秀姿，〈日治時期台灣各地區《要覽》評介〉，《台灣風物》，43：1（1993 年 3 月），頁 85-117。

[48]《無疆》，頁 52-56。

[49]蔣秀純，〈指南宮沿革〉，頁 141-142；連曉青，〈黃贊鈞其人與其事〉，《台北文物》3：1（1954 年 5 月），頁 789。

費在那裡住宿。到了第二天早上，有所夢的人會向廟裡的委員就其內容請教。

此後，指南宮第九代住持為黃贊鈞（1863-1952）（任期為 1935 年至 1937 年）。相關的建設也繼續進行，特別是興建了道南橋，使信徒到指南宮的路程更加便利。[50]黃贊鈞，字石衡，號立三居士，為台北市大龍峒有名的善士。在日治時代，他曾經主建樹人書院文昌祠於大龍峒，也助修保安宮，擔任義務主任五年（他在指南宮原來也算是義務住持，不過指南宮在昭和 11 年[1936 年]12 月 14 日決議，所有義務職員改為有給）。[51]他到指南宮去當住持的理由仍是一個謎；不過，我們可以從他寫過的一首詩多少可以了解他對於這座廟宇的感受：

> 宮闕崔巍拔地高，殿堂鐘磬日嗷嘈，篆煙晝永飄香靄，山雨宵深響怒濤。
>
> 鸞石苔痕青掩映，星馳柳影綠周遭，琅環即此為仙境，誰向屠門解放刀。[52]

在第十代住持高登良任期中，指南宮開始遭受到日本殖民政府的壓力。特別是總督府在「皇民化運動」期間所推動的「寺廟整理」政策（由昭和 13 年〔1938 年〕開始的），[53]對指南宮的影響力相當大。在這段期間，指南宮雖然沒有被「整理」，但是只好把鸞堂改為觀音堂。同時，也依政府的法令加入了佛教會。[54]不過，廟裡的香火並沒有因此而熄。據總督府的記載，在中日戰爭時期，雖然指南宮的相關工程處於一種「中止狀態」，但是他的信徒（特別是商人、礦業人士）已高達了 50,000 人，每年的參拜者也超過 200,000 人。這些統計當然值得懷疑，但多多少少反映出指南宮受歡迎的程度。至少，我們可以確定的是，指南宮當時也

---

[50]蔣秀純，〈指南宮沿革〉，頁 142。

[51]同上；連曉清，〈黃贊鈞其人與其事〉，頁 789。

[52]同上，頁 148。

[53]見蔡錦堂，《日本帝國主義下台灣の宗教政策》（東京：同成社，1994）；陳玲蓉，《日據時代神道統治下的台灣宗教政策》（台北：自立晚報社文化出版部，1992）。

[54]蔣秀純，〈指南宮沿革〉，頁 142。

有 10 甲的山林地以及 5 甲的田地，而它每年的租金及信徒所捐的香油錢高達 65,000 圓。當時，指南宮最主要的祭日為農曆的 5 月 18 日（呂洞賓的誕辰）。[55]

結論

　　上述的討論雖然過份簡略，有許多需要補充之處，但仍有助於我們了解指南宮早期歷史發展的主要動力。特別是地方士紳及地方精英的大力支持，從清末一直到了日治時代的後期，可說構成了指南宮成長的主要動力。這些人之所以會支持指南宮，其動機仍需要進一步研究，可是從上述的描述中也可以得到一些線索。像劉廷玉等極力支持扶鸞儀式的人士，大概是希望透過善書的刊行改造他們周圍的社會風氣。[56]此外，也有一些（如黃贊鈞）是想利用他們的地位與影響力做善事，提高民眾的生活水準。同時，也有像黃德隆等人是因為個人與呂祖的感應，所以大力援助指南宮的發展。最後，像張德明、高齊等在地方有錢有勢的人士，似乎是想透過參與指南宮的活動，把自己的「經濟資本」（economic capital）換為社會上的「象徵成本」（symbolic capital，等於是「面子」）。[57]

　　此外，由上述的討論我們得知，當我們要研究一座香火鼎盛的寺廟的發展時，我們必須採取一種「多面向」（multifaceted）的研究方式。比方說，我們如果過份強調指南宮與佛教或鸞堂的關係，就會忽略它與

---

[55] 宮本延人，《日本統治台灣における寺廟整理》，頁 260、261-262；鈴木清一郎，《台灣舊慣習俗信仰》，頁 436。

[56] 見宋光宇，〈解讀清末台灣的善書〉，《中央研究院歷史語言研究所集刊》65（1994），頁 673-722；王見川，〈清末日據時代台灣的「鸞堂」〉。

[57] 有關 symbolic capital 這個理論，見 Pierre Bourdieu, *Outline of a Theory in Practice*, trans., Richard Nice (Cambridge: Cambridge University Press, 1977), pp. 171-184；至於這種理論在研究漢人宗教信仰中的用處，見 Brook, *Praying for Power*, pp. 14, 19, 23;拙著"Commerce, Marriage and Ritual: Elite Strategies in Tung-kang（東港）During the Twentieth Century," 刊於莊英章、潘英海合編，《台灣與福建社會文化研究論文集》（南港：中央研究院民族學研究所，1994），頁 127-165；拙著 *Demon Hordes and Burning Boats, The Cult of Marshal Wen in Late Imperial Chekiang*(Albany: SUNY Press, 1995), pp. 4, 178。

民間信仰的關係。同樣的，我們若把研究的重點放在指南宮的扶鸞儀式，就無法了解祈夢儀式在它的發展過程中所扮演的角色。換一句話說，能夠得到各種人支持的一座寺廟，勢必是一種多功能的、有辦法包容芸芸眾生，滿足其各種需求的一個聖地。而像指南宮這種複雜而又多彩多姿的來歷與演變過程，也就格外值得我們注意。

本文初刊登於《新史學》，第 6 卷，第 4 期（1995），頁 21-43，收入本書時略作修訂。

漢人社會的神判儀式初探
——從斬雞頭說起

一、前言

　　李亦園先生曾經發表過一篇有關「斬雞頭」的短文（民國 66 年 10 月 13 日，《聯合報》），就中提及在選舉期間，有一些候選人為了表示自己的清白，手裡拿著一隻活公雞，而在民眾面前發誓：「自己若有不當的行為，就會有如這隻雞一樣，身首異處，或者遭到天譴。」然後一刀將雞的頭斬斷。李文引用英國學者弗萊則（James Frazer）的名著《金枝篇》中提出的「相似律」（Law of similarity），認為台灣選舉期間所見的斬雞頭，即是「相似原則」的巫術（或儀式）。李文這篇文章具有相當的啟發性，它促使我們認真去思考斬雞頭這個儀式的意涵，以及它流行於漢人社會流傳的原因。

　　由於拜讀李先生大作的啟發，筆者遂對此一題目產生很大的興趣。我認為斬雞頭可以說是一種「神判儀式」。所謂的神判儀式，是指人們無法確定某一個有理或無理，乃至於有罪或無罪時，祈請神明裁決的儀式。（黃展岳　1986：13）值得注意的是，這種神判的過程與人間的審判過程不相同，這是由於一般人相信神明不必像法官一樣，立即作出判決，而是在事後處罰有罪者。因此，常以當事人是否在儀式舉行之後遭到天災人禍的報應，來判斷其人是否有罪。事實上，神判儀式是相當複雜，並且有不同的形式和來源，但無論神明在這些儀式中所扮演的角色是法官，抑或是見證人，祂都被認為是掌握著判辨是非及懲罰罪人的能力。中國漢人和非漢人的社會中，存在著各式各樣的神判儀式。（夏之乾　1990）在東南沿海地區和台灣漢人社會裡，最主要的神判儀式就是「斬雞頭」、「放告」（又叫做「告陰狀」）和「審瘋子」。另外，在地方公廟的遶境活動中扮演犯人或罪人的行為，也和上述的儀式有關；雖然其中並沒有神明的審判，不過它具有在神明面前公開認罪和贖罪的成

份，和神判也有或多或少的關連。[1]

　　本文主要是對在中國南方和台灣的三種神判儀式，做一概括性的討論，至於更進一步地、或是區域性的深入探討，則有待日後的努力。當然，要作概括性的討論，一定會遭遇到一些困難，因為這些神判儀式有區域性的差異，也隨著時間的不同而有所變易；此外，大部分的史料係出自當時文人、官吏之手，而他們對儀式的理解和舉行儀式者未必一致。雖然如此，筆者希望藉著這樣一種概括性的討論，能有拋磚引玉的效應，以豐富這方面的研究。

　　筆者認為斬雞頭、放告和審瘋子三者具有下列幾種共同的特徵：第一，這些神判儀式清楚地反映漢人社會的正義觀念，強調正義（或者說是「報應」）的普遍性和現世性——也就是所謂的「現世報」。（Brokaw 1991; Eberhard 1967）第二，雖然一些神判儀式與天地諸神有關，但大多數的神判儀式和地獄司法體系有密切的關係，其舉行的場所往往是城隍爺、東嶽大帝、地藏王菩薩和大眾爺的寺廟。關於冥界的神明和地獄的司法體系，迄今已有不少學者做過研究；[2]不過，他們大都集中在冥界諸鬼神的來歷，和死者在地獄所經過的審判與報應的討論，至於這些現象在人世間的運作及其意義，則少有人論及，[3]而此點這是本文所要探討的問題之一。第三，這些神判儀式雖然是一種宗教活動，但它主要處理的是現世的社會問題，包括民事案件、刑事案件、無法偵破的案子、

1　雖然扮犯人不是一種神判儀式，但它或多或少反映了信徒的罪惡感和懺悔的意圖。明清時代的中國南方，扮犯人的信徒必須身穿囚服，有的披著木製的枷子，有的戴著鐵鎖，有的坐在囚車裡，甚至有人做口穿鐵針、繩繫香爐等苦刑。（胡樸安 1990；鄭土有、王景森 1994：189、197、208-209；Katz 1995a:151-152）在台灣，扮犯人則比較輕鬆一些，犯人都要走在寺廟遊行隊伍前面，脖子上掛著一個紙做的首枷。什麼人會扮犯人呢？在東港迎王祭典的犯人有兩種：一種是有病在身，想透過做犯人的方式贖罪；一種是當自己小孩或長輩生病時、曾向王爺許願的人，在他們病癒之後，就以這種方式為王爺服務。要扮犯人的人必須先到王府面前擲筊杯，請示自己要掛的是幾百斤或幾千斤的首枷？要掛多少天？其後，要請班頭幫忙把首枷掛上，屆期滿才可拿掉，這些取下來首枷後來和王船一起燒掉。（康豹 1997：180）

2　林富士 1995；高賢治 1989；馬書田 1998；鄭土青、王景森 1994；戴文鋒 1997；澤田瑞穗 1968；Eberhard 1967;Goodrich 1964,1981;Teiser 1988,1993,1994。

3　如註 1 所列的論著中，幾乎沒有提到斬雞頭等神判儀式，對於這些儀式最主要的研究，是夏之乾 1990，及增田福太郎 1996。（見下文的討論）

疾病、精神病等，因此，或可以人類學家特納（Victor Turner,1920-1983）所提出來的「社會劇場」（social dramas）和「受難儀式」（rites of affliction）這兩個觀念來解釋。

　　本文首先就斬雞頭、放告、審瘋子和扮罪人儀式的實施的情形，逐一做具體的描述，並且嘗試追溯其來源，再討論這些神判儀式的結構和社會文化意義。

二、斬雞頭

　　今天一提到斬雞頭，很多人馬上聯想到過去台灣選舉期間一些候選人信誓旦旦、手起刀落，一隻公雞命歸黃泉的新聞。其實，一般在中國和台灣漢人社會也舉行這種儀式，是用來解決人和人之間的爭執，通常在一座和地獄司法體系有關神明的寺廟裡舉行。特別是在人與人之間有了糾紛而在私下調解失敗之後，但還沒上法庭之前舉行的。大致上說來，斬雞頭這種儀式可以分為兩種：第一種是以立誓為主，目的是為了祈請神明懲罰有罪的人，在這種情況下，神明是扮演著見證人的角色，但也具有事後實行判決、和執行懲處的能力。第二種是祈請神明立即判斷人的是非，神明所扮演的角色近於判官或法官。這種儀式在非漢人的社會中相當流行，也和中國古代的「獬豸決訟」很相近。以下先討論閩台地區的立誓、斬雞頭儀式，並簡述其歷史淵源。關於台灣斬雞頭的儀式，吳瀛濤在《台灣民俗》一書中，有如下的描述：

> 賭咒，即立誓之意，俗謂「咒咀」。往昔民間發生事端，難辨真偽時，多利用賭咒立誓的方式，又一般約束性的盟誓也稱咒咀。所謂賭咒，一般是僅用口頭當場對天立誓之「指天咒咀」。舉凡事情較嚴重，僅憑口頭是不能滿足對方或不濟於事時，則要更進一步，在城隍爺、大眾爺等司法神的面前，讓當事者向神明立誓，以示隆重。
> 誓言的內容，多半說如果虛言，願受神明的任何責罰，例如全家死亡或自己在他鄉客死及夭死等。復提出各種履守條件，立誓人

往後多不敢稍有違背。

賭咒之中最嚴重者，是在神前設雞立誓，謂之「刣雞咒咀」，其意則表示如果立誓不確，願身受宰殺。

上述神前的賭咒，往時常被官方利用以審案，可謂是一種心理裁判。（吳瀛濤，1987：167）[4]

由此可知，斬雞頭確如李亦園指出的是一種包括相似律的儀式，如立誓不真，願和雞一樣身受宰割。值得注意的是，其中很明顯地有神判儀式的成份，故要當著城隍爺、大眾爺等司法神面前舉行。吳文也提到官方辦案和司法神的關係，本文在討論「放告」一節時，會進一步探討這方面的問題。

雖然有些學者論及台灣斬雞頭的儀式，不過，對於某一個案的研究卻不多見。日治時代，日本學者增田福太郎在一篇有關大眾爺信仰研究的論文裡，對 1933 年（昭和八年）五月間發生的「張葉事件」斬雞頭儀式，有很細緻的討論。當時，台北的張家和葉家因長期的財務糾紛，[5] 而在 5 月 15 日這一天在日籍法官和警察的陪同下，分別到台北大稻埕霞海城隍廟、新莊大眾廟（即地藏庵）立誓、斬雞頭。原告張家的立誓如下：

一、被告若有將張閉之印章自己任意使用及保管之事……十、其外尚有一部分泰芳商會之賬簿被告滅去不肯提出會算之事。

以上諸條件如是事實，被告不肯招認者，被告全家不論男女老幼一概死絕，祖先歸落有應公也。

以上諸條件如是無事實，原告誣告者，亦照被告之款同樣全家死絕滅亡，祖先神主歸落有應公也。（增田福太郎 934：6）

由於被告葉家的兒子以「斬雞頭」是一種迷信、陋習為理由，拒絕那次儀式的有效性，此案後來還是經由地方法院審理，在 1934 年（昭和九年）8 月原告張家獲得勝訴。（增田福太郎 1934：1-9；1937c：24-29）

---

[4]　吳瀛濤的著作中，也有不少關於台灣雞的資料，頁 183-184、346-347。

[5]　由於兩家都有後代子孫，故本文不具列相關人物的姓名，不過，他們的資料都見於增田福太郎的論文。

6

　　從這個案件顯示幾個重要的訊息：第一，即使是在二十世紀都市的社會領導階層（或地方精英），還是願意試著透過斬雞頭咒咀的方法，來解決他們之間的紛爭。第二，張葉家係在地獄司法體系的神明（城隍爺和大眾爺）的廟宇做這種咒咀，又，增田的論文中也指出：有許多民眾在此二廟舉行斬雞頭等神判儀式（見下文及黃得時 1943）。第三，在這種儀式中雞在神明前面被斬殺，但它並不用來祭神，它的角色是犧牲品，而非祭品。關於這一點和下文討論的詛盟儀式中各種動物的處置，有相當大的差異。第四，在這次的斬雞頭儀式中係有詛咒的成份，因此，無論原告或被告，只要不誠實，就要「全家死亡滅絕」、「祖先歸落有應公」。

　　在福建地區，斬雞頭詛咒也很流行。今日我們所能知道詳細的兩個案件，都是十九世紀在廈門城隍廟（明洪武年間興建）[7]裡舉行的，英國傳教士 John Macgowan 在有關廈門的著作中，留下了詳細的記錄。Macgowan 是倫敦傳教師會（London Missionary Society）的會員，他自身則屬於長老會。從 1863 年開始，他在廈門住了五十多年，其間也去過上海、福州、惠安、廣州、香港等地。他在廈門時親見過兩次斬雞頭的儀式，雖然他沒有記下確實的時間，但對此儀式有很詳細的描述，簡述如下：

　　案例一：

　　　廈門有一商店的老闆發現店裡所藏的一百元遺失了，而懷疑小偷是店裡兩名年約二十歲的學徒之一。那個被懷疑學徒（學徒甲）覺得自己被誣告，同時也懷疑真正偷錢的是另一個學徒（學徒乙），因此便捉著他跟一起到城隍廟去斬雞頭。學徒甲先寫了一份「陰狀」（見下文）——其內容是宣稱自己的是清白，及詛咒真正的小偷，並且在城隍爺面前大聲地讀誦之後，先斬下所帶來白色公雞的頭，然後把狀紙燒掉。當時，學徒乙悶不吭聲；但不

6　這份資料係由林美容小姐提供，特此致謝。
7　關於廈門的城隍廟，見：陳耕、吳安輝 1993。

久之後，在他身上發生一連串的事件：他的妹妹不幸溺水而死，家裡的田園也被水淹沒了，而他自己精神也有異常的現象。後來，他只好認罪、還錢。（Macgowan 1910：138-145）

案例二：

某甲發現家裡的錢失竊了，懷疑是被他的鄰居某乙偷走了。兩人便到城隍廟去斬雞頭，某甲事先準備了一份陰狀，控告某乙偷錢，而在城隍爺面前唸這個狀子。其後，某乙則在公開發誓他並未偷錢，並且賭咒稱若所言不實，自己會家破人亡，然後斬斷一隻白色公雞的頭。在此之後，真正的小偷因為怕會被城隍爺處罰，暗地裡把錢還給某甲。某甲只好再到城隍廟去，公開承認他誣告某乙的不是，同時收回了先前遞出去的陰狀。（Macgowan 1912：136-140）

在中國南方地區，上述立誓斬雞頭的儀式似乎相當普遍，不過，我們仍然需要追查有關案例的詳細時間和地點。至於華北的地區，由於尚未見到相關的記載，並不太清楚是否也有這種儀式。

值得注意的是，閩台地區的老百姓在神明前立誓時，有時候並不斬雞頭。1921 年（大正 10 年）片岡巖在《台灣風俗誌》就提及這一點：

台灣人往往在約定一件事或因某事發生爭執時，為了防範對方的背約失信或查出事情的真相黑白時，雙方就會跪在神前一起向神明發誓，因而特別稱為「咒誓」或「詛咒」。因為他們堅決相信，假如有一方擅自違約，或者確實作了虧心事而不肯承認，就會立刻受到神明的嚴屬處罰，因此雙方往往能切實履行諾言或坦白說出自己的罪行。（片岡巖，1981：7）

增田福太郎在一篇論文中，也詳細記載了兩個立誓而不斬雞頭的個案：一是 1934 年（昭和 9 年）在新莊大眾廟舉行的，一是 1935 年（昭和 10 年）在台中城隍廟咒詛的。（增田福太郎，1937a：30；1937b：24。）近年來，有一些廟（如新莊大眾廟）只許信徒在廟裡立誓，但不准斬雞頭。（康豹 1998；李宗益 1998）在閩南地區，也有只立誓而不斬雞頭的

儀式，這種儀式和地獄判官信仰有關。姚漢秋在〈從閩南風俗談台灣的移風易俗〉一文中，敘述閩南的立誓儀式，簡述如下：

> 以前閩南家中如遺失貴重物品，而查不出竊賊時，家長就把有嫌疑的一些人，帶到廟裡判官爺面前立誓。廟裡判官像是站立著，右手指向前方，左手拿著一本簿子，判官前的拜墊下設有機關，信徒跪拜在拜墊上時，面貌凶惡的判官立刻俯身，右手直指跪拜者。如果立誓的人清白的話，自然「心裡無邪不怕鬼」；不過，偷竊者心裡有鬼，在此情況下，未免失驚大叫。眾目睽睽下，偷者只好俯首認罪了。昔時，台灣也用在神明面前立誓辦法，以查出竊賊。（姚漢秋 1981：120）

這種透過宗教儀式立誓，而不祭祀動物的習俗，和古代、中古歐洲及中東的裁判法（ordeal）很相似。提及 ordeal 這個字，很多人馬上會聯想到一些痛苦折磨的裁判法，如將手插入沸滾的湯或油裡，或是赤腳走鐵蒺藜等。其實，1949 年以前中國許多地區也有類似的儀式。（夏之乾 1990：1-21、44-51）不過，歐洲和中東的裁判法也包括向上帝發誓的儀式，甚至只有發誓而沒有上述痛苦的肉體測驗。迄今在美國法庭上，作證者還必須把手放在《聖經》上，向上帝發誓不會說謊；一般的就職典禮亦然。（Bartlett 1986:1、11-12、30、50-54; Klinger 1987; Lea 1974:26-32、58、59; Sabbatucci 1987）

值得注意的是：斬雞頭不僅見於漢人的社會，在非漢民族的社會中也相當流行，此一儀式是否從非漢人的社會流傳到漢人社會？或者正好相反，是由漢人社會流傳到非漢人的社會？抑或這是很多民族或文化中，共同有的一種儀式？則有待進一步的探究。夏之乾在《神判》一書中，描繪中國非漢民族各種「砍雞剁狗」的儀式，並附有圖片。簡言之，非漢人斬雞頭儀式與漢人的儀式很相似，大部分在廟裡或廟前舉行（一般是土地公廟），通常是經過多次調解不成之後才採取這個辦法的。（夏之乾 1990：30-31）不過，也有一些非漢人社會的斬雞頭儀式比較近於下文所討論的「獬豸決訟」。如貴州榕江縣的苗族社會，如遇不能解決

的爭端時，原告和被告必須在「鬼師」的陪同下進行斬雞頭的儀式：原告和被告分別站在鬼師的兩旁，相距約三公尺；在各人所站的位置都插了一根木棍，而在木棍的底部拉著一條繩索。又，在兩人面前劃了一條標示線（見圖一）。一切準備就後，原告便先當眾「賭咒」（立誓），大約是說「……如果我冤枉他，不出三個月我死；若是他確實……而不認帳，不出三個月他死！」繼而被告也作同樣內容的發誓。然後，鬼師左手執原告所帶來的大公雞，右手拿刀大聲地喊著：「雞啊！雞啊！你要睜開眼睛，誰真誰假你知道，要把幹虧心事的人找出來！」說了這些話之後，就用刀割雞的脖子（沒有頭砍下來），馬上將它放在兩個當事人之間。按規定：若是在垂死前掙扎的雞向原告或被告的一方滾跳，並且超過標示線，則那個人就是有罪的。（同上：31-32）這種以動物來判辨人的是非曲直，與古代的獬豸訣訟法很相似。

　　斬雞頭起源於何時？這是一個不大容易回答的問題。迄今筆者所蒐集的最早的資料，是元朝末年所撰寫的《道法會元》，在這本道教科儀書中，有南宋道士陳南所撰寫關於南方的雷法（一種驅邪式）的資料，其中很生動地敘述道士如何以斬雞頭的方法來做雷法。首先，要存想雷電風雨的官將兵吏，跨步罡，奠酒祭神，唸咒、焚符等：

圖一　貴州的斬雞頭

次左手執生叫雞，令侍者捉雞足及翅，師執雞頭，古手仗劍斬雞，
瀝血於空盞內，以酒浸入，用劍攪勻，將血與酒與將吏誓曰：仗
劍在手，吾以斬雞，瀝血為誓。誓願代天行化，助國救民，役召
風雷，驅別人鬼，汝等吏兵，兵隨印轉，將逐令行，聞吾符召，
疾速降臨，興雲致雨，驅風起霆，有命即行，毋違吾令，顯揚道
法，救療群生，彼此有違，並依天律。（《道法會元》，卷 123，
頁 17b）

　　道士立誓之後，還得喝一口血酒。由此可見，斬雞頭儀式和道教多
少有一點關連。這種斬雞頭儀式同時具有向天立誓，和建立聯盟關係的
意涵，並且喝血、違反聯盟者會招致天譴，和古代的血盟相當類似。所
不同的是，血盟是人與人（或國與國）之間的事，而道教的斬雞頭儀式
是人與神之間的事。此外，道士作法時，不一定要喝雞的血；又，除了
雞之外，還可以用鵝、羊、鱔魚，甚至於自己手指頭的血。（《道法會元》，
卷 8、56、57、93、97、137、141、152、187、188、241）

　　值得注意的是，斬雞頭儀式在很多方面和古代的盟誓和獬豸決訟法
很相似。古代的血盟或詛盟，是用來建立或鞏固人與人、或國與國之間
的聯盟，而誓是單方用來表達自己的立場。（白川靜 1983：71-72）不
過，無論是「誓」或「盟」，兩者都包括向神發誓和動物祭祀，正如《說
文》所說：「殺牲歃血，朱盤玉敦，以立牛耳」。（白川靜 1983：72；尚
秉和 1991：326-328；Lewis 1990：24-25，44）至於血盟的儀式，必須
先在地上鑿一個方形的坑，將用來祭祀的動物放在坑裡宰殺，切下它的
左耳，置於珠盤上；又把動物的血注入玉敦中。這隻耳朵是給主辦祭祀
的人的，至於動物的血，有時候所有參與血盟者都要喝一口；或者是用
來塗在嘴上，即所謂的「歃血」。（白川靜 1983：72-73；尚秉和 1991：
327；Lewis 1990：43-50）在南方一些非漢民族的社會中，也有這種飲
血或歃血的習俗。另外，在明清時期的漢人社會中某些地方防禦性組織
（如少數的民團），和所謂的「秘密社會」（其間包括台灣的「天地會」）
要求與會者把祭祀過的動物之血塗在口上，即「歃血」之意。（Ownby
1996：39-41；ter Haar 1995：31、32、35）至於這些儀式是否直接承自

古代的血盟，仍有待進一步的探究。

除了立誓和動物祭祀之外，古代的誓盟也包括詛咒的成份。這種詛咒和前述斬雞頭的詛咒很相似，如《左傳》記載僖公二十八年（紀元前632 年）口口口人的盟誓云：

> 要言曰：……有渝此盟，明神殛之，俾墜其師，無克祚國，及而玄孫，無有老幼。

其中斷子絕孫部分就和前述斬雞頭詛咒的內容一樣。（白川靜1983：78、84-85；陳昭容 1993）不過，血盟和斬雞頭也有一些差異，特別是血盟未必和地獄司法體系有關。雖然血盟可以在社壇舉行，但其祭祀的對象通常是天（古代折箭的習亦然），而天地會等秘密社會所祭拜的神，通常以關公等忠義的武神為主。因此，與其說血盟為斬雞頭之先例，不如說這兩種儀式是有一些重疊之處。至於兩者間的關係，則有待進一步的研究。[8]

古代有的詛盟的儀式不但是用來建立聯盟，而是用來解決訴訟等法律問題。如《周禮》〈秋官、司盟〉云：「有獄訟者，則使之盟詛。凡盟詛各以其地域之眾庶其（供）其牲而致焉。」[9]（白川靜 1983：76；尚秉和 1991：302；晁福林 1995：23）據此，則與訴訟有關的盟詛不但是人與人之間的事，同時也牽涉到地區之間的關係。《周禮》注疏云：「使其邑閭出牲而來盟。」又，「不信自然不敢獄訟，所以省事也。」這種儀式也可用來處理難判別的案子，如《左傳》隱公十一年（紀元前712）記載，鄭國討伐許國，鄭臣子因為與潁考叔爭車未遂，而懷恨在心，後來在另外一次戰役中陷害他。由於戰鬥中情勢紛亂，僅知潁考叔是被鄭人所殺，而不能確定凶手是誰。於是，「鄭伯使卒出豭，行出犬、雞，

---

[8] 另外，也有必要一提的是：雞的血和雞的頭都有治病、厭勝的功能。清末住在廈門的荷蘭學者 J. J. M.deGroot 研究漢人的民俗詩，在《風俗通義》、《肘後備急方》、《本草綱目》等書裡，找到了不少這方面例子。（deGroot 1910）甚至在明清的戰爭中，若有一軍使用「陰門陣」（以女姓裸露的身體為厭勝敵人槍炮之物），和其對壘的另一方就可以用雞血等物來剋制它。（蔣竹山，1998）又，在台灣的民眾也知道：給神像開光的筆尖，也要沾一點公雞的冠血。

[9] 本文引《十三經注疏》本。

以詛射潁考叔者」。雖然《左傳》的作者批評此事「失政刑矣」，不過這段記載至少讓我們體會到這種儀式在處理難判別的案子時也扮演著一個重要的角色。（白川靜　1983：77-78；晁福林　1995：24）

「獬豸決訟」或「羊神判」是古代的人用以處理訴訟或疑案的另一種神判儀式。獬豸，亦作解廌、屈軼，是古代傳說中的一種似羊（或神羊）或牛的獨角獸，它被認為是一種具有判斷是非曲直能力的神獸。又，古書中「法」字常作「灋」，也就是解廌的「廌」字加「水」和「去」而成的。（白川靜　1983：91-93；黃展岳　1986：16-17）《墨子》和《論衡》二書中，都提到了古代的獬豸訣訟法，〈墨子‧明鬼篇下〉對此尤有明確的記載：

> 昔者齊庄君之臣，有所謂王里國、中里繳者。此二子者、訟三年而獄不斷。齊君由謙殺之，恐不辜。猶謙釋之，恐失有罪，乃使二人共一羊，盟齊之神社，二子許諾。于是剄羊出血而灑其血。讀王里國之辭，既已終矣。讀中里之辭，未半也，羊起而觸之，折其腳，祧神之而槁之，殪之盟所。[10]

漢代王充（29-109）《論衡》第十七卷中，也記載古代傳說中的獬豸訣訟法，據說帝舜時，皋陶曾以此法來判斷是非；皋陶是羌族的祖神，而羌族同時也是牧羊族。（瞿同祖　1981：253；　Lewis 1990:198）

由於上述的「羊審判」必須在當地的神社舉行，也要把羊血灑在社上，因此它含有血盟的意涵。至於在古代社會中，這種審判儀式普及的程度，則不得而知。不過，從漢代以降有些官員的衣冠上有獬豸的圖案，（黃展岳　1986：18；白川靜　1983：92）它應是含有公正、明斷是非的

---

[10] 張純一，《墨子集解》（台北，文史哲出版社，1982），卷八，頁283-284。晁福林以孫詒讓《墨子閒詁》本，（晁福林　1995：23）內容稍有不同：「昔者，齊庄君之臣有所謂王里國、中里繳者。此二子者、訟三年而獄不斷。齊君由謙（兼）殺之恐不辜。猶謙（兼）釋之，恐失有罪，乃使之人共一羊，盟齊之神社，二子許諾。於是范盟，以羊血洒社。讀王里國之辭既已終矣，讀中里之辭未半也，羊起而觸之，折其腳，跳神之社，而槁之，殪之盟所。當是時，齊人從者莫不見，遠者莫不聞，著在齊之《春秋》，諸候傳而語之曰：「諸共盟者不以其情者，鬼神之誅，至若此其憯遫也。」有關此之討論，見：白川靜 1983：42；黃展岳 1986：17。

意涵，似可顯示古代獬豸訣訟法的意象的遺存。另外，在東漢魏晉南北朝墓中，出土和傳說中的獬豸十分類似的獨角獸，其質材有銅製的、陶製和木製。一般認為：墓中的獬豸是作為鎮妖避邪之用的。（黃展岳1986：18）不過，筆者推測：它可能和佛教尚未影響及中國的喪葬之前、古代中國的地獄信仰有關。

由上可知：斬雞頭儀式有悠久的歷史。雖然斬雞頭所用的雞並沒有被當作祭品或供品，但是斬雞頭、盟誓和獬豸訣訟法都有一些共同的特徵。首先，在儀式結構（ritual structure）方面，三者幾乎都包括發誓或詛咒，以及祭祀動物的行為。第二，通常古代神判儀式中所用的動物是牛和羊，但也可以用雞、狗或豬代替。《詩經‧小雅》〈何人斯〉，是對這雞、狗、豬這三種動物和神判儀式的關係具體的說明：

> 及爾如貫，諒不我知。出此三物，以詛爾斯。為鬼為蜮，則不可得。有靦面目，視人罔極。

意即：雖然我和你的關係不錯，但你對我無情義，如今我以這三種動物來祭祀、詛咒你。而你和鬼蜮一樣心術莫測，也不知羞恥，依然沒有改悔之意。（晁福林 1995：24）前述潁考叔命案的神判儀式中，也用了雞、狗和豬。

就理論方面而言，斬雞頭儀式似乎比較難以解釋，因為它包含以下四個宗教學概念中的若干成份，即：祭祀／犧牲（sacrifice），代罪羊（scapegoat），裁判法（ordeal）和發誓（oath）。（Henninger 1987a, 1987b; Klinger 1987; Sabbatucci 1987）雖然古代一些神判儀式中有祭祀或犧牲的含意，但斬雞頭所用的雞並沒有奉獻給神明。又，雞本身似乎也不是一種要自社會中驅逐的代罪。另外，斬雞頭雖然與西方、中東的發誓和裁判法很類似，但它在殺動物這一點又和這二地區的儀式有所不同。筆者以為：如果要從理論方面來看斬雞頭這個儀式，或可把它視為一種「受難儀式」。（見本文結論）此外，Rene Girard 提出「儀式暴力」（ritual violence）的理論，（Girard 1979）對於我們了解斬雞頭儀式，也提供相當的助益。根據 Girard 的研究，一般的社會中一直存在著一種人與人

之間發生暴力的可能性，因此，很多社會往往會透過一種暴力的儀式行為，把這種暴力移轉到動物或某些物品上。不過，Girard 的研究沒有觸及到漢人社會，所以他所提出來的觀念也不宜盲目地被套用。事實上，漢人社會雖然也有一些儀式暴力是牽涉到人與人之間的衝突，但同時也有不少例子（如儺、送王船）反而和人與鬼神之間的緊張關係有關。

就斬雞頭儀式來說，它常用來擺平一些無法調解的民事案件、或刑事案件，如果不能透過此一儀式解決問題的話，這些案子或是送到衙門官府、或者會暴發衝突、抑或用到殘忍的私刑，如閩南地區，有時抓到小偷則將之吊起來打、灌屎、割腳筋等。（片岡巖 1981：61-68；Macgowan 1912：167-178）因此，漢人社會使用法律、私刑和宗教儀式解決糾紛的比例，應是一個值得進一步探討的問題。

三、告陰狀

所謂的「告陰狀」，或稱為「放告」、「燒王告」。它通常是一般百姓在「有理無處說、有冤無處訴」時，求助於冥界的神明（包括城隍爺、東嶽大帝、地藏王菩薩和大眾爺）的方法。在傳統漢人的社會裡，告陰狀有兩種做法：第一種是公開地在民眾面前放告，第二種是私下地放告。分別敘述如下。

在中國東南沿海地區，公開地放告儀式似乎相當流行。清末民初，溫州士人所編的《溫州風俗志》一書中，對在當地守護神忠靖王廟（即溫元帥）一年一度廟會中的放告儀式，有很詳細的描述，簡述如下：

在這個廟會中，迎神賽會的隊伍到了溫州的西部，此地校場演武廳已經掛起放告牌，上面貼著忠靖王文告——其內容是招致含冤飲恨的人來告陰狀。人們將忠靖王的鑾駕抬進營門，然後侍從們高聲叫道：「大王升堂！」判官皂隸站班排衙，擺起放告、投文兩個牌，忠靖王的鑾駕被抬出來升堂，扮罪人、犯人的人都整齊地站在兩旁。皂隸喊：「吊犯人！」扮犯人的一齊跪拜，又叫：「吊罪人！」扮罪人的一起跪拜。再叫：「告狀人。」此時，告狀人身穿喪服．披頭散髮，手持神香黃紙狀，

高喊「冤枉」，求東嶽爺伸冤。公差先是將他趕走，告狀人再度哭著上前，如是者三次，到了第三次才准他到案前，跪呈黃紙疏，哭訴冤情。公差接著把黃紙疏在香爐上焚化，說道「聖王知道，聽候定奪。」叫告狀人退下。「放告」到此便告結束了。

　　上述儀式實際上是一種「表演」（performance），而被告人也未曾出庭。不過，據說被告的人常常會生病，甚至於死亡。（葉大兵　1991：110-111，1992：240-241；Katz 1995a：152-153）

　　閩南地區，也有人公開地告陰狀，不過，當地的儀式似乎比較近似於斬雞頭儀式。（見上一節）在台灣則公開放告並不流行，如在台南縣西港鄉三年一度的瘟醮時，慶安宮的工作人員會在廟前掛放告牌，但因怕招致糾紛，所以掛上去之後，馬上就收下來。（劉枝萬　1983：365-366；陳志榮　1997）台灣人如果要公開告陰狀的話，則較常採取「攔神轎」的方式，如幾年前台北縣政府要拆除新莊一些民房時，民眾就趁大眾爺遶境時攔轎告陰狀。

　　第二種告陰狀的方式，由於沒有公開或表態的風險，因此遠較第一種告陰狀流行。如新莊地藏庵的信徒如果遭受冤曲而無處可訴時，可請廟方替他寫一份「牒文」或「訴狀」，向文武大眾爺或董大爺報告整個事件的原委，請他們做主，為信徒解決或懲治惡人。目前，每天都在廟中舉行此一儀式（只有每月的初五、十三、二十日休息），每次收費新台幣四百元。儀式的過程如下：信徒須準備水果與金、銀紙祭拜，由道士唸誦「訴狀」的內容，然後將訴狀和金、銀紙一起燒化。據稱，當文武大眾爺接到信徒的訴狀之後，會將案件交給他的左右手七爺、八爺或董大爺辦理。每年廟方要為信徒準備三千多份的訴狀，而信徒如感受到文武大眾爺或董大爺顯靈的幫助，則會在地藏庵大門旁貼一張紅色的「感謝狀」。（康豹　1998：147-148）[11]

　　在中國，第二種告陰狀的儀式一直非常流行。（馬書田　1998：160；鄭土有、王景森　1994：177）迄今筆者所能找到這種告陰狀最早的記載，

―――――――――――

[11] 據聞：新竹和澎湖的城隍廟也有類似的儀式，筆者尚未前往訪查。

是宋人洪邁（1123-1201）所著《夷堅志》一書中，〈馮資州婿〉條，記載一個被冤屈的老兵向東嶽大帝告陰狀，因而報仇的事：

> 蜀人馮子春，為資州守。其婿從之官，嘗須公使銀盆，老兵持以入，婿匿之，而稱失去，且語馮云未嘗用。馮以為兵所竊，置諸獄。兵衰老，不能堪訊鞠，遂自誣狀。索其物，則云久已持鬻了。既論罪決杖，且責償元直。兵不勝冤憤，具狀訴於東嶽行宮，泣拜而焚之，仍錄一紙繫腰間，乃自經于廟門之外。
> 馮受代，復知果州。忽見此兵正晝在側，愕然曰：「汝死已一年，如何得以到此？」對曰：「銀盆事，某陳訴岳帝，令來追知府女婿對理。」馮驚懼之次，俄失所在。其婿即苦中惡，當日死。馮後七日亦卒。（洪邁 1982：1024-1025）

明清時代，這類的放告儀式仍然很流行，如鄭仲夔《耳新》卷四中，就有一則向城隍告陰狀的記載：

> 弋陽陳某，有耕牛為人盜去。陳家特窘甚，俯仰無措，因泣訴之城隍神。越三日，盜牛者忽狂語曰：「城隍差人拘鎖，可救我。」其家多人護持之，都聞鐵鎖聲。次日復然，隨責杖數十，其人叫痛不已，又咸聞杖聲。[12]

此外，孔復禮（Philip A. Kuhn）在一本有關乾隆年間「叫魂」案的書中，也提及浙江農民如果覺得被欺負、或蒙受冤屈時，往往去附近的陰廟去告陰狀。（Kuhn 1991：3）

由上可知，無論是中國或台灣，告陰狀的儀式幾乎都和冥界諸神有關，尤其和城隍爺、東嶽大帝最為密切。另外，這個儀式也反映了漢人對於地獄司法體系的信心和依賴。換言之，至少有一部人相信：即使無法透過官方的司法體系得到令人滿意的結果，至少可以訴諸於較為公正、講求善惡皆有業報的地獄司法體系。甚至於傳統中國的官府，乃至於現代台灣的警方，遇到懸疑案件時，有時會到廟裡去祈求陰神的幫助。（康豹，1998；郝鐵川 1997：139-140；鄭土有、王景森 1994：175；

---

[12] 《叢書集成初編》，第 2946 冊，卷四，頁 21。

瞿同祖　1981：255）

　　此外，有時傳統中國的地方官在審判某些案件時，會以寺廟作為審理案子的場所。（郝鐵川　1997：145、149；譚棣華　1997：6；瞿同祖　1981：254-255；Macgowan 1912：141-142；Wu 1988）以現代台灣來說，也不乏其例，如當年震驚社會世華銀行搶案，久未能破案，警察局長顏世錫就曾到新莊地藏庵祈求，據說後來是在文武大眾爺的指示下，偵破此案。又例，近年板橋縱火案的嫌犯被逮補後，仍不肯承認犯案，因此，檢察官兩度押解他前往地藏庵，向文武大眾爺、董大爺投訴狀，這給予嫌犯心理上很大的壓力，便據實供出案情。（康豹　1998：147）

　　由於告陰狀時須焚燒狀紙，因此我們無法得知其確切的內容，幸而夏之乾在《神判》一書中，收錄了一份光緒十一年（1885）廣西地方的陰狀，其內容如下：

> 上告天地神明、日月三光、廿四位諸天、供油教主、三界聖帝、本廟聖王案前呈進　具告凡民陰人廖金錢等，為朋比為奸設謀控害，乞恩愿情電鑒，以分涇渭，事無處伸冤。事竊有堂兄弟廖口口，今據大清國廣西省桂林府義寧縣分防龍勝理苗分府龍眷鄉廖家寨、廣福（莫一）廟王祠下社王土地居住。
>
> 奉聖修因，即至告狀人廖金全，年八十五壽，設謀控害，時勢欺弟，依強奪地名管界翁田平、段牛厂等，具控龍勝安府主案下銜頑錢三十二二百十文，陽間孤獨守份忠良，囊內無錢，不敢告于陽憲，冤深如海，氣怒如山，無處申冤，因此無奈，是以謹發恨心，取處縣雄雞一隻，供油一碗，狀紙一張，于執虛空，具告天地神明，日月三光，廿四位諸天，三界供油教主，三界聖帝，本境廣福大王部下，即速差下（究）查，靈官統領雄兵猛將，即查追拘，包龍處提拿廖真命到案，務要自願自例自弘，顛極上山蛇傷虎咬，下河浪打水推，天雷霹靂，即遭瘟疫，火焚棟宇，宅舍化灰，即行即報，剿斥奉行，報應有功之後，不忘大道鴻恩。謝恩謝聖，須至狀者右狀上告天地神明，日月三光，廿四位諸天，三界供油教主，三界聖帝，本廟聖王，搶查靈官案前投進證盟莫一，大王星火奉行，急行急報。

皇上光緒十一年歲次丙戌口月口日具狀上告（夏之乾 1990：26）

　　告陰狀這種儀式的來源可能相當古老，甚至於有可能係在完整的地獄觀尚未產生之前，就已經出現了。根據林富士、Alvin Cohen, Stephen Teiser 等學者的研究，冤魂死後「訴冤」的故事已見諸於《左傳》、《冤魂志》等書。（林富士 1986、1995；Cohen 1982；Teiser 1993）關於告陰狀的來源，可能也與古代和中古時期的「塚訟」有關。所謂的「塚訟」，是指死人在陰間透過地獄的司法體系，對活人所做的訴訟，古人相信在這種「死人告活人」的情形下，會導致活人生病或死亡。根據 Peter Nickerson、丸山宏等學者研究：至晚從秦漢以來，那些擔心自己會被死者告狀的人，往往會請道士、巫等神職人員做一些阻止塚訟的儀式。（丸山宏 1986；Peter Nickerson 1996、1997）約在六世紀成書的《赤松子章曆》卷五中有〈大塚訟章〉，就是一個很好的例子。這個儀式先由道士敘述「患者」（被死人告的活人）所遭遇到的災禍，和引起此災禍的各種塚訟：

> 上言今有某州縣鄉里某甲，投辭列款，稱門祚災衰，家累疾病，所作不利，所居不安，求乞章奏，解除塚訟。今據其事狀，口可根尋。必恐其七祖九玄，周親近屬，生存之日，過犯既多，亡歿已來，被諸考讁子孫，未與拔贖冥漠，得以怨嗟。或葬在水源之訟，或殯當廟之訟，或填塋穿穴之訟，或棺槨損傷之訟，或舊塚相重之訟，或新塚相犯之訟，年月浸遠，口嗣不知。或水溺火燒之訟，或蟲傷藥毒之訟，或刀兵牢獄之訟，或瘟疫癘疽之訟，或叔伯兄弟、或姑姪姐妹，遞相連染，以作禍殃。（《赤松子章曆》5：19b）

　　「患者」可能是因為沒有超薦其祖先，或因先人的塚墓侵犯到神靈、或其他亡者的塚地糾紛，或先人橫死未安，也有被其亡過的親屬所告的。因此，道士在作法時，可能有收治其祖先的必要：

> 又請無上高倉君兵一萬人，為某家收治五墓之鬼，傷亡往來住著子孫，作殃怪、禍害疾病某身，致令死傷不絕者，皆令消滅。（同

上，20b）

　　在傳統的漢人社會中，幾乎找不到更明顯的受難儀式了。由於這些「患者」恐怕上述的情形下，祖先會加害於他們，因此只好不擇手段地來對付他們的祖先了。這種恐懼感可能來自家族裡的緊張關係和糾紛，不是活人的罪過，就是死者的罪過。

　　唐朝時期，人們似乎普遍存在著對塚訟的恐懼，在唐代的志怪中可見到不少的例子。（朴永哲 1997；Dudbridge 1995）在安徽、江西的唐宋墓中，出土了一些「柏人」——用柏木刻成的人頭如圖二，上面寫著防備塚訟的文字：

> 唯元祐五年歲次庚午癸未朔月甲午朔二十二日，江州彭澤縣五柳鄉西域社傅師橋東保歿故亡人易氏八娘，移去蒿里父老天帝使者、元皇正法使人，遷葬恐呼生人，明敕柏人一枚，宜絕地中呼訟。若呼男女，柏人當；若呼口師名字，柏人當；若呼家人，柏人當；若呼兄弟，柏人當；若呼戚門論訴，柏人當；若呼溫黃疾病，柏人當；若呼田蠶二鄴六畜牛羊，柏（下缺「人當」）；若呼一木二木，柏人當；若呼不止，柏人當。急急如律令。（圖二；彭適凡、唐昌林 1980：29、33）

Valerie Hansen 在她有關柏人及社會文化意義的研究中，指出：此種柏木人之所以用柏木作為質材，可能係因柏樹很長壽，同時當時人認為地府的衙門是用柏木作為建材的。（Hansen 1995：196-203；1996：289-290）此外，在宋代

圖二　柏木人
長 35 釐米，上端削刻似人頭，以墨線畫出耳、目、口、鼻，渾體呈八稜形條木狀。

的筆記和元代的雜劇中，也有許多死人告活人的例子。（同上，1995：203-221，1996：284-288、290-292）在明清以降的《目連戲》和傀儡戲中，則透露出人們對死人在陰間控訴活人有相當程度的恐懼感。（Johnson 1987；宋錦秀 1995）

由上列的敘述中，可知自古以來有許多漢人擔心會遭到死人（包括其親人）的訴訟，因而透過各種宗教儀式來解決這個問題。至於漢人從什麼時候開始「告陰狀」——利用地獄的司法體系控訴其他的活人，尚無法確定；不過，從前面所提到的例子，可知至少從宋代開始就有告陰狀了。有趣的是，從宋代開始，也有活人告死人的案例，這種情形似乎在浙江、福建地區甚為流行。（馬書田 1998：156；徐曉望 1993：401）清代文人袁枚（1716-1798）在所撰寫的《子不語》卷三，有〈城隍殺鬼不許為聻〉則，是關於活人告死人的故事，這和下面所討論的「審瘋子」有關，今簡述其內容如下：

台州有一名朱姓女子，其夫外出經商。有一天晚上，忽然來了一個身穿紅衣、面貌醜陋的男子，來強娶她為妻。自此之後，那怪人常來，但僅有朱氏看得見他，別人都看不見。因朱氏日漸消瘦，故其父母便將她藏在她姐夫袁承棟家。朱氏的父親便和袁承棟連名寫訴狀，在城隍廟焚燒這紙狀子，當天晚上，朱氏便夢見兩個青衣人來召她去聽審，醒來後告訴家人，經審判後得知那怪人是東埠頭一名叫做馬大的驕夫，因為此事而被城隍爺杖四十大板，戴長枷示眾。不料三天後，朱氏又遭馬大之妻前來挖眼，說是要為其夫報仇。朱父和袁承棟只好再燒一張狀子給城隍，當晚，朱女夢見鬼卒來召其聽審，這次城隍因馬大夫婦連續作惡多端，因此判馬大腰斬之刑，馬妻充配黑雲山羅刹神處當苦差。從此之後，朱氏就得以安寧，返回夫家。[13]

以上所談的各種以告狀為主神判儀式，仍有待更進一步的研究。不過，從這些神判儀式中，顯示了傳統漢人社會中人與人，人與鬼之間的糾紛，頗為嚴重，使得人們嘗試著以地獄的司法體系以解決問題，因此，

---

[13]王志英主編，《袁枚全集》（江蘇古籍出版社，1993），第四冊，卷三，頁 61-62。

它其實在某種程度上具有維持社會秩序的功能。無怪乎傳統中國和台灣的人民和官員，會選擇在地方社會最重要的公共空間——地方上的大廟，舉行各種神判儀式；而各地城隍廟通常也懸掛著算盤，或是「你來了」、「爾來了」、「悔者遲」等匾額。（呂理政 1992；林明德 1995）台灣人對城隍及其地獄司法體系有著恐懼，但也有一份信賴的心理，這從台南府城隍廟裡道光二十七年（1847）的楹聯，見其一斑：

問你生平所幹何事？圖人財、害人命、姦淫人婦女，敗壞人倫常⋯⋯

來我這裡有冤必報！減爾算、蕩爾產、殄滅爾子孫，罰爾禍淫！

睜睜眼睛怕不怕？看今日多少凶鋒惡燄，有幾個到此能逃？

四、審瘋子

第三種神判儀式「審瘋子」和前面二者不大相同，它不屬於刑事或民事案件，而是一種治病儀式。不過，這種儀式所治療的病僅限於瘋子——從前的人所認定的精神病。這個儀式在台灣並不普遍，但它在浙江省相當流行，最著名的要算是杭州法華山下老東嶽廟（建於宋寶慶三年1227）的「審瘋癲」儀式。根據民國初年，林用中、章松壽曾在此所做的田野調查，在此廟中，東嶽大帝的全銜是「總理陰陽、權衡社稷、泰山青府中界至尊東嶽大齊大王仁元聖帝慈光救苦、感自在天尊」，他的使命是：「提勘天下一切犯罪男女，昭明一切善惡，分別判罰」。由於瘋癲的人被認為是身上附有有鬼魂的，因此每年大帝秋審時，就有審瘋癲的儀式，這個儀式是這樣進行的：

先把瘋子，和由人裝扮化妝的假鬼（包括白無常、黑無常、大頭鬼、小頭鬼、判官、勾魂使者和牛頭馬面等差役）關進「地獄」裡，貼上大帝的封條，讓他們在裡面大吃大喝，所吃的是高粱、鴉片和雞鴨魚肉。吃完以後，在瘋子的身旁放著一個草人，由家人陪著，躺在地上休息。到了三更的時候，獄門外響起「碰碰碰」三響，沖進一陣煙火，在鋼义鐵鍊聲和眾鬼尖銳的叫聲齊響下，瘋子身後繫著草人，被帶到大帝鑾駕

面前，眾鬼也各就各位，開始審瘋子。大帝背後匿著一人，瘋子背後也有一人，像唱雙簧一樣，一問一答。問到瘋子何以如此，都說是前世冤家，今世來報復這類的話。大帝先進行調解，然後提出條件：該要錢的給錢（銀錠百萬等），或彌陀若干藏，懺若干堂，焰口若干堂等。審完以後，眾鬼大調無常，瘋子遊十殿。然後，簫管鐘鼓齊鳴，由判官張傘前導舞蹈一陣，以渡遊魂。在此之後，大帝鑾駕被抬回崇聖宮內，此一儀式便告完結。（林用中、章松壽　1936：8-9、9-11）[14]這個儀式具有明顯的表演成份，甚至於大帝和瘋子的角色是由人扮演的，而他們的對話「像唱雙簧一樣」。據 David Johnson 等學者的研究，這種儀式中演出的社會劇場，是漢人宗教文化的主要特色之一（Hayden　1978; Johnson 1989）。

　　清末的《點石齋畫報》中，也有描述「審瘋子」儀式。（圖三）

圖 3　嶽神判案

---

[14]參見：《重修浙江省通志稿》（1948），第十七冊，頁 12。

　　除了東嶽大帝之外，城隍爺也能治療精神病患，在城隍廟裡經常有「審夜堂」的儀式。由病人的家屬請一個或數名乩童和法師，其中一個乩童降城隍爺，其他的人唸經。待城隍爺降身之後，就在廟裡坐堂開審，先是勸告纏著病人的鬼放回病人的魂魄，好說歹勸地許諾如果鬼答應的話，會送給它許多冥錢；若是不答應的話，就會被城隍爺的手下（七爺、八爺、牛頭馬面等）斬首。（鄭土有、王景森　1994：177）

　　另外，有一種比較特殊的審瘋子儀式，是浙江省桐鄉縣的「神歌先生」（類似法師的人），為病人做「審毒頭」（當地的人稱精神病為「毒頭病」）的儀式。首先，神歌先生請來兩尊管毒頭病的神明——即痴公和痴婆，用神禡來代表。另外，用柴草扎一個真人大小相同的假人（替身），穿衣戴帽，在頸部纏繞著一根鐵鏈。然後，一面唱著「神歌」，一面把替身拉到痴公、痴婆面前，由神歌先生進行「審問」、「拷打」。審完之後，就將痴公、痴婆的神禡和草人替身送到野外焚燒，表示已經把痴神送走了。（徐春雷　1994：199）

　　到底這些審瘋子的儀式所治療的是那一種精神病？就目前所收集的資料，筆者尚無法回答這個問題。不過，就社會文化史的角度而言，這個問題似乎不是那麼重要，據 Michel Foucault 等人的研究，所謂的「精神病」（insanity, mental illness），未必是一種醫學認定的病症，它有時候是一般人、領導階層或政府用來界定其所認為異常行為的相對指標。（Digby 1985; Ernst 1997; Foucault 1971）在中國的醫療傳統裡，「瘋」、「癲」或「狂」通常是視為一種陰陽失調的問題，如「癲」係因人體內的陰過盛，而「狂」是由於體內陽過盛的所引起的。（Chiu 1981; Ng 1990; Unschuld 1985）同時，中國傳統醫書中也常有與「夢交」、「鬼交」有關疾病的記載。（林富士，1999）在民間信仰方面，許多疾病也被認為是鬼怪纏身所致。（Kleinman 1980,1986; Sivin 1977; Veith 1963）而這種鬼魂纏身的過程中常包括性關係。從中國中古時期開始，便出現各種關於狐狸精、五通神和凡人發生性關係，而引起「異常」行為的故事，以及人們如何試著透過各種驅邪儀式，把上述精怪鬼魂趕走。（Cedzich 1995; Huntington 1996; Kang 1999；Ng 1990;48-59；Von Glahn 1991）

　　此外，也有人認為有些精神病是過去罪惡的報應，因此它幾乎是不可能治好的。如下面一個故事：山西祁縣有一個惡棍，有一天突然跑到衙門前跪下，反背著雙手，說是奉縣城隍的命令，前來自首，要縣令派人把他押到城隍廟問罪。縣令以為他得了精神病，遂叫衙役把他趕走，但他無論如何不肯離開。如此數日，縣令只好派人將他送到城隍廟，但見此人跪在台階下，痛苦呼號，說是城隍神正在對他施刑。刑畢之後，他又要求遊街示眾，在這之後，便七竅流血而死。（郝鐵川 1997：143）

　　由上可見，審瘋子是漢人社會中另一種神判儀式。雖然這種儀式和斬雞頭、告陰狀一樣，通常是在廟裡舉行，但它和後二者不同的是：地獄司法體系神明所審判的是漢人社會所認定的不正常行為者。

五、結論

　　由上面的討論可知：自古以來，漢人社會（偶而也有一些非漢民族社會）裡一直存在著各種各樣的神判儀式，斬雞頭和古代的盟詛，是兩個人或兩群人用以解決糾紛的儀式。告陰狀和中古以降的各種預防塚訟的儀式，則是一個人或是一個家族的事，而它所要解決的問題除了人與人之間的糾紛之外，還包括人和鬼之間的衝突。至於審瘋子儀式中包括了個人和家族，其目的止在於擺平紛爭，而是治療漢人社會所認定的不正常行為。上述三種神判儀式，雖然有一些的差異，但它們有一個共同的特徵，就是它們和地獄司法體系的關係，以及信徒想要利用此一體系來解決問題，伸張正義的渴望。這些儀式之所以持續流行，是由於民間司法神的信仰、以及這些儀式同時可以處理宗教和社會問題的緣故。

　　另外，這三種神判儀式具有某些社會文化意義。不少方志和風俗志，都提到地方社會好訟或好鬥的情形，近年來也有不少學者注意到法律在漢人社會的重要性。（王泰升 1997；郝鐵川 1997； Allee 1994; Bernhardt and Huang 1994; Huang 1996）不過，這些學者和早期研究中國法律史的學者，往往忽略了上述神判儀式在中國社會所扮演的角色。瞿同祖在《中國法律及中國社會》一書中，認為「有史以來，即已不見

有神判法。」（瞿同祖 1981：252）又，Philip Huang（黃宗智）等學者為了找出一種中國式的「公共領域」（public sphere）和「市民社會」（civil society），因而強調所謂的「第三範疇」（the third realm）那種國家與社會相互交流空間的重要性，指出：地方官員審判民事案件為第三範疇的關鍵因素。（Habermas 1995; Huang 1996）這些學者的研究給予我們不少的啟發，不過，他們也同樣地忽略了傳統中國民間信仰和法律的關連這個層面。筆者以為：在考慮明清以降漢人社會主要的公共空間，則不應忽略寺廟和廟會的重要性。（Katz 1995a:180-189）

　　從世界宗教史和法律史研究的角度而言，上述三種神判儀式可以擴大學界對這方面研究的視野，過去歐美學者認為以前的裁判法（ordeal）和相關的立誓（oaths），有其獨特性，（Klinger 1987：304）而本文所討論這三種神判儀式，可知中國的漢人社會也有類似的案例，因而可以讓我們重新思考裁判法和立誓在世界文化史的意義，而對上述的看法做某種程度的修正。此外，由於斬雞頭儀式並不完全符合犧牲（sacrifice）和代罪羊（scapegoat）等理論，本文以為：我們或許可以將這些儀式歸於「受難儀式」（rites of afflication）之列。特納（Victor Turner, 1920-1930）認為一般的受難儀式，牽涉到現實的問題時，也可以稱之為「社會劇場」（social dramas），其目的在於消災解厄，包含兩個主要的特徵：一、這些儀式往往是用來處理社會中作祟的亡魂——這些亡魂常會讓人生病，即是一種 physical affliction。二、這些儀式也試圖要化解引起亡魂作祟的社會衝突或矛盾，即一種 social affliction。（Katz 1995b; Turner 1968,1985; Wilkerson 1994a, 1994b）值得注意的是，Turner 在 1960 年代提出這兩個觀念時，是基於他在非洲部落社會中所做的田野，而他在1980 年代討論，則和他在巴西的研究有關（Katz 1995b）。因此，上述觀念也不完全符合我們在漢人社會中所觀察到的現象，如斬雞頭這種儀式與亡魂作祟似乎沒有直接的關係，不過，Turner 提出「受難儀式」、「社會劇場」等觀念，也有助於我們進一步思考斬雞頭等儀式的文化意涵，並且建構出較為適合用來解釋漢人社會的理論。

　　從以上的討論，可知在漢人社會中所舉行的各種神判儀式多少都符

合「受難儀式」的條件，如斬雞頭既是一種公開的社會劇場，也是解決人與人之間的 social affliction。告陰狀則可視為一種針對各種 social affliction 所作的受難儀式，而〈大塚訟章〉等儀式則是處理 physical affliction（各種災禍），以及造成這些災禍的 social affliction。很明顯地，「審瘋子」係和 physical affliction 有關的受難儀式，它同時也處理造成這種疾病的因素──包括個人對過去所作所為的罪惡感，和這種疾病所引起的社會問題。至於「扮犯人」，雖然不是一個神判儀式，但它也是解決個人的 physical affliction（包括疾病和罪惡感），和相關的 social affliction。以上這些論點，還有待將來進一步的研究。

此外，上述關於「受儀式」的討論也可增進我們對於神判儀式中突顯出文化內涵的理解。本文的前言曾提及；這些神判儀式與一般人渴望得到正義的心態有很密切的關係，近年來，也有不少學者開始研究中國帝制晚期和台灣的司法體系在地方社會之運作（如 Karasawa 1993; Macauley 1993,1994; Reed 1994;Zhou 1995）。這些研究指出：漢人對於正義的追求多少與達到秩序與和諧有關，包括在個人、家庭與社會等方面（關於和諧在漢人文化中的重要性，請參見李亦園先生的著作）。不過，這種目標是很不容易達到的，而各種不和諧或混亂的現象也隨處可見；無論是活人或是亡者未必皆有「賞善罰惡」的待遇，而常會遭到各種不合理的境遇。因此，上述神判儀式之所以與「受難儀式」有關，主要顯示兩種意義，從消極的層面來看，這些儀式之所以存在是為了應付各種不平安與不平衡；而從積極的層面來看，上述儀式則是一種對於建構正義、秩序與和諧的信賴和努力。

（本文撰寫過程中，承蒙林美容、蒲慕州、余光弘、林富士·陳昭容、李貞德、祝平一、賴鵬舉、李宗益、賴玉玲諸先生協助，並惠賜寶貴意見，特此致謝。）

本文初刊登於《中央研究院民族學研究所集刊》，第 88 期（2000），頁 173-202，收入本書時略作修訂。

參考書目

1. 中、日文著作

丸山宏，1986，〈正一道教の上章儀禮についで "冢訟章" を中心として〉，《東方宗教》68，頁 44-64。

片崗巖，陳金田、馮作民合譯，1981（1921），《台灣風俗誌》，台北：大立出版社。

王泰升，1997，〈撥雲見日的台灣法律史研究〉，收入黃富三等編《台灣史研究一百年》，南港：中央研究院台灣史研究所籌備處，頁 151-166。

白川靜，加地伸行、范月嬌合譯，1983，《中國古代文化》，永和：文津出版社。

朴永哲，1997，〈中國地獄におけ及地獄と獄訟：唐代地獄說話に見之る法と正義〉，《史林》80（4），頁 94-121。

吳瀛濤，1987，《台灣民俗》，台北：眾文圖書公司。

呂理政，1992，《傳統信仰與現代社會》，板橋：稻鄉出版社。

宋錦秀，1995，《傀儡與除煞》，板橋：稻鄉出版社。

李亦園，1983，〈斬雞頭〉，《師徒、神話及其他》，台北：正中書局，頁 297-299。

李宗益，1998，〈俊賢堂與新莊地藏庵的發展〉（未刊稿）。

尚秉和，1991，《歷代社會風俗事物考》，上海：上海書局。

林用中、張松壽，1936，《老東嶽、廟會調查報告》，杭州：浙江印刷局。

林明德，1995，〈解讀寺廟的區聯文化：以台灣地區的城隍廟為例〉，刊於《寺廟與民間文化研討會論文集》，台北：文化建設委員會，頁 319-344。

林富士，1986，〈試釋睡虎地秦簡中的厲與定殺〉，《史原》15，頁 2-38。

------，1995，〈孤魂與鬼雄的世界：北台灣的厲鬼信仰〉，板橋：台北縣立文化中心。

------，1999，〈中國六朝時期的巫覡與醫療〉，《中央研究院歷史言研究所集刊》，70（1），頁 1-48。

姚漢秋，1981，〈從閩南風俗談台灣的移風易俗〉，《台灣文獻》32（2），頁 99-122。

洪邁，〔1123-1201〕，1982，《夷堅志》，北京：中華。

夏之乾，1990，《神判》，上海：三聯。

徐春雷，1994，〈桐鄉神歌概述〉，《中國民間文化》14，上海：學林，頁 189-202。

徐曉望，1993，《福建民間信仰源流》，福州：福建教育。

晁福林，1995，〈春秋時期的「詛」及其社會影響〉，《史學月刊》5，頁 22-25、53。

郝鐵川，1997，《中華法系研究》，上海：復旦大學。

馬書田，1998，《中國冥界諸神》，北京：團結出版社。

高賢治，1989，〈台灣幽冥界特殊的神祇：大眾爺、有應公、崩敗爺及池頭夫人〉，《台灣風物》39（3），頁 125-150。

康豹（Paul R. Katz），1997，《台灣的王爺信仰》，台北：商鼎文化出版社。

------，1998，〈新莊地藏庵的大眾爺崇拜〉，《人文學報》16，頁 123-159。

陳志榮，1998，〈宗教信仰與地方意識〉，發表於台灣民眾宗教科際研究研討會，南港：中央研究院民族學研究所，6 月 6 日。

陳昭榮，1993，〈從秦系文字演變的觀點論〈詛楚文〉的真偽及其相關問題〉，中央研究院歷史語言研究所集刊 62（4），頁 569-621。

陳耕、吳安輝，1993，《廈門民俗》，廈門：鷺江出版社。

彭適凡、唐昌朴，1980，〈江西發現幾座北宋紀年墓〉，《文物》5，頁 28-33。

黃展岳，1986，〈神判法與「獬豸」決訟〉，《古代禮制風俗漫談》2，頁 13-18。

黃得時，1943，〈新莊街の歷史と文化〉，《民俗台灣》3（6），頁 44-46。

葉大兵，1991，〈溫元帥東嶽廟會〉，《民俗曲藝》72/73，頁 102-128。

------，1992，〈溫州東嶽廟會剖析〉，《中國民間文化》5，頁 235-251。

劉枝萬，1983，《台灣民間信仰論集》，台北：聯經出版社。

增田福太郎，1934，〈台灣に於ける最近の大眾爺神前裁判事件〉，《財團法人明治聖德紀念學會紀要》42，頁 1-33。

------，1937，〈法の神城隍爺の靈威〉，《台法月報》31（1），頁 28-32。

------，1937，〈無祀の枯骨に依る裁判（一）〉，《台法月報》31（4），頁 24-29。

------，1937，〈無祀の枯骨に依る裁判（二）〉，《台法月報》31（5），頁 24-29。

------，1996（1942），《民族信仰を中心として──東亞法秩序說》，台北：南天書局。

蔣竹山，1998，〈女性、身體與魔力：明清厭跑之術「陰門陣」的探討〉，發表於生命醫療史研究室第三次討論會，10 月 15 日。

鄭土有、王賢森，1994，《中國城隍信仰》，上海：三聯。

澤田瑞穗，1968，《地獄變：中國の冥界說》，京都：法藏館。

戴文峰，1997，〈台灣民間信仰有應公考實〉，《台灣風物》46（4），頁 53-109。

瞿同祖，1981，《中國法律與中國社會》，北京：中華。

譚棣華，1997，〈華南地區神廟與當地社會經濟〉，發表於第七屆海洋發展史國際研討會，南港，中央研究院社科所，5 月 1 日～3 日。

Habermas, Jürgen 等著，劉鋒等譯，1995，《社會主義──從後冷戰時代的思索》，香港：牛津大學。

2. 西文著作

Allee, Mark A. 1994. *Law and Local Society in Late Imperial China. Northern Taiwan in the Nineteenth Century*. Stanford: Stanford University Press.

Bartlett, Robert. 1986. *Trial by Fire and Water. The Medieval Judicial*

Ordeal. Oxford: Clarendon Press.

Bernhardt, Kathryn and Philip C.C. Huang, eds., 1994. *Civil Law in Qing and Republican China*. Stanford: Stanford UniversityPress.

Brokaw, Cynthia. 1991. *The Ledgers of Merit and Demerit*. Princeton: Princeton University Press.

Cedzich, Ursula-Angelika. 1995. "The Cult of the Wu-t'ung/Wu-hsien 五通/五顯 in History and Fiction." In David Johnson, ed., *Ritual and Scripture in Chinese Popular Religion.Five Studies*. Berkeley: Publications of the Chinese Popular Culture Project, Number 3, pp. 137-218.

Digby, A. 1985.*Madness, Morality, and Medicine*. Cambridge: Cambridge University Press.

Dudbridge, Glen. 1995. *Religious Experience and Lay Society in T'ang China. A Reading of Tai Fu's Kuang-i chi*. Cambridge: Cambridge University Press.

Eberhard, Wolfram. 1967. *Guilt and Sin in Traditional China*. Berkeley: University of California Press.

Ernst, Waltraud. 1997. "Idioms of Madness and Colonial Boundaries: The Case of European and 'Native' Mentally Ill in Early Nineteenth-Century British India." *Comparative Studies in Society and History*, 39 (1), pp. 153-181.

Foucault, Michel. 1971 (1961). *Madness and Civilization*. London: Tavistock.

Girard, Rene. 1979. *Violence and the Sacred*. Trans. by Patrick Gregory. Baltimore and London: The Johns Hopkins UniversityPress.

Goodrich, Anne Swan. 1964. *The Peking Temple of the Eastern Peak: The Tung-yüeh Miao in Peking and its Lore*. Nagoya: Monumenta Serica.

------. 1981. *Chinese Hells: The Peking Temple of Eighteen Hells and Chinese Conceptions of Hell*. St. Augustin: Monumenta Serica.

de Groot, Jan J.M. 1892-1910. *The Religious System of China*. 6 Volumes. Leiden: E.J. Brill.

Hansen, Valerie. 1995. *Negotiating Daily Life in Traditional China: How Ordinary People Used Contracts, 600-1400*. New Haven: Yale University Press.

------. 1996. "The Law of the Spirits." In Donald S. Lopez, ed., *Religions of China in Practice*. Princeton: Princeton University Press, pp. 284-292.

Hayden, George A. 1978. *Crime and Punishment in Medieval Chinese Drama: Three Judge Bao Plays*. Cambridge: Harvard University Press.

Henninger, Joseph. 1987a. "Sacrifice." Trans. Matthew J. O'Connell. In *The Encyclopedia of Religion*. New York: Macmillan Publishing Company. Volume 12, pp. 544-557.

------. 1987b. "Scapegoat." Trans. Matthew J. O'Connell. In *The Encyclopedia of Religion*. New York: Macmillan Publishing Company. Volume 13, pp. 92-95.

Huang, Philip C.C. 1996. *Civil Justice in China*. Stanford: Stanford University Press.

Huntington, Rania. 1996. "Foxes in Ming-Qing Fiction." Ph.D. thesis, Harvard University.

Johnson, David, ed. 1989. "Actions Speak Louder than Words: The Cultural Significance of Chinese Ritual Opera." In *idem.*, ed., *Ritual Opera, Operatic Ritual: "Mu-lien Rescues his Mother" in Chinese Popular Culture*. Berkeley: Publications of the Chinese Popular Culture Project, Number 1, pp. 1-45.

Kang Xiaofei 康笑菲. 1999. "The Fox (*hu* 狐) and the Barbarian (*hu* 胡): Unraveling Representations of the Other in Late Tang Tales."*Journal of Chinese Religions*, 27, pp. 35-68.

Karasawa Yasuhiko 唐澤靖彦. 1993. "Composing the Narrative: A Preliminary Study of Plaints in Qing Legal Cases." Paper presented at the Conference on Code and Practice in Qing and Republican Law. Los Angeles.

Katz, Paul R. (康豹). 1995a. *Demon Hordes and Burning Boats: The Cult of Marshal Wen in Late Imperial Chekiang*. Albany: SUNY Press.

------. 1995b. "The Pacification of Plagues: A Chinese Rite of Affliction." *Journal of Ritual Studies* 9.1, pp. 55-100.

Kleinman, Arthur. M.D. 1980. *Patients and Healers in the Context of Culture*. Berkeley: University of California Press.

------. 1986. *Social Origins of Distress and Disease*. New Haven and London: Yale University Press.

Klinger, Elmar. 1987. "Vows and Oaths." Trans. Russell M. Stockman. In *The Encyclopedia of Religion*. New York: Macmillan Publishing Company. Volume 15, pp. 301-305.

Kuhn, Philip A. 1991. *Soulstealers.The Chinese Sorcery Scare of 1768*. Cambridge, MA: Harvard University Press.

Lea, Henry Charles. 1974 (1866). *The Duel and the Oath*. Philadelphia: University of Pennsylvania Press.

Lewis, Mark Edward. 1990. *Sanctioned Violence in Early China*. Albany: SUNY Press.

Macauley, Melissa. 1993. "The Civil Reprobate: Pettifoggers, Property, and Litigation in Late Imperial China, 1723-1850." Ph.D. thesis, UC Berkeley.

------. 1994. "Civil and Uncivil Disputes in Southeast Coastal China." In Kathryn Bernhardt and Philip C.C. Huang, eds., *Civil Law in Qing and Republican China*. Stanford: Stanford University Press, pp. 85-121.

Macgowan, The Rev. J. 1910. *Chinese Folklore Tales*. London:　Macmillan and Company.

-------. 1912. *Men and Manners of Modern China*. London: T. Fisher Unwin.

Murray, Dian. 1994. *The Origins of the Tiandihui. The Chinese Triads in Legend and History*. Stanford: Stanford University Press.

Ng, Vivian W. 1990. *Madness in Late Imperial China.From Illness to Deviance*. London and Norman: University of Oklahoma Press.

Nickerson, Peter. 1996. "Taoism, Death, and Bureaucracy in Early Medieval China." Ph.d. thesis, UC Berkeley.

------. 1997. "The Great Petition for Sepulchral Plaints." In Stephen R. Bokenkamp, ed., *Early Daoist Scriptures*. Berkeley: University of California Press, pp. 230-274.

Ownby, David. 1996. *Brotherhoods and Secret Societies in Early and Mid-Qing China*. Stanford: Stanford University Press.

Reed, Bradly W. 2000. "Scoundrels and Civil Servants: Clerks, Runners, and County Administration in Late Imperial China." Ph.D. thesis, UCLA.

Sabbatucci, Dario. 1987. "Ordeal." In *The Encyclopedia of Religion*. New York: Macmillan Publishing Company. Volume 11, pp. 92-97.

Sivin, Nathan. 1977. "Social Relations of Curing in Traditional China: Preliminary Considerations." *Nihon Ishigaku Zasshi* 日本醫學雜誌, 23, pp. 505-532.

Teiser, Stephen F. 1988. "'Having Once Died and Come Back to Life': Representations of Hell in Medieval China." *Harvard Journal of Asiatic Studies*, 48 (1), pp. 433-464.

------. 1993. "The Growth of Purgatory." In Patricia B. Ebrey and Peter N. Gregory, eds., *Religion and Society in T'ang and Sung China*. Honolulu: University of Hawaii Press, pp. 115-145.

------. 1994. *The Scripture on the Ten Kings and the Making of Purgatory in Medieval Chinese Buddhism*. Honolulu: Kuroda Institute.

Ter Haar, Barend. 1995. "Local Society and the Organization of Cults in Early Modern China: A Preliminary Study." *Studies in Central and East Asian Religions*, 8, pp. 1-43.

------. 1998. *Ritual and Mythology of the Chinese Triads: Creating an Identity*. Leiden: E.J. Brill.

Turner, Victor. 1968. *The Drums of Affliction*. Oxford: Clarendon Press.

------. 1985. *On the Edge of the Bush*. Tucson, Ariz.: University of Arizona Press.

Unschuld, Paul. 1985. *Medicine in China: A History of Ideas*. Berkeley:University of California Press.

Veith, Ilza. 1963. "The Supernatural in Far Eastern Concepts of Mental Disease." *Bulletin of the History of Medicine*, 37, pp. 139-155.

Von Glahn, Richard. 1991. "The Enchantment of Wealth: The God Wutong 五通 in the Social History of Jiangnan." *Harvard Journal of Asiatic Studies*, 51 (2), pp. 651-714.

Wilkerson, James R. (魏捷茲). 1994a. "The 'Ritual Master' and His 'Temple Corporation' Rituals." In *Proceedings of the International Conference on Popular Beliefs and Chinese Culture*, Volume 1. Taipei: Center for Chinese Studies, pp. 471-521.

------. 1994b. "Self-Referential Performances: Victor Turner and Theoretical Issues in Chinese Performative Genre."《民俗曲藝》90，頁 99-146。

Wu Cheng-han 吳振漢. 1988. "The Temple Fairs in Late Imperial China." Ph.D. thesis, Princeton University.

Zhou Guangyuan. 1995. "Beneath the Law: Chinese Local Legal Culture during the Qing." Ph.D. thesis, UCLA.

台灣王爺信仰研究的回顧與展望

緒論

　　雖然王爺信仰遍及台灣各地，但是有關王爺信仰的學術研究卻不多。王爺和媽祖是全台灣最受信徒膜拜的神明，不過，關於王爺的研究成果則遠不如媽祖，這該如何解釋呢？或許這是因為在台灣所有的民間信仰當中，王爺信仰是最不容易研究的課題之一。首先，王爺的資料非常零散，一般的宗教書籍（如《道藏》或《三教源流搜神大全》）及地方志中，很少有關於王爺的記載。第二，王爺的數量多（共有 132 姓氏），而且身份複雜，包括瘟神，厲鬼，歷史人物等。第三，王爺的稱呼也相當多元，包括○府千歲、○府王爺、○大王、○老爺等。有的廟宇只供奉一尊王爺，有的則供奉好幾尊。

　　由於上述的緣故，所以關於「甚麼是王爺？」這個問題，一直有很多爭執。有的學者堅持所有的王爺一律都是瘟神，有的學者則把王爺界定為一種厲鬼，也有一些學者認為王爺是歷史上的英雄人物。事實上，「王爺」這個詞彙並不指稱一個特定的神明，而是各式各樣的鬼神的一種尊稱。因此，就一般信徒的心態而言，連這個美麗寶島的開拓英雄鄭成功（延平郡王）、與粵籍移民的祖籍神三山國王，都算是王爺。這樣的情形在傳統漢人社會並不稀奇，明清時期包括皇帝的親人（親王）、以及強盜的領袖（山寨大王）都可以用「王爺」來稱呼。從歷史文獻和田野調查可以發現：在不同的時間和空間裡，王爺性質便有所不同；祂有時是一種死不瞑目的厲鬼，有時是道教瘟部中的瘟神，有時是則為地方的守護神，有的王爺甚至同時具有多種身份。根據劉枝萬的研究，王爺信仰的發展通常可以分為六個階段，如下：

　　1. 散佈傳染病的瘟神或疫鬼。
　　2. 取締上述瘟神或疫鬼，同時也能夠除暴安良之神祇。
　　3. 保護航海平安之海神。

4.能夠治療各式各樣疾病之醫神。

5.保境安民之地方守護神。

6.萬能之神明（劉枝萬 1983：232-234）。

雖然有許多王爺並未經過這麼一個完整的發展歷程，但是劉枝萬的分析還是有助於我們了解台灣王爺信仰的多元性及複雜性。由於我們今天所看到的絕大部分稱為「王爺」的神明，就信徒的立場來說，都屬於第 3 至 6 階段的神明；不過，如果我們透過跨學科的研究，一方面考證祂們的來歷、傳說和圖像，另一方面觀察當地民眾及神職人員為祂們所做的儀式是否含有驅逐瘟疫的成份，就可以較有把握地判斷某尊「王爺」能否算是台灣王爺信仰的範疇內。因此，我們或許可以給予台灣的王爺這麼一個定義：原來與處理傳染病有關、但今日信仰更加多元的男性鬼神。當然，這樣的定義並非十全十美，因為幾乎所有的男性與女性的鬼神或多或少都能夠幫助信徒解決疾病之苦。然而，此一定義多少有助於我們對於「王爺」得到稍微清楚一點的認知。

由上可知，要研究王爺信仰的確很不容易。幸而這幾年來有很多重要的研究成果已經問世，對於未來想要研究王爺信仰的人，提供了許多幫助。本文主要回顧及檢討這些成果，其目的是提供後來的研究者之用。整體而言，今日人類學家和歷史學家的相關研究，各有他們的貢獻；不過，他們的著作仍有一些值得改進的地方。如他們幾乎沒有用到日治時期的檔案、十九和二十世紀西方的旅行者——尤其是傳教士們所寫的書及報告。此外，如要充分瞭解王爺信仰的特徵與發展，不能只依賴台灣的史料及田野資料，同時也必須掌握關於中國宗教社會史的中、外文資料。但是到目前為止，這方面的突破仍然有限。大部分的研究成果不是缺乏較清楚的理論架構，就是毫無條件得套用理論，而未能提出基於深入研究或實地調查所得的概念或理論。

本文第一節介紹通俗或通論性的報導，第二節則以關於王爺的歷史淵源與屬性的探討為主，第三節討論關於王爺的寺廟及廟會的個案研究，第四節探討王爺信仰於戰後的變遷及其意義方面的研究，最後，提

出個人對未來王爺信仰研究的展望。

通論性的介紹

　　關於台灣的王爺信仰的研究概況，林美容主編的《台灣民間信仰研究書目》增訂版（林美容 1997）這本書是值得推薦的。本書蒐羅關於台灣民間信仰的中文及外文著作，依照神祇的種類及地域分類，有非常高的參考價值。此外，林美容與三尾裕子合編的《台灣民間信仰研究文獻目錄》（三尾裕子、林美容 1998）一書裡，則包括許多日本學者、專家所撰寫的調查報告和研究成果，也是一本重要的工具書。另外一本必讀的參考書為江燦騰與張珣合編的《台灣本土宗教研究導論》（江燦騰、張珣 2001），其中「研究回顧」可以說是相當清楚、嚴謹的學術報告，張珣、林富士和王見川的論文，對於想要研究台灣王爺信仰的學者非常有幫助。（王見川 2001；林富士 2001；張珣 2001）。

　　就台灣王爺信仰研究而言，雖然早從清代的地方志中就有一些關於各地王爺信仰的記載，但是要等到日治時期才有一些學者、專家開始較有系統地研究這個問題。[1]伊能嘉矩的《台灣文化志》（伊能嘉矩 1991（1928））的中卷裡，很詳細地探討王爺信仰在台灣的發展與特徵，可以說為替戰後的學者奠定了良好的基礎。此後，片岡巖及鈴木清一郎，分別敘述當時王爺信仰的現況及相關儀式（如送王船），但並未做深入的研究（片岡巖 1987（1921）；鈴木清一郎 1978（1934））。

　　到了日治時期末年，由於皇民化運動等相關政策的推行，所以引起了一些學者、專家對於王爺信仰的興趣，其中最重要的學者有前島信次、增田福太郎和曾景來。前島信次是第一位用學術論文探討台灣王爺信仰的歷史，他以台南縣市為主，討論當地王爺信仰的來歷與成長（前島信次 1938）。增田福太郎則以王爺信仰在台灣的發展，以及相關信仰

---

[1]　關於日治時期宗教方面的研究與調查，請參見宮本延人、陳玲蓉、劉枝萬、蔡錦堂先生的著作（宮本延人 1988；陳玲蓉 1992；劉枝萬 1994；蔡錦堂 1994）。此外，也應該參考山根幸夫；吳密察譯 1982；Timothy Tsu　（祖運輝）1998。

與儀式為主題，做了很詳細的探討（增田福太郎 1934）。[2]至於曾景來
則是從一種批判式的角度來研究王爺信仰，對王爺信仰與乩童的關係做
了很透徹的分析（曾景來 1939）。[3]

　　戰後初期時，研究王爺信仰的關鍵人物是中央研究院民族學研究所
的劉枝萬先生，他的論文集（劉枝萬 1983）裡有三篇關於王爺信仰權
威性的論文，它們是：〈台灣的瘟神信仰〉（原刊於 1963 年）、〈台灣的
瘟神廟〉（原刊於 1966 年）、〈台南縣西港鎮瘟醮祭典〉（原刊於 1979 年）。
在這三篇論文裡，劉枝萬詳細地探討中國、台灣的疾病史和逐疫儀式，
同時對於王爺信仰從福建流傳到台灣的過程也做了很透徹的分析。至於
王爺的性質問題，他認為祂們是一群瘟神；他強調王爺逐漸地從散佈瘟
疫的疫鬼，轉變為萬能的守護神之過程。

　　劉枝萬的論文發表之後，有不少學者加入台灣王爺信仰的研究（劉
建仁 1968；劉昌博 1981；林惠玲 1982；陳勝崑 1982；宋龍飛 1985；
李翠瑩 1988），不過，這些多屬於前人研究成果的改寫；或者是關於王
爺傳說及送王祭典的簡單敘述而已，都沒有超越劉枝萬的研究。此外，
仇德哉和鍾華操的專書中，有不少關於台灣王爺廟的記載，不過，因為
他們兩位所用的資料係以官方報告和統計為主，所以有不少錯誤跟疏漏
（仇德哉 1979；鍾華操 1987）。

　　在通俗性著作方面，劉還月著《台灣民俗誌》與〈送瘟祈福王船祭
—別開生面的小琉球記實〉、自立晚報所編的《臺灣廟宇文化大系（肆）
—五府王爺》，和王古山所撰寫的《王船祭典》是較有參考價值的（劉
還月 1986,1988；自立晚報 1994；王古山 2001）。另外，值得注意的是
黃文博先生的成果。由於黃先生的老家在台南縣沿海的北門鄉，所以他
一直對於當地的王爺信仰與燒王船活動感到興趣，所以他早年在大眾媒
體所發表的報導，以及所出版的通俗著作（如《台灣信仰傳奇》（1989）、
《南瀛民俗誌》（上、下卷；1989、1990）、《瘟神傳奇》（1992）、《王船

2　最近，也有學者翻譯了增田福太郎的部份著作；請參見增田福太郎（著），古亭書屋（譯）
　　1999；增田福太郎（著），黃有興（譯）2001。

3　最近，也有學者翻譯了曾景來的著作；請參見曾景來 1994。

祭典手冊》（1996）等），常常以王爺信仰做為主題。《台灣民間信仰與儀式》（1997）一書，是黃文博早期著作《台灣信仰傳奇》的增刪補充版，計十六章，分為兩輯（信仰、儀式），其中的十一章，全源於《台灣信仰傳奇》，但是也有五章是有新的內容。本書的第一章〈台灣民間的王爺信仰〉與第二章〈台灣民間的王船信仰〉，就是有關台灣的王爺信仰；它的特色是常常提出讀者較不熟悉的專用詞及活動，用一頁或半頁篇幅作簡單說明，因此，它台灣民間信仰的教學方面，是很有幫助的。

另外一位對於王爺信仰頗有貢獻學者鄭志明，則在一九八八年發表了兩篇有關王爺傳說的論文，其中有不少新的資料和看法（鄭志明1988）。此外，他在 1988 年主編的《全國佛剎寺廟綜覽—王爺專輯》裡，有不少關於全台灣較大的王爺廟的簡介（鄭志明編 1988）。

淵源與屬性的探討

伊能嘉矩先是最早對台灣王爺信仰的來歷和演變做系統性探討的學者，他在《台灣文化志》中透過明清的筆記，如《池北偶談》、《五雜俎》，和閩、臺地區的地方志，很清楚地敘述王爺信仰的發展（伊能嘉矩 1991（1928）：245-253）。到了戰後時期，劉枝萬在伊能嘉矩的基礎上，再加上自己多年來所搜集的史料及田野資料（如劉枝萬1963），最後完成了〈台灣的瘟神廟〉一文，即使到今日，還沒有人完全超越其中的論述（劉枝萬 1983：235-284）。

其後，第一本專門研究王爺信仰的書問世，即蔡相煇先生的《台灣的王爺與媽祖》（蔡相煇 1989）。[4]本書原係作者在文化大學史學研究所所撰寫的博士論文，他的研究對於王爺信仰研究的進展，也有相當的助益，例如本書第一節有關前人對於王爺信仰研究的分析等。此外，他也利用了很多新的資料，尤其有關福建瘟神以及王爺信仰的部分。可惜的是，本書最主要的目的是在於證明台灣的王爺就是鄭成功，這種看法以

---

[4]　關於蔡相煇這本書的優點和缺點，筆者已經寫過很詳細的書評（Katz 1990a, Katz 1997: 250-255）。

及本書對於一些歷史、宗教資料的誤解，難免曲解王爺信仰的歷史與意義。如本書認為送王船這個祭祀活動與清廷遷葬鄭氏之事有關，雖然在分析福建瘟神信仰與台灣王爺信仰的差別時，注意到送王船這個活動的時間及所送神明的數字與性質不同，但是依照作者的解釋，台灣的送王爺活動之所以和大陸的不同，乃與鄭成功信仰有關，尤其是和鄭成功家族墳墓被遷回大陸一事有關：

> 遷葬鄭氏家族之事，必然當時轟動全台之大事。台灣居民，既多為明鄭舊部或遺民，對故主靈柩移回內地，必依依不捨，舉行大規模之送神儀式，此或為請王習俗設醮二、三晝夜後，請曉事者跪進酒食之由來（蔡相煇 1989：52）。

不過，本書並未提出任何史料來證明他的看法，好像也沒有訪問過負責送王船儀式的道士，或參考過他們的科儀本。這是相當可惜的，因為這些資料很清楚地顯示，送王船基本上是一種驅逐瘟神的宗教活動。總而言之，鄭成功的信仰可能在幾個地方與王爺信仰混合在一起，可是其數量極少，所以並不能說王爺信仰就是鄭成功信仰。

除了伊能嘉矩、劉枝萬、蔡相煇等學者以外，近年來有更多的學者探討王爺信仰在中國的淵源與發展。筆者在 Princeton University 就讀東亞系博士班時就開始研究這個問題，後來發現許多台灣的王爺是在宋朝時於中國東南沿海地區出現的，而到了明末清初才流傳到金門、澎湖與台灣。筆者於 1990 年先發表了一篇關於東南沿海地區最主要的能夠預防瘟疫的神明——溫元帥（也稱為忠靖王）的研究，同時透過《搜神大全》、《北游記》以及當地的方志和傳說，證明台灣最受歡迎的王爺池府千歲，就是溫元帥的化身（Katz 1990）。同年末，本人也完成了博士論文，題目為 "Plague Festivals in Chekiang in Late Imperial China"（〈中國帝制晚期浙江地區的逐疫活動〉），探討明清時期浙江地區的瘟神信仰與逐疫活動。本人的博士論文修訂後，於 1995 年由美國紐約州立大學出版，名為 *Demon Hordes and Burning Boats: The Cult of Marshal Wen in*

Late Imperial Chekiang（Katz 1995a）。[5]其後，李豐楙更充分利用《道藏》、
筆記、文集等史料，進一步研究道書中所表現的瘟疫觀以及道教與民間
瘟疫觀的交流與分歧（李豐楙 1993c, 1994），而有很大的貢獻。

　　最近較重要的突破，當推日本的三尾裕子。近年來，她一直在閩南
地區做田野調查，而有很出色的成績（三尾裕子 1999），這篇論文係研
究位於廈門、泉州與漳州十七座現存的王爺廟的歷史與現況，其中包括
了台灣池王爺信仰的發祥地——廈門市同安縣馬巷鎮的元威殿。作者搜
集到了許多寶貴的史料與田野資料，因此，她的研究對於進一步瞭解王
爺信仰的歷史，有相當的貢獻；然而，其中也有少許值得商榷之處。如
作者以其所搜集到的傳說，將王爺分為五種類型：

　　　1.因皇帝惡作劇派張天師施法殺害 36 或 360 進士；

　　　2.由一宗族的祖先轉化成王爺；

　　　3.對國家或地方有功的歷史人物或傳說人物；

　　　4.未被供奉的靈魂轉化成王爺（＝厲鬼）；

　　　5.由少數民族的圖騰轉化成王爺（三尾裕子 1999：35-38）。

　　上述分類相當重要，但是忽略了由瘟神轉化成王爺的神明的重要
性。此外，關於第五種類型的王爺，作者只找到了一個例子，就是漳州
市農業里洞口廟之神——胡府大帝。不過，她似乎尚未找到關於這尊「王
爺」的詳細資料，洞口廟雖然好像跟平閩十八洞的傳說有某種關聯，但
此信仰和少數民族的關係還有待證明。此外，作者對於祖先是否能成為
王爺的說法有些不一致。例如她一方面強調王爺包括宗族的祖先（三尾
裕子 1999：41），另一方面認為「做為一個宗族的祖先而特定的靈魂，
即只在同一宗族中被定為祭祀對象」屬於王爺的範疇之外（三尾裕子
1999：40-41）。至於上述兩種祖先到底有何異同，這一點有待進一步的
說明。最後，作者以祭祀範圍的大小來判斷何種鬼神可以算是王爺，因
而認為被國家承認而得到封號，或者是在中國各地被崇拜的神明，也皆
屬於王爺的範疇之外（三尾裕子 1999：41）。這或許可以成為界定王爺

5　關於此主題較為通俗的文章，請參見商都 1989。

的指標之一，但作者必須先解釋為何祭祀範圍如此具有關鍵性，才更具有說服力。

　　三尾裕子論文的另外一個貢獻，是對於台灣王爺廟中王爺的由來進行量化分析（三尾裕子　1999：40-41），但由於她的統計係以《全國佛剎道觀—王爺專輯》中的資料為主，所以有時缺乏說服力。

　　除了三尾裕子以外，徐曉望對於福建王爺信仰的歷史做了完整的研究，非常值得參考（徐曉望 1993：81-101）。另外，石奕龍曾經參與莊英章、Arthur Wolf （武雅士）共同主持的「台灣與福建基本民族誌調查研究計劃」，寫了一篇關於同安縣呂厝村王爺信仰與儀式的論文，詳細介紹了呂厝村的開發，當地王爺廟（華藏庵）的歷史和現況，以及其在 1992 年舉行迎王與送王儀式，算是一個不錯的民族誌（石奕龍 1994）。

　　台灣學者方面，顏芳姿撰寫關於鹿港王爺信仰的碩士論文時，用了許多史料和田野資料，探究鹿港人祖籍地——泉州三邑的王爺信仰，包括其和地方宗族（尤其是張姓與施姓）的關係，因而證明當地的王爺也可以是家族的守護神（當地人稱之為「房頭佛」）。本論文的一部分後來發表於《民俗曲藝》，相當有參考價值（顏芳姿 1994a,1994b）。另外，王見川研究西來庵事件的歷史背景，利用報紙等資料說明台灣五福大帝（即五瘟神）信仰在福州的歷史淵源（王見川 1997）。最近，林美容也以高雄縣的資料來討論王爺信仰與地方姓氏的關係（林美容 2000）。諸如此類以王爺信仰跟地方社會結構的關係的研究，未來還有很大的發揮空間。

　　國外方面，除了筆者之外，還有 Kenneth Dean （丁荷生）跟 Michael Szonyi （宋怡明）都研究過福建的王爺信仰（Dean 1986,1993,1998; Szonyi 1997），尤其是 Szonyi 關於福州五帝（五瘟神）信仰的論文，充分地利用了他所搜集的田野資料，很有系統地說明當地王爺信仰的多元性，及其與地方宗教社會史的關聯，參考價值頗高。另外，Ursula-Angelika Cedzich、Richard Von Glahn 和蔣竹山在研究江南地區五通信仰時，也搜集到了一些跟王爺信仰有關的史料（Cedzich 1995; von Glahn 1991; 蔣竹山 1995）。

最後，必須提到另外一種關鍵性的史料，就是外國人在中國傳教或旅行時所撰寫的遊記和回憶錄（如 deGroot 1892-1910; Doolittle 1986; Doré 1933; Hodous 1929; Macgowan 1910,1912）。[6]可惜的是，上述這些西文作品一直沒有受到台灣學者的重視。幸好，趙昕毅已經把 Justus Doolittle 所寫的關於清末福州五帝信仰的詳細記錄，全部翻譯成中文（Doolittle（著），趙昕毅（譯）　1997），或許能夠引起台灣的學者的注意。

寺廟及廟會的個案研究

就台灣王爺信仰的個案研究而言，以往的研究主要以南部地區為主，大部分集中在台南縣西港鄉和屏東縣東港鎮，至於其他的地區雲嘉沿海地區、台灣北部等，則較少有人研究。

在這些個案研究中，最早，同時也是最有影響力的學者為劉枝萬先生在 1979 年撰寫的〈台南縣西港鎮瘟醮祭典〉一文中，在很多方面奠定了台灣王爺信仰學術研究的基礎。他採取了跨學科的研究方法，一方面利用了地方志來研究西港鎮的開發史，另一方面透過長期的田野調查，對於當地的公廟（慶安宮）及其三年一科的瘟醮進行了詳細的描述，同時附加了許多地圖、圖表和照片，到今天仍然稱得上是經典著作（劉枝萬 1983：285-400）。唯一美中不足之處，是本文沒有詳細描述道士所做的驅逐瘟神儀式。幸而日本學者大淵忍爾出版了台南地區著名道長陳榮盛的部分科儀本（大淵忍爾 1983），使我們能夠更清楚掌握到道教儀式的性質與意義。另外，劉枝萬在〈台灣的瘟神廟〉一文中，也探討了台南縣南鯤鯓代天府的歷史與現況，也很值得參考（劉枝萬 1983：269-276）。

除了劉枝萬之外，另外一位研究台南縣王爺信仰的學者是資深的民俗學家黃文博先生。他在 1992 年所撰寫的一篇論文中，敘述台南縣佳

6　關於這些洋人及他們的作品，請參見 Clifford 2001; Mackerras 1989; 王家鳳、李光真 1991。

里鎮金唐殿三年一科的進香活動「蕭壠香」；首先介紹佳里（古地名為蕭壠）的開發史，然後探討金唐殿的歷史。根據作者所找到的史料以及所做的田野調查，金唐殿原來很可能是當地平埔族蕭壠社的公廨，到了乾隆年代才逐漸地變成了漢人的寺廟。金唐殿的香火可能是從台南縣歸仁鄉大人廟分香而來的，不過廟裡所供奉的主神不是一般朱、池、李三府王爺，而是朱府千歲、雷府千歲和殷府千歲；這種情形在王爺信仰中是相當常見的。其後，作者對於蕭壠香的遶境範圍，也就是所謂的「十七角頭二十四村庄」提出了詳細的說明，並且透過田野調查完成了很清楚的圖表。論文的核心在於敘述蕭壠香的現況，包括由道士所舉行的五朝王醮、遶境的路線與經過，和各式各樣陣頭所扮演的角色（如作者關於蜈蚣陣的描述及相關圖表）。最後，作者在結論裡提出蕭壠香的五種特色（包括五朝王醮的規模、蜈蚣陣的象徵意義、燒王船的重要性等），以及他個人的一些觀察，如金唐殿在舉行蕭壠香所遇到的困難，陣頭的職業化等。總而言之，這篇論文資料相當齊全，也符合學術規範，相當具有參考價值（黃文博 1992）。[7]

黃文博另外一本重要著作為《南瀛刈香誌》。在台灣，「刈香」（*koah-hiuⁿ*）通常指的是進香或其他大型神明繞境的活動。就台南地區而言，許多宗教活動也稱為「刈香」或「香」，包括當地著名的「五大香」：學甲香、麻豆香、蕭壠香、西港仔香和土城香，其中的麻豆香、蕭壠香、西港仔香與王爺信仰有關。除了緒論、結論以外，本書共分為五章，每一章以一個「香」的歷史與現況為主，每一章的篇幅自 40 至100 頁不等，描述得十分詳細、完整。又，在敘述每一個「香」時，作者也提供許多寶貴的資料，包括地圖、繞境路線圖、整個活動的議程表、繞境陣頭表、祭祀組織跟祭祀路線表等，同時以生動的文字與豐富的照片，為他所觀察的活動留下了完整的田野記錄。雖然本書在文獻資料方面有些不足之處，但是作者所累積的田野成果，在很多方面堪稱是一種民族誌的典範（黃文博 1994）。

7　這篇論文同時也發表在作者所編的一本論文集，《台灣信仰傳奇》（黃文博 1989：127-146）。

　　此外，黃文博先生在 1995 年發表了一篇關於曾文溪流域王爺信仰的論文，詳細地討論了王爺信仰在這個地方的流傳過程，以及送王船這個儀式的重要性。在這篇論文中，作者透過相當豐富的史料與田野調查的經驗，說明台南縣曾文溪流域王船信仰的歷史變遷跟現況。除了前言和結論以外，整篇論文共分為三節，首先利用《諸羅縣志》以及地理學者的研究成果，介紹王船信仰在曾文溪流域的分佈；繼而對於曾文溪流域的王船信仰主系做很詳細的探討。作者指出：王船信仰主系包括蘇厝長興宮、蘇厝真護宮、西港慶安宮以及佳里金唐殿，而除了真護宮主祀五府千歲之外，其他三座廟宇皆以十二值年瘟王為主要的祭祀對象。其後，作者繼續探究曾文溪流域王船信仰的支系，也就是六個與王船信仰有關但信仰體系、組織較為鬆散的聖地，包括土城仔聖母廟、媽祖宮庄天后宮、青鯤鯓朝天宮、馬沙溝李聖宮、三寮灣東隆宮以及溪底寮東興宮。在結論裡，作者以非常詳盡的表格來說明主系和支系的特徵，共同點與差異之處。作者認為：曾文溪流域的王船信仰為全台王船信仰最蓬勃與盛行的一個區域，這是因為當地的開發較早，傳統農業社會型態仍堅固，以及村莊之間的競爭激烈的緣故。（黃文博 1995）

　　黃有興也是一位研究台南縣王爺信仰有貢獻的學者，他所撰寫的一篇論文深入地探討台南縣三寮灣東隆宮的歷史，以及其在民國七十九年（1990）所舉行的「王船祭」祭祀活動。三寮灣為一個靠海的偏僻村莊，1990 年的總人口只有 996 人，居民多以漁農為業；不過，這個小村莊共有六座角頭廟，和一座全村公廟──也就是東隆宮。有關三寮灣東隆宮早期歷史的記載並不多，據廟裡的簡介：東隆宮創建於年未明，名為「慈安宮」，但似乎沒有任何清治或日治的史料能夠證明這個說法，等到日治後期才找得到比較確實的記載。第二次世界大戰時，因為慈安宮的主神李府千歲多次顯靈保佑地方，信徒日益增加，同時也因為東港東隆宮的溫二府千歲於三寮灣透過乩示降駕，輔佐李府千歲，因此三寮灣慈安宮與東港東隆宮之間的關係變得相當密切，及至慈安宮於 1948 年修建時，就改名為東隆宮，同時也跟東港東隆宮建立了分香關係。後來，三寮灣東隆宮的香火越來越旺，而其信徒分佈也擴散到台北縣市、高雄

縣、屏東縣等地。三寮灣東隆宮的主要祭祀活動，包括李府千歲跟溫府千歲的誕辰，但最盛大的祭典就是每三年一次所舉行的「王船祭」。為了研究這個祭典，作者花了很多時間來觀察此活動跟搜集相關資料，因此他的論述既具體又清楚。首先，作者敘述了「王船祭」的籌備經過，包括召開相關會議、選會首、決定遶境路線等，繼而對於整個祭典的相關儀式（包括進香、遶境、建醮、燒王船等），做非常詳盡的描述和分析，甚至於戲團扮仙期間演那些劇目都有記載。此外，本文也有相當豐富的註釋，附錄也很完整，包括各式各樣的會議記錄、和祭典有關的文件、遶境路線圖、會首的名單、道士在建醮時所用的符籙和文檢等，並且附有 59 張照片。總而言之，這是一篇非常詳細、嚴謹的田野報告，值得學習（黃有興 1992）。

在台南市研究方面，梅慧玉的論文探討 1992、1993 年台南市安平區西龍殿和靈濟殿的建醮儀式，詳細地討論祭祀活動與地方的社會、經濟結構的關聯，相當值得參考（梅慧玉 1996）。

上述學者陸陸續續地發表了他們關於台南地區王爺信仰的研究成果，同時，也有人注意到屏東縣東港鎮王爺信仰的重要性。第一位有系統得研究東港的學者是平木康平，他在 1989 所發表的論文很清楚地介紹了東港最主要的地方公廟——東隆宮，及其三年一科的迎王平安祭典。本文內容相當豐富，也為東港研究奠定了良好基礎（平木康平 1989）。同一時間，筆者於 1988 年在東港進行了六個月的田野調查，並且把重點置於東隆宮的沿革、地方菁英與東隆宮的關係，和迎王平安祭典期間道士、廟裡的委員和各地的陣頭所扮演的角色，並且探討台灣王爺信仰的性質與演變。從 1990 年起，筆者陸續發表若干中、英文論文（康豹 1990b,1991,1994,1995,1996; Katz 1987,1994,1995b），及一本中文書（康豹 1997）。由於這些著作大部分的內容在筆者的專書裡已經詳細地討論過，所以在此便不贅述。這本專書係筆者過去研究的累積，其中涵蓋了具有代表性的研究成果，以及後來新的發現。無論是在田野調查的資料、有關的史料，以及二手的研究論著上，都有很多新的累積。尤其是筆者在 1993 到 1994 年得到國科會的補助，主持「屏東縣東港鎮的

宗教社會史」（NSC82-0301-H-194-007）這項研究計畫時，搜集到了許
多新的資料。至於在理論架構方面，筆者試圖透過 Victor Turner
（1920-1983）所提出的「受難儀式」這個概念，來詮釋台灣王爺信仰
的意義，也有所突破。[8]

　　當筆者的研究報告陸續出版時，李豐楙也開始研究台灣的王爺信
仰，由於他對於中國宗教史有相當深厚的研究，同時在中國及台灣也進
行了不少田野調查，所以在收集及詮釋資料方面，有很高的成就，特別
是他所提出的「常與非常」與「狂文化」等觀念，是一種新的詮釋（李
豐楙 1993b,1995b）。其後，李豐楙更對東港的王爺信仰進行了深入研
究，撰寫關於 1991 跟 1997 年的建醮、迎王平安祭典的專書（李豐楙
1993a,1993d; 李豐楙、李秀娥、謝宗榮、謝聰輝 1998; 李豐楙、謝宗榮、
謝聰輝、李秀娥 1998），具有很高的參考價值。

　　至於台灣中部王爺信仰的研究，顏芳姿的碩士論文探討了鹿港的王
爺信仰在當地「暗訪」儀式中所扮演的角色，特別是鹿港的地方組織（家
族跟角頭）、鹿港的角頭廟、鹿港的王爺廟、以及當地於 1992、1993 年
所舉行的暗訪儀式（顏芳姿 1994a）。此外，黃有興也研究過台中市保
安宮一年一度到台南縣南鯤鯓代天府進香的宗教活動。據他所寫的一篇
論文，當地的信徒自 1953 年起組織了進香團，用一部遊覽車載 45 位信
徒到南鯤鯓去，當天來回。等到作者於 1986 年記錄了此一活動時，它
的規模已經從最高峰的 1600 人降至 500 多人，仍然頗為壯觀。本文除
了前言與結論之外，主要分為四個部分：首先介紹了保安宮供奉的主神
五府千歲，也就是南鯤鯓代天府的主神；不過，他們是在 1950 年代透
過當地的乩童自台中縣沙鹿鎮流傳到台中市，而保安宮也就是那時所創
建的。次而作者探討了進香活動的籌備工作，包括日程的確定、預算的
編列等。本文最長的一部分，是關於整個進香活動的過程，特別是起駕
前的儀式，所到達的寺廟（除了南鯤鯓代天府外還包括北港朝天宮、麻
豆代天府等聖地），以及回駕保安宮的儀式。作者也針對信徒的心態進

---

[8]　關於受難儀式，請參見宋錦秀 1995; Turner 1968; Wilkerson 1994b。

行了探究。此外，作者列了三個表，分別說明了保安宮的收入、支出與捐款，並且附有 12 張照片，是一篇相當齊全的田野記錄（黃有興 1987b）。

雲林縣、嘉義縣王爺信仰方面，乃以北港朝天宮及新港奉天宮為主，三尾裕子即將出版關於五年千歲著名聖地——馬鳴山鎮安宮的發展及其祭祀圈的論文，預期應有新的突破（三尾裕子 2002）。

關於北台灣王爺信仰的研究，則是少之又少，除了筆者跟林富士先生以外，基本上沒有學者研究過這個課題（林富士 1995；康豹 1994）。北台灣也有不少王爺廟值得研究，希望將來學者能多多注意這個課題。

澎湖王爺信仰方面，黃有興撰寫了若干論文及一本書，對於當地重要的王爺廟及送王船活動進行了深入研究，同時也很清楚地說明了法師和乩童跟當地王爺信仰的關係，頗值得參考（黃有興 1987a, 1988, 1989, 1992b）。此外，高怡萍的專書中討論了王爺信仰與澎湖「犒軍」儀式的關係（高怡萍 1998）。就金門王爺信仰而言，林麗寬小姐剛剛完成的碩士論文，提供了不少重要的資料（林麗寬 2001）。

除了上述的研究之外，也有許多台灣王爺信仰個案研究的西文著作，它們同樣地也以南部的情形為主。如 David Jordan（焦大衛）與 Kristofer Schipper（施博爾、施舟人）都發表了關於西港瘟醮的論文，探討了在瘟醮期間道士、地方精英和一般老百姓對於十二瘟王形象的看法（Jordan 1976; Schipper 1985）。此外，Fiorella Allio（艾茉莉）與 Donald Sutton（蘇堂東）也透過相關的祭祀活動，深入探究和王爺信仰有關的陣頭，尤其是 Sutton 即將出版的關於八家將等武陣的專書，代表此一方面研究的重大突破（Allio 2002; Sutton 1990, 2002）。[9]台東王爺信仰及武陣方面，Avron Boretz 的博士論文很值得參考（Boretz 1996），而 Donald deGlopper 關於鹿港的專書裡，也有很多關於當地王爺信仰的資料（deGlopper1995）。至於澎湖王爺信仰，James Wilkerson（魏捷茲）十幾年來一直在進行當地宗教社會史的研究（Wilkerson 1994a, 1994b,

---

[9]　關於八家將的研究，可另參考石萬壽 1986。

1995），其論文裡的一些觀念如「受難儀式」、「儀式表演」等，曾經給予筆者及其他的學者很多的啟發。這些論文雖然沒有受到台灣學術界的重視，但都具有參考價值。不過，上述著作皆有一個共同的致命傷，就是用英文（或法文）撰寫的，因此在台灣並沒有得到應有的重視，令人覺得相當遺憾。

戰後的變遷及其意義的討論

關於台灣民間信仰在 1945 年以後如何轉變，已經有許多學者寫過較為通論性的文章（如瞿海源　1988；Jordan1994,Weller　（魏勒）1999a,1999b;宋光宇　1994），但是有關王爺信仰的討論並不多，只有余光弘對於這個問題進行了稍微詳細的探討。他的論文是利用官方的統計資料，以探討台灣民眾宗教的發展趨勢，首先對於日治時期以來所出版的官方調查資料進行評估，以判斷其優缺點及及使用價值，接著就台灣寺廟所屬的分類問題進行詳細的討論。論文的核心則在於探究台灣民眾宗教的發展中所呈現的若干現象，而認為：自清治以來台灣民眾宗教的發展可以分為三個階段：第一階段為移民時期，從福建、廣東來台灣的民眾基本上透過了分香、割香等儀式，保存其祖籍地的宗教傳統。第二階段為殖民時期，日本的殖民政策一方面切斷了台灣與中國大陸的聯繫，一方面試圖管制台灣本土宗教信仰的發展。同時，殖民政府對於佛教的強力支持也對於民間信仰的神明與寺廟有不少影響。第三階段為快速社會變遷時期，使王爺及一些傳統祖籍神的信仰失去其重要性。不過，也有一些神明的信仰不斷的成長，尤其是玄天上帝、關聖帝君等，而新的信仰與組織也持續出現。至於王爺信仰是否真的在衰退，這個問題可以說是見仁見智，但是作者的結論中認為：台灣經濟與教育水準的提高似乎對於民眾宗教的發展沒有很明顯的衝擊，可以說顛覆了傳統學術界與政治界的看法，具有相當參考價值。

此外，筆者也撰寫過兩篇關於戰後王爺信仰的論文，一方面透過官方資料、報章雜誌以及少數個案研究來探討王爺信仰的演變，另一方面

也以近年來的一些文章為主，討論王爺信仰與本土化論戰的關聯（康豹1994b, Katz 1998,2002）。比較可惜的是，台灣的民間信仰偶爾會變成兩岸學者爭論所謂「統獨問題」的工具，如林國平等在《福建民間信仰》的最後一節中試圖利用王爺、媽祖、保生大帝等神明來證明「閩台關係血濃於水……歷史文化交融一體」（林國平等 1993：349）。台灣學界方面，董芳苑先生在〈台灣民間信仰之正視〉一文中，則認為：當福建的王爺信仰流傳到台灣之後，屬性為瘟神的王爺「竟然愛上本土而定居下來，而「瘟神」性格也搖身一變為「賜福的神明」（董芳苑 1995：819）。[10]其實，上述的討論都把王爺信仰發展的歷程過於簡單化，同時也忽略了王爺信仰的複雜性與多元化。筆者以為，兩岸學界當務之急並非在於爭吵一些政治正確性的問題，而是努力透過合作計劃與跨學科的研究，探討王爺信仰在兩岸社會文化史中所扮演的角色。

結論──未來研究的展望

　　對於台灣王爺信仰的研究，筆者認為可以更為豐富而深刻，仍然有不少研究課題有待我們處理：

　　首先，就台灣方面的研究來說，大部分的學者仍然集中在探討少數縣市的情形（如台南縣及屏東縣），因而忽略了其他縣市的重要個案（如雲林縣馬鳴山鎮安宮）。

　　其次，在資料方面，也尚未有學者充分利用日治時期的報紙、檔案、戶籍資料等基礎性史料，以說明王爺信仰的發展與地方社會和現代化的關係。況且，若干筆記小說、西方傳教士和旅行者的記載，以及《道藏》與道士的文檢與科儀本裡，都可以找到更多王爺的訊息──特別是法師與乩童在王爺信仰的流傳過程時所扮演的角色，仍然有許多研究的空間。

　　第三，王爺信仰並不是在台灣單獨存在的，而是屬於中國的鬼神信

---

[10]另外，也可參見李豐楙 1995a：842,850。

仰系統。然而，我們所知道的還是不夠多。希望未來會有更多的學者專家能到中國去研究福建、浙江、廣東等地區的宗教社會史。最近，中國的學者也積極得跟國內、外學者合作正在進行類似的研究，其成果（如《民俗曲藝叢書》與《傳統客家社會叢書》）相當優良。預期這樣的學術合作不僅可深化王爺信仰的研究，也可豐富我們對台灣的王爺信仰的了解。

本文初刊登於入江燦騰、張珣合編，《台灣本土宗教研究的新視野和新思維》（台北：南天書局有限公司，2003），頁 143-174，收入本書時略作修訂。

參考書目

一、中文部分

三尾裕子/1999〈王爺信仰的發展：台灣與中國大陸之歷史和實況的比較〉，徐正光、林美容主編，《人類學在台灣的發展：經驗研究篇》。南港：中央研究院民族學研究所，頁 31-67。

三尾裕子/2002〈從地方性廟宇到全省性廟宇：馬鳴山鎮安宮的發展及其祭祀圈〉，林美容主編，《宗教信仰與民眾生活：第三屆國際漢學會議論文集，人類學組》。台北：中央研究院民族學研究所。（排版中）。

仇德哉/1979《台灣廟神傳》。斗六：信通書局。

王古山/2001《王船祭典》。台北：旗品文化出版社。

王見川/1997〈西來庵事件與道教、鸞堂之關係〉，《台北文獻》120：71-92。

王見川/2001〈臺灣民間信仰的研究與調查—以史料、研究者為考察中心〉，江燦騰、張珣合編《台灣本土宗教研究導論》。台北：南天書局有限公司，頁 81-126。

石奕龍/1994　〈同安呂厝村的王爺信仰〉，莊英章、潘英海編，《台灣與
　　　　福建社會文化研究論文集》。臺北：中央研究院民族學研究所，
　　　　頁 183-212。

石萬壽/1986　〈家將圖—天人合一的巡補組織〉，《台南文化》22：48-65。

江燦騰、張珣主編/2001《台灣本土宗教研究導論》。台北：南天書局有
　　　　限公司。

自立晚報/1994　《臺灣廟宇文化大系〔肆〕—五府王爺》。台北：自立
　　　　晚報社文化出版部。

余光弘/1983　〈台灣地區民間宗教的發展〉，《中央研究院民族學研究所
　　　　集刊》53：67-105。

宋光宇/1994　〈試論四十年來臺灣宗教的發展〉，宋光宇編，《臺灣經驗
　　　　（二）—社會文化篇》。台北：東大圖書公司，頁 175-224。

宋錦秀/1995　《傀儡、除煞與象徵》。台北：稻鄉出版社。

宋龍飛/1985　《民俗藝術探源》。二冊。台北：藝術家出版社。

呂宗力、欒保群主編/1990[1986]《中國民間諸神》。臺北：臺灣學生書
　　　　局。

王家鳳、李光真/1991《當西方遇見東方—國際漢學與漢學家》。臺北：
　　　　光華畫報雜誌社。

李翠瑩/1988　〈火燒王船祭瘟神〉，《人間》38：45-60。

李豐楙/1993a　〈東港王船和瘟與送王習俗之研究〉，《東方宗教研究》3：
　　　　227-264。

李豐楙/1993b　〈由常入非常：中國節日慶典中的狂文化〉，《中外文學》
　　　　22：116-150。

李豐楙/1993c　〈《道藏》所收早期道書的瘟疫觀〉，《中央研究院中國文
　　　　哲研究所集刊》3：417-454。

李豐楙/1993d《東港王船祭》。屏東：屏東縣政府。

李豐楙/1994〈行瘟與送瘟：道教與民間瘟疫觀的交流與分歧〉，《民間
　　　　信仰與中國文化國際研討會論文集》。台北：漢學研究中心。頁
　　　　373-422。

李豐楙/1995a　〈台灣送瘟、改運習俗的內地化與本地化〉,《第一屆台灣本土文化學術研討會論文集》。台北:國立師範大學,第一冊,頁 829-861。

李豐楙/1995b　〈台灣慶成醮與民間廟會文化——一個非常觀狂文化的休閒論〉,《寺廟與民間文化研討會論文集》。台北:行政院文建委員會,頁 41-66。

李豐楙、李秀娥、謝宗榮、謝聰輝/1998　《東港迎王—東港東隆宮丁丑年正科平安祭典》。台北:臺灣學生書局。

李豐楙、謝宗榮、謝聰輝、李秀娥/1998　《東港東隆宮醮志—丁丑年九朝慶成謝恩水火祈安清醮》。台北:臺灣學生書局。

林美容/1987　〈由祭祀圈來看草屯鎮的地方組織〉,《中央研究院民族學研究所集刊》62:53-112。

林美容/1989　〈彰化媽祖的信仰圈〉,《中央研究院民族學研究所集刊》68:41-104。

林美容主編/1997　《台灣民間信仰研究書目》增訂版。南港:中央研究院民族學研究所。

林美容/1999　〈台灣區域性祭典組織的社會空間與文化意涵〉,徐正光、林美容主編,《人類學在台灣的發展:經驗研究篇》。台北:中央研究院民族學研究所,頁 69-88。

林美容/2000〈高雄縣王爺廟分析－兼論王爺信仰的姓氏說〉,《中央研究院民族學研究所集刊》 88:107-132。

林國平等/1993　《福建民間信仰》。福州:福建人民出版社。

林惠玲/1982　〈王爺溯源〉,《台北文獻》57/58:417-434。

林富士/1995　《孤魂與鬼雄的世界:北臺灣的厲鬼信仰》。板橋:台北縣立文化中心。

林富士/2001　〈臺灣地區的「道教研究」概述〉,江燦騰、張珣合編《台灣本土宗教研究導論》。台北:南天書局有限公司,頁 301-352。

林麗寬/2001〈金門王爺民間信仰傳說之研究〉。中國文化大學中國文學研究所碩士論文。

許麗玲/2002 〈疾病與厄運的轉移：台灣北部紅頭法師大補運儀式分析〉，林美容主編，《宗教信仰與民眾生活：第三屆國際漢學會議論文集，人類學組》。南港：中央研究院民族學研究所。(排版中)。

徐曉望/1993 《福建民間信仰源流》。福州：福建教育出版社。

高怡萍/1998 《澎湖群島的聚落、村廟與犒軍儀式獻》。馬公：澎湖縣立文化中心。

康豹/1990a〈評蔡相煇著《臺灣的王爺與媽祖》〉，《新史學》創刊號：155-162。

康豹/1990b 〈東隆宮迎王祭典中的和瘟儀式及其科儀本〉，《中央研究院民族學研究所資料彙編》 2：96-113。

康豹/1991 〈屏東縣東港鎮的迎王祭典：臺灣瘟神與王爺信仰分析〉，《中央研究院民族學研究所集刊》 70：95-211。

康豹/1994〈戰後王爺信仰的演變－以東港東隆宮及台北三王府為例〉，宋光宇編，《臺灣經驗（二）─社會文化篇》。台北：東大圖書公司，頁 159-174。

康豹/1995 〈日治時代官方寺廟史料的重要性－以東港東隆宮的沿革問題為例〉，《臺灣史料研究》，6：90-106。

康豹/1996〈屏東縣東港鎮的建醮儀式－兼探討火醮、水醮和瘟醮的關係〉，刊於莊英章、潘英梅編，《臺灣與福建社會文化研究論文集（三）》。南港：中央研究院民族學研究所，頁 179-220。

康豹/1997 《台灣的王爺信仰》。台北：商鼎文化出版社。

商都/1989 〈清朝江南人暑天逐疫的俗信〉，《歷史月刊》19：52-61。

張珣/2001〈百年來臺灣漢人宗教研究的人類學回顧〉，江燦騰、張珣合編《台灣本土宗教研究導論》。台北：南天書局有限公司，頁 201-300。

梅慧玉/1996〈「交陪境」與禮數---以台南市安平區的二次醮儀為例〉，莊英章、潘英海編，《台灣與福建社會文化研究論文集（三）》。臺北：中央研究院民族學研究所，頁 145-177。

蔣竹山/1995〈從打擊異端到塑造正統：清代國家與江南祠神信仰〉，國

立清華大學歷史研究所碩士論文。

楊彥杰/1997　《閩西的城鄉廟會與村落文化》。《傳統客家社會叢書》。

陳玲蓉/1992　《日據時期神道統治下的台灣宗教政策》。台北：自立晚報出版社。

陳勝崑/1982　〈瘟神---王爺公〉,《健康世界》47：94-96。

董芳苑/1995　〈台灣民間信仰之正視〉,《第一屆台灣本土文化學術研討會論文集》。台北：國立師範大學,第一冊,頁 809-825。

黃文博/1988　《台灣民間信仰見聞錄》。新營：台南縣立文化中心。

黃文博/1992　〈村庄巡狩歌：佳里金堂殿的蕭壠香〉,《史聯雜誌》21：23-48。

黃文博/1994　《南瀛刈香誌》。新營：台南縣立文化中心。

黃文博/1995　〈曾文溪流域的王船信仰〉,《寺廟與民間文化研討會論文集》。台北：漢學研究中心,頁 189-214。

黃文博/1996《王船祭典手冊》。新竹：庶民生活文化工作室。

黃文博/1997《台灣民間信仰與儀式》。台北：常民文化出版社。

黃有興/1987a〈澎湖的法師與乩童〉,《台灣文獻》38（3）：133-157。

黃有興/1987b　〈五府千歲巡禮：記台中市保安宮信徒的進香活動〉,《台灣文獻》38（4）：85-107。

黃有興/1988　〈記澎湖風櫃溫王殿迎送「五府千歲」活動〉,《台灣文獻》39（3）：165-240。

黃有興/1989〈澎湖內垵內塹宮迎送「三府千歲」活動記略〉,《台灣文獻》40（2）：51-98。

黃有興/1992a　〈記三寮灣東隆宮庚午年祭典活動〉,《台灣文獻》43（3）：15-152。

黃有興/1992b《澎湖的民間信仰》。台北：台原出版社。

鄭志明/1988　〈王爺傳說（上）、（下）〉,《民俗曲藝》52：17-37；53：101-118。

鄭志明等編/1988　《全國佛剎道觀—王爺專輯》。三冊。台北：信東彩藝印刷公司。

蔡相輝/1989 《台灣的王爺與媽祖》。台北：台原出版社。

劉昌博/1981 《台灣搜神記》。台北：黎明文化公司。

劉枝萬/1963 〈清代台灣之寺廟（二）〉，《台北文獻》5：86-92。

劉枝萬/1983 《台灣民間信仰論集》。台北：聯經出版社。

劉枝萬/1990 〈台灣的道教〉，福井康順等編，朱越利等譯，《道教》。
　　　　　　上海：上海古籍出版社，第 1 冊，頁 116-154。

劉枝萬/1994 〈台灣民間信仰之調查與研究〉，《台灣風物》44（1）：15-29。

劉建仁/1968 〈王爺公考釋〉，《台灣風物》18：74-78。

劉勁峰/2000《贛南宗族社會與道教文化研究》。《傳統客家社會叢書》。

劉還月/1986 《台灣民俗誌》。台北：洛城出版社。

劉還月/1988 〈送瘟祈福王船祭---別開生面的小琉球記實〉，《藝術家》
　　　　　　163：271-275。

瞿海源/1988〈臺灣地區民眾的宗教信仰與宗教態度〉，楊國樞、瞿海源
　　　　　　編，《變遷中的臺灣社會》。南港：中央研究院民族學研究所，頁
　　　　　　239-276。

顏芳姿/1994a〈鹿港王爺信仰的發展型態〉。國立清華大學歷史研究所
　　　　　　碩士論文。

顏芳姿/1994b 〈泉州三邑人的祖佛信仰─與宗族發展密切相關的地域
　　　　　　守護神信仰〉，《民俗曲藝》88：3-28。

鍾華操/1987 《台灣地區神明的由來》。台中：台灣省文獻委員會。

二、日文部分

大淵忍爾/1983 《中國人の宗教儀禮》。東京：福武書店。

山根幸夫；吳密察譯/1982 〈臨時台灣舊慣調查會的成果〉，《台灣風物》
　　　　　　32（1）：23-58。

丸井圭治郎/1919 《台灣宗教調查報告書》，下冊。台北：台灣總督府。

平木康平/1989 〈臺灣における王爺信仰：東港東隆宮の燒王船そめぐ
　　　　　　つて〉，秋月觀映編，《道教と宗教文化》。東京：平河出版社，

頁 613-634。

宮本延人/1988　《日本統治時代台灣における寺廟整理問題》。東京：
　　天理教道友社。

曾景來/1939　《台灣宗教と迷信陋習》。台北：台灣宗教研究會。

曾景來/1994　《台灣的迷信與陋習》。台北：武陵出版有限公司。

前島信次/1938　〈台灣の瘟疫神、王爺と送瘟の風習に就いて〉,《民族
　　學研究》4：25-66。

增田福太郎/1934　《台灣本島人の宗教》。東京：財團法人明治聖德紀
　　念學會。

增田福太郎（著），古亭書屋（譯）/1999　《臺灣漢民族的司法神—城
　　隍信仰的體系》。台北：眾文圖書公司。

增田福太郎（著），黃有興（譯）/2001《臺灣宗教論集》。南投：臺灣
　　省文獻委員會。

福井康順等編/1990　《道教》，第一卷（中譯本）。上海：上海古籍出版
　　社。

鈴木清一郎著；馮作民、高賢治譯/1984　《台灣舊慣習俗信仰》。重印
　　本，台北：眾文圖書公司。

蔡錦堂/1994　《日本帝國主義下台灣の宗教政策》。東京：同文社。

三、西文部分

Allio, Fiorella

　2002　"Spatial Organization in a Ritual Context：A Preliminary Analysis
　　of theKoah-hiu[n] 刈香 Processional System of the Tainan County
　　Region and itsSocial Significance."林美容主編,《宗教信仰與民
　　眾生活：第三屆國際漢學會議論文集，人類學組》。南港：中
　　央研究院民族學研究所。（排版中）。

Bauman, Richard and Charles L.Briggs

　1990　"Poetics and Performance as Critical Perspectives on Language and Social Life." *American Review of Anthropology*, 19:59-88.

Boretz, Avron A.

1996　"Martial Gods and Magic Swords: The Ritual Production of Manhood inTaiwanese Popular Religion." Ph.D.thesis. Cornell University.

Cedzich, Ursula-Angelika

1995　"The Cult of the Wu-t'ung/Wu-Hsien 五通/五顯 in History and Fiction：TheReligious Roots of the Journey to the South（南遊記）." In David Johnson, ed., *Ritual and Scripture in Chinese Popular Religion：Five Studies*. Berkeley：Chinese Popular Culture Project, pp.137-218.

Clifford, Nicholas R.

2001　*"A Truthful Impression of the Country": British and American TravelWriting in China, 1880-1949*. Ann Arbor: The University of Michigan Press.

Dean, Kenneth

1986　"Field Notes on Two Taoist Jiao 醮 Observed in Zhangzhou 漳州, December 1985." *Cahiers d'Extrême Asie*, 2:191-209.

1993　*Taoist Ritual and Popular Cults in Southeast China*.Princeton: PrincetonUniversity Press.

1998　*Lord of the Three in One. The Spread of a Cult in SoutheastChina*. Princeton: Princeton University Press.

DeGlopper, Donald R.

1995　*Lukang 鹿港: Commerce and Community in a Chinese City*. Albany:SUNY Press.

DeGroot, Jan J.M.

1892-1910　*The Religious System of China*. 6 Volumes. Leiden: E.J. Brill.

Doolittle, Justus

1986　*Social Life of the Chinese*.2 Volumes.Singapore: Graham Brash

（Pte.）Ltd. Reprint of 1865-1876 edition.

Doolittle, Justus（著），趙昕毅（譯）

1997　〈清末福州五帝信仰與其逐疫活動〉,《民間宗教》,3：385-396。

Doré, Henri

1993　*Researches into Chinese Superstitions.*Shanghai: Tusewei Printing Press.

Hodous, Lewis

1929　*Folkways in China.*London: Stephen Austin and Sons, Ltd.

Jordan, David

1972　*Gods,Ghosts, and Ancestors.* Stanford: Stanford University Press.

1976　"The Jiaw 醮 of Shigaang 西港."*Asian Folklore Studies*, 35：81-107.

1994　"Changes in Postwar Taiwan and their Impact on the Popular Practice ofReligion." In Stevan A. Harrell and Huang Chün-chieh, eds., *CulturalChange in Postwar Taiwan.* Boulder, CO: Westview Press, pp. 137-160.

Katz, Paul R. (康豹)

1987　"Demons or Deities?---The 'Wangye' 王爺 of Taiwan," *Asian Folklore Studies*, 46:197-215.

1990　"Wen Ch'iung (溫瓊)-- The God of Many Faces."《漢學研究》8.1：183-219。

1994　"Commerce, Marriage and Ritual: Elite Strategies in Tung-kang 東港 during the Twentieth Century"，刊於莊英章、潘英梅編,《臺灣與福建社會文化研究論文集》。南港：中央研究院民族學研究所，頁 127-165。

1995a *Demon Hordes and Burning Boats: The Cult of Marshal Wen 溫元帥 in Late Imperial Chekiang 浙江.* Albany: SUNY Press.

1995b　"The Pacification of Plagues 和瘟: A Chinese Rite of Affliction." *Journal of Ritual Studies*, 9.1: 55-100.

1998 "The Problem of 'Localization' of Popular Religion in Taiwan. A Case

Studyof the Royal Lords（*wang-ye* 王爺）." 賴澤涵、于子橋編，《台灣與四鄰論文集》。中壢：國立中央大學歷史研究所，頁241-270。

2002　"The Cult of the Royal Lords in Postwar Taiwan. " In Philip Clart & CharlesB. Jones, eds., *Religion in Modern Taiwan: Tradition and Innovation in aChanging Scoiety*. Honolulu: University of Hawaii Press. In press.

Lagerwey,John

1987 *Taoist Ritual in Chinese Society and History*. New York: Macmillan.

Macgowan, The Rev. John

1910　*Chinese Folklore Tales*. London: Macmillan and Company.

1912　*Men and Manners of Modern China*. London: T. Fisher Unwin.

Mackerras, Colin

1989　*Western Images of China*. Oxford: Oxford University Press.

Schipper, Kristofer M.

1985　"Seigneurs Royaux, Dieux des Epidemies（王爺公，瘟疫神）." *ArchivesSciences Sociales des Religions*, 59:31-40.

Sutton, Donald

1990　"Ritual Drama and Moral Order: Interpreting the Gods" Festival Troupes of Southern Taiwan." *Journal of Asian Studies*, 49.3: 535-554.

2002　*Steps to Perfection: Exorcistic Performers and Chinese Religion in Twentieth-Century Taiwan*. Cambridge, MA: Harvard University Press.

Szonyi, Michael

1997　"The Illusion of Standardizing the Gods: The Cult of the FiveEmperors 五帝 in Late Imperial China."*The Journal of Asian Studies*,56.1:113-135.

Tsu, Timothy

1996　"Between Superstition and Morality - Japanese Views of TaiwaneseReligion in the Colonial Period, 1895-1945."*ZINBUN*, 33:31-56.

Turner, Victor

1968 *The Drums of Affliction.*Oxford：Oxford University Press.

Von Glahn, Richard

1991　"The Enchantment of Wealth: The God Wutong 五通 in the Social History of Jiangnan 江南." *Harvard Journal of Asiatic Studies*, 51.2: 651-714.

Weller, Robert P.

1999a　"Identity and Social Change in Taiwanese Religion." In Murray A.Rubinstein, ed., *Taiwan. A New History*. Armonk: M.E. Sharpe, 1999, pp. 339-365.

1999b　*Alternate Civilities.Democracy and Culture in China and Taiwan*. Boulder,　CO: Westview Press.

Wilkerson, James

1994a　"The 'Ritual Master' 法師 and his 'Temple Corporation' 公司 Rituals."《民間信仰與中國文化國際研討會論文集》。台北：漢學研究中心，上冊，頁 471-521。

1994b　"Self-referential Performances: Victor Turner and Theoretical Issues in Chinese Performative Genre."《民俗曲藝》90：99-146。

1995　"Rural Village Temples in the P'enghu（澎湖）Islands and their Late Imperial Corporate Organization."《寺廟與民間文化研討會論文集》。台北：漢學研究中心，下冊，頁 67-95。

戰後台灣的宗教與政權[1]

摘要

本文旨在探索戰後台灣地方宗教儀俗的發展，尤其關注於 1987 年解嚴後的部份。行文中，筆者將聚焦於媽祖（原為海神，現被尊為全能的保護神）或王爺（原本是瘟神，但現在被視為能對抗所有災難的神明）等目前盛行於眾多地方廟宇的神明信仰，特別是建基於此種宗教儀俗上的地方社會，以及其與官方之間的複雜關係。其中包括了官方對祭典限制的放寬、廟宇在選舉期間成為政治集會的據點、近來對前往中國大陸進香的爭議等等。另外，文中也將探討台灣宗教儀俗的「本土化」論爭，以及台灣宗教研究在學界中的發展概況等問題。

導論

本文旨在探討台灣戰後的宗教發展，尤其關注於 1987 年解嚴之後的部份。在簡要地討論過佛教和傳統教派後，筆者將聚焦於媽祖（原為海神，現被尊為全能的保護神）、王爺（原本是瘟神，但現在被視為能對抗所有災難的神明）等盛行在眾多廟宇中的神明信仰。尤其會留意於地方公廟和官方間的複雜關係，包括政府放寬對節慶祭典的限制、寺廟在選舉集會中的功能，以及近來對前往中國大陸進香的爭議。另外，文中也將提及台灣地方宗教儀俗[2]的「本土化」論辯，與學界在台灣宗教領域的研究發展概況等問題。

---

[1] 筆者在此對所有「當代中國宗教國際學術研討會」的與會者表達最深切的謝意。同時也必須向 China Quarterly 的編輯和工作人員致謝。

[2] 譯者註：「地方宗教儀俗」在原文中作 local religious traditions。因文中 local 一詞常有區域性／全國性的相對意涵，所以不譯為「本土」。另外，traditions 直譯為「傳統」或「禮俗」似乎太過拘謹，易使該詞的指涉範圍受到侷限；若譯為「習俗」或「慣習」，則原文中已有 practice 一字，不但易生混淆且失去儀式的內涵，因而以下均譯為較不常用的「儀俗」。

　　對照剛從極權政府長期壓抑下逐漸復興的中國宗教，[3]至今仍不斷發展的台灣宗教就顯得格外地欣榮。《中華民國憲法》第十三條清楚地載明：「人民有信仰宗教之自由」，規定宗教自由應受絕對保障。而今台灣已發展為民主政體，人民可以自由地進行宗教活動，無庸畏懼官方的禁制。任何宗教的信徒都可以自由地集會或傳教，即使是早期被查禁的教派如一貫道等，現在都可以從事公開活動與拓植組織。同時，台灣的民主環境也促進了慈濟功德會這類大型居士佛教和僧眾團體的發展。

　　此外，台灣的經濟成長和科技發展並未造成宗教衰退，則是另一個顯而易見的現象。許多受過教育、每天上網的男女仍然會參與宗教活動，且顯然並未因此而覺得困擾（事實上，多數的大型宗教組織或寺廟都擁有自己的網站）。不論對個人、家庭、社群生活而言，宗教一直是不可或缺的一環。作為每日禮敬神靈的場所、社區服務或舉行盛大慶典，寺廟在現今社會中仍然具有相當重要的功能。如同媽祖和王爺等神明持續地受到芸芸眾生的膜拜，祈求健康和成功；寺廟本身也在這種基礎上不斷地建構地區性的認同感。

　　儘管官方的寺廟統計資料在佛、道教廟宇的分類上常常是不可信的，也無法掌握那些沒有登記的寺廟和神壇，[4]不過在我們理解目前台灣寺廟發展的粗略概況時，官方資料還是有些助益的。比方說，根據《重修台灣省通誌》，台灣的佛、道教寺廟從 1930 年的 3,661 座到 1981 年的 5,531 座，在五十年間成長近乎一倍。[5]而內政部在 2001 年的統計資料則顯示，台灣已登記的佛、道寺廟總數達到 9,707 座。這些寺廟目前總共經營了 20 家醫院或診所（相對的，天主教有 35 家、基督新教則有 26 家），以及涵蓋幼稚園到大專院校在內的 180 所學校（天主教 186 所、基督新教 158 所）。[6]

　　近年來，有些學者開始注意到政治、社會經濟狀態改變對戰後台灣

3　相關研究請參閱 Daniel Bays、Raoul Birnbaum、Nancy Chen、Kenneth Dean、Fan Li-chu、Richard Madsen 和 Pitman Potter 的著作。

4　此類事例，或可參宋光宇，《高雄市各區寺廟神壇名錄》（高雄：高雄市文獻委員會，1993）。

5　《重修台灣省通誌‧卷三‧住民志‧宗教篇》（南投：台灣省文獻委員會，1992），頁 975-1065。

6　其他細節請參內政部網站 www.moi.gov.tw。

宗教發展的影響。例如焦大衛（David Jordan）分析了財富增加、國家政策改變、教育普及、區域間的人口流動，這四項台灣在戰後的重要變化和宗教發展之間的關係。他指出財富增加固然使寺廟的建築裝飾愈趨華麗，但都市地區過高的地價同時也抑制了新建廟宇的產生。此外，他注意到政府對於那些常被視為舖張浪費或不受歡迎的習俗（詳下文），逐漸從原本的壓迫和控制轉向寬容與溫和的「改革」政策。而教育普及可能促使宗教在「標準化」方面向前邁進一大步；日益頻繁的人口流動則削弱了傳統的地域觀念，有助於「泛台灣認同」的形成。[7]

　　魏樂博（Robert P. Weller）、夏維明（Meir Shahar）等學者已經針對宗教儀俗如何抗拒公權力意圖以其文化霸權形塑的莊嚴文化，進行過許多研究。這些研究成果圍繞著對非正常死亡者或滑稽神的崇拜，比方說：濟公（十二世紀時一位無視酒肉戒律而以靈力著稱的怪僧）。這類崇拜現象在 1980 年代大家樂簽賭風潮時曾盛極一時。魏樂博在其饒富趣味的研究案例裡，陳述十八王公是如何以一同死難的十七個人和他們的義犬亡靈，接受來自希望快速發財的人們用香煙和其他物品祭拜，這些信眾當中還包括了娼妓和黑道份子。而無論是公權力甚或寺廟管理委員會本身，其意圖介入公眾輿論的努力最後都被證明是完全無效的。這反映出地方社會具有排拒國家控制、滿足自身心靈和俗信需求的能力。[8]2002 年 1 月開辦的樂透彩也同樣立即引發新一波對非常規神明的崇拜風潮——儘管這股熱潮因愈來愈多的台灣人依賴電腦程式預報明牌而稍稍降溫。[9]

　　在這些教派宗教的相關研究裡，居士佛教運動和所謂的「新興宗教」當屬研究成果最豐碩的兩個領域，這必須歸功於近來學界強調「新宗教

[7]　David K. Jordan, "Changes in Postwar Taiwan and their Impact on the Popular Practice of Religion," in Stevan A. Harrell and Huang Chün-chieh（黃俊傑）, eds., *Cultural Change in Postwar Taiwan*(Boulder, CO: Westview Press, 1994), p. 138.

[8]　Meir Shahar, *Crazy Ji. Chinese Religion and Popular Literature*(Cambridge, MA: Harvard University Press, 1998); Robert P. Weller, "Identity and Social Change in Taiwanese Religion," in Murray A. Rubinstein, ed., *Taiwan. A New History* (Armonk: M.E. Sharpe, 1999), pp. 352-356.

[9]　對於當前台灣地方宗教和樂透彩之間的關係，或可以「神明牌」為關鍵字，在雅虎奇摩網站（http://tw.yahoo.com/）蒐得許多相關資料。

儀俗」與聚焦個人需求的結果。然而大多數的研究在論及這些宗教的歷
史時，依據的都是宗教領袖的傳記，或倚賴對經典全文或片段的分析，
其中又以分析善書最為常見。[10]只有少數的學者如柯若樸（Philip
Clart）、焦大衛（David Jordan）、歐大年（Daniel Overmyer）和沈雅禮
（Gary Seaman）等人，注意到社會學者對台灣教派宗教的觀點。[11]此外，
江燦騰、周文廣（Charles B. Jones）、安德瑞（André Laliberté）、魏樂博
等學者近年來也開始研究佛教如何與官方進行互動。[12]這些研究以一貫
道、慈濟功德會為核心，並蒐羅了許多具說服力的資料來證明宗教活動
在現代的台灣社會仍有其重要性。

　　這些學者們雖然累積了相當豐碩且多樣化的研究成果，但地方宗教
儀俗對戰後台灣政治、社會關係的貢獻仍未受到應有的重視，特別是在
地方公廟的信仰方面。比方說，魏樂博在他最近的著作 *Alternate Civilities*
裡，說明某些宗教組織和團體如何對台灣的民主化和社會經濟發展作出

---

[10]例如 Joseph Bosco, "Yiguan Dao:'Heterodoxy' and Popular Religion in Taiwan." In Murray A. Rubinstein ed.,*The Other Taiwan, 1945 to the Present*(Armonk,NY: M.E. Sharpe, 1994), pp. 423-444；鄭志明，《台灣新興宗教現象：傳統信仰篇》（大林：南華管理學院，1999）；Soo Khin Wah, "A Study of the Yiguan Dao(Unity Sect) and Its Development in Peninsular Malaysia," Ph.D. thesis, University of British Columbia, 1997；宋光宇，《天道傳燈：一貫道與現代社會》（台北：三揚出版公司，1996）；王見川、李世偉，《台灣的宗教與文化》（蘆洲：博揚文化，1999）；王見川、李世偉，《台灣的民間宗教與信仰》（蘆洲：博揚文化，2000）；王志宇，《台灣的恩主公信仰》（台北：文津，1997）。

[11]參 Philip A. Clart, "The Ritual Context of Morality Books: A Case Study of a Taiwanese Spirit-writing Cult," Ph.D. thesis, University of British Columbia, 1996; Philip A. Clart," The Phoenix and the Mother: The Interaction of Spirit Writing Cults and Popular Sects in Taiwan," *Journal of Chinese Religions*, 25 (1997), pp. 1-32; David K. Jordan and Daniel L. Overmyer, *The Flying Phoenix: Aspects of Chinese Sectarianism in Taiwan* (Princeton: Princeton University Press, 1986); Gary Seaman, *Temple Organization in a Chinese Village*(台灣鄉村神廟研究), in Lou Tzu-K'uang (婁子匡), ed., *Asian Folklore and Social Life Monographs*, volume 101 (Taipei：The Orient Cultural Service, 1978)。作者 Gary Seaman 在此書中譯名作「蓋西曼」，非沈雅禮。

[12]參江燦騰，《台灣佛教百年史之研究，1895-1945》（台北：南天，1996）；江燦騰，《當代台灣佛教》（台北：南天，1997）；Charles B. Jones, *Buddhism in Taiwan: Religion and the State, 1660-1990*(Honolulu: University of Hawaii Press, 1999); André Laliberté, "Religious Change and Democratization in Postwar Taiwan: Mainstream Buddhist Organizations and the Kuomintang, 1947-1996," in Philip A. Clart and Charles B. Jones, eds., *Religion in Postwar Taiwan* (Honolulu: University of Hawaii Press, 2003), pp. 158-185.

貢獻，也合理地論述了諸如教派宗教和居士佛教運動等新興宗教現象的重要性。以可能是台灣最大民間組織的慈濟功德會為例，魏樂博明確地論證了它在私領域和官方之間的中介機能；他也點出了一貫道等教派宗教是超越傳統區域和親屬聯繫的自發性團體。無論是教派宗教或居士佛教運動，都符合了公民社會的自發性與全國普遍性特質，這和侷限於地方性質的廟宇有很大的差異。[13]

　　魏樂博提出的資料和論述具有很強的說服力，但也引出了一些重要的問題。比方說，他可能過度誇大了教派宗教和居士佛教團體的「新意」。其實類似的組織在中國歷史上屢見不鮮，尤其常見於改朝換代之際或社會經濟快速成長的年代。[14]戰後唯一特殊之處是婦女的地位大幅提升，並得以參與公眾活動，而這在台灣必須歸功於相關團體在國家層次上的積極運作。也許魏樂博論述時最重要的弱點，在於忽略了廟宇開始藉由種種途徑對台灣的文化和國家政策發揮其影響力。[15]在以下的篇

---

[13]參 Robert P. Weller, *Alternate Civilities: Democracy and Culture in China and Taiwan* (Boulder, CO: Westview Press, 1999), pp.14-16, 83-84, 87-88, 93, 99-101, 357-358。關於魏樂博傾向略而不提的長老教會，其重要性可參 Murray A. Rubinstein, "Mission of Faith, Burden of Witness: The Presbyterian Church in the Evolution of Modern Taiwan, 1865-1989."*American Asian Review*, 9.2 (1991), pp. 70-108；Murray A. Rubinstein, "Christianity and Democratization in Modern Taiwan: The Presbyterian Church and the Struggle for Minnan/Hakka Selfhood in the Republic of China," in Philip A. Clart and Charles B. Jones, eds., *Religion in Postwar Taiwan* (Honolulu: University of Hawaii Press, 2003), pp. 204-256.

[14]參 Kenneth Dean, *Lord of the Three in One: The Spread of a Cult in Southeast China* (Princeton: Princeton University Press, 1998); Susan Naquin, "The Transmission of White Lotus Sectarianism in Late Imperial China," in DavidJohnson, et. al., eds., *Popular Culture in Late Imperial China* (Berkeley: University of California Press, 1985), pp. 255-291; Daniel Overmyer, "Values in Chinese Sectarian Literature: Ming and Ch'ing *pao-chüan*," in *Popular Culture in Late Imperial China*, pp. 219-254; Daniel Ovemyer, *Precious Volumes: An Introduction to Chinese Sectarian Scriptures from the Sixteenth and Seventeenth Centuries* (Cambridge, MA: Harvard University Press,1999);Barend ter Haar,*The White Lotus Teachings in Chinese Religious History*(Leiden: E. J. Brill, 1992).

[15]魏樂博之所以對廟宇信仰如何影響國家事務的部份過於輕描淡寫，或許是因為他參考的研究成果多半聚焦於清末民初，而這個時期的地方廟宇尚未能對國家層級產生太多影響力。例如 Prasenjit Duara, *Culture, Power, and the State:Rural North China, 1900-1942*(Stanford: Stanford University Press, 1988); James Watson, "Standardizing the Gods: The Promotion of T'ien Hou("Empress of Heaven") Along the South China Coast, 960-1960," in*Popular Culture in Late Imperial China*, pp. 292-324.

幅裡，筆者將論述寺廟在台灣的重要性。現代的寺廟已不再是侷限於區域性的信仰中心，即便在全國性的層級裡，許多寺廟仍具有一定程度的地位和影響力。筆者將嘗試從兩種途徑來觀察這個問題：追溯國家政策在與地方宗教議題上的轉變，以及論證宗教信仰和習俗對國家的影響。因此，本文將先敍述台灣的宗教政策，與文化建設委員會（簡稱文建會）[16]的功能改變，並藉此評斷國家對寺廟和祭典的控制能力。繼而討論候選人如何企圖利用地方宗教來操控選舉，以及近來針對部份媽祖廟前往福建湄州祖廟進香的爭議。其他相關的議題還包括了廟宇在調解糾紛時所扮演的角色、台灣宗教的本土化爭論，與學術單位在台灣宗教研究上的進展。

國家政策

　　戰後台灣的統治者必須面臨的主要問題之一，就是如何在日益民主化與全球化的現實環境中，維持國家對地方宗教儀俗的控制力。這與傳統中國政府對地方的統治模式是相互矛盾的。Pitman B. Potter 研究了中國官方對宗教的規範，並提出如下的重要觀察：長久以來，中國的宗教和政權一直都處於彼此競爭的狀態。統治者希望和宗教組織、教義建立連繫，從而透過儀式取得統治的正當性。然而，地方宗教卻始終不受官方拘束地活躍在地方社會中。如同蕭公權等學者所揭示的，中國的帝制政府一直力圖以恩威並施的方式控制地方社會和地方文化。[17]以宗教為例，官方主導或象徵性地支持合乎「正統」、「儒家」教化的地方文化，企圖藉此將地方宗教「標準化」，同時也向地方社會灌輸官方的教諭。[18]

---

[16] 1981 年，文化建設委員會初創時的英文名稱原為 Council for Cultural Planning and Development（簡稱 CCPD），到了 1995 年才改為現稱的 Council on Cultural Affairs （簡稱 CCA）。本文英文原版到提到文建會時，會依其時間不同而使用不同的簡稱，中譯版則無此差異。

[17] Hsiao Kung-ch'üan（蕭公權）, *Rural China: Imperial Control in the Nineteenth Century* (Seattle and London: University of Washington Press, 1960).

[18] Daniel Overmyer, "Attitudes Toward Popular Religion in the Ritual *Texts of the Chinese State: The Collected Statutes of the Great Ming*,"*Cahiers d'Extrême-Asie*, 5 (1989-1990), pp. 191-221。另參

然而，官方也時常壓制被稱為「祕密社團」的教派宗教；特別是那些公開崇信末世觀，而可能潛藏反抗或推翻固有政權思想的教派。[19]雖然官方文化政策的成敗，必須取決於國家力量在不同地區和時間點的強弱，但其教化內容卻多能長期地保存下來。

　　十九世紀末到二十世紀初，在西方科技思潮的衝擊下，國家權力對地方社會的控制更趨複雜。1919 年「五四運動」期間，有識之士們一方面廣泛地吸收西方文化，另一方面則將傳統中國文化視為國家走向現代化的阻礙。[20]此類見解雖然普遍存在於共和時期的中國，但不等於所有學者都同意這種論點。任憑歐風美雨洗禮，仍有許多知識份子持續倡議研習中國歷史和傳統文化，同時也有一群民俗學者開始詳細地研究中國的通俗文化。[21]是以，國民黨政府為了尋求調和兩者的中間路線，乃推行了諸如 1934 年的「新生活運動」等政策，試圖以傳統儒家的價值觀和孫逸仙的三民主義，作為國民黨維持社會安定和取得民眾支持的基礎。[22]

　　在台灣的文化政策史中，固然有一部份與中國雷同，但也有些重要的歧異。就像 John Shepherd 所揭示的，清朝自從將台灣納入控制後，也曾企圖在台實施各種文化政策。如同在中國大陸一般，這些政策多以教育、宗教領域為核心，其共同目的則在於維持社會控制和確立文化霸權。[23]然而情況隨甲午戰爭後日本接管台灣而出現變化。在日治期間

Duara, *Culture, Power, and the State*; Watson, "Standardizing the Gods".

[19]對此，Barend ter Haar 論之尤詳。參 Barend ter Haar, The White Lotus Teachings; ter Haar, *Ritual and Mythology of the Chinese Triads: Creating an Identity* (Leiden: E.J. Brill, 1998).

[20]參 Chow Tse-tsung (周策縱), *The May Fourth Movement: Intellectual Revolution in Modern China*(Cambridge, MA: Harvard University Press, 1960); Vera Schwarcz, The Chinese Enlightenment: Intellectuals and the Legacy of the May Fourth Movement of 1919 (Berkeley: University of California Press, 1986).

[21]參 Hung Chang-tai (洪長泰), *Going to the People: Chinese Intellectuals and Folk Literature, 1918-1937* (Cambridge, MA: Council on East Asian Studies, 1985).

[22]相關概述請參 Jonathan D. Spence, *The Search for Modern China* (New York: Norton, 1990), pp. 361-434.

[23]參 John R. Shepherd, *Statecraft and Political Economy on the Taiwan Frontier, 1600-1800* (Stanford: Stanford University Press 1993), pp. 208-214.

（1895-1945），除了堅決抵抗日本統治的團體（特別是宗教團體）外，總督府對台灣的本土文化表現出極大的寬容。1930 到 40 年代，為了配合日本在東亞地區發動的軍事戰爭，在台灣和韓國的總督府都推行了所謂的「皇民化運動」（1938-1945），企圖將殖民地的人民「日本化」。在這數年間，殖民當局對台灣的文化和宗教施以更大的壓迫，破壞了許多寺廟與神像，也迫害地方宗教人士。[24]

　　第二次世界大戰結束後，接收台灣的國民政府有感於日本文化對台灣民眾已產生相當程度的影響，乃企圖透過實行各種有利於中國的文化、國家認同的政策，來取代日本的文化影響，也增加國民黨統治的合理性。然而在這些政策產生效果之前，就因為管理不當、經濟蕭條和各種誤解，釀成了「二二八事件」的慘劇。[25]此後數年間，國民黨的文化政策出現了 Edwin Winckler 所謂的三階段典型發展。[26]在第一個階段（1945-1960），國民黨傾向採取負面控制的政策，尤其是語言和教育方面。第二階段（1960-1975）是逐漸轉型期，國民黨開始將更多的資金投注在自然科學、社會科學和人文學科上（尤其是中央研究院），但同時也有許多重要的知識界菁英留滯國外不歸。與此同時，國民黨仍然持續它的文化管制政策，特別是針對媒體的部份。[27]第三階段（1975-1990）裡，台灣在國內、外都面臨了一連串的危機。此時國民黨在文化政策上的回應作為是：將大量的資源挹注在科技領域上，同時增加文化建設的投資。

---

[24]參 Chou Wan-yao（周婉窈），"The *Kōminka* Movement in Taiwan and Korea: Comparisons and Interpretations." In Peter Duus, Ramon H. Myers & Mark R. Peattie, eds., *The Japanese Wartime Empire, 1931-1945* (Princeton: Princeton University Press, 1996), pp. 40-68；蔡錦堂《日本帝国主義下台湾の宗教政策》（東京都：同成社，1994）。

[25]參 Lai Tsehan（賴澤涵），Ramon H. Myers & Wei Wou（魏萼），*A Tragic Beginning: The Taiwan Uprising of February 28, 1947* (Stanford: Stanford University Press, 1991)。另參 Steven E. Phillips, "Between Assimilation and Independence: the Taiwanese Elite under Nationalist Chinese Rule, 1945-1950," (Ph.D. thesis, Georgetown University, 1998)。

[26]參 Edwin A. Winckler, "Cultural Policy in Postwar Taiwan," in *Cultural Change in Postwar Taiwan*, pp. 28-35.

[27]參 Ming-Yeh T.（蔡明燁）and Gary D. Rawnsley, *Critical Security, Democratization, and Television in Taiwan* (London: Ashgate Publishing Company, 2000)。

　　對於國民黨刻意打壓台灣文化的前兩個時期，Murray Rubinstein 的觀察指出，此政策僅在 1980 年代之前短暫地促成了一些改變，而今早已被完全捨棄不用了。[28]比方說，內政部在 1968 年推廣了一系列的指導方針，企圖以「改善民間祭典節約辦法」來規範地方宗教。[29]而 Emily Martin Ahern 在三峽的祭典研究也清楚地顯示儘管地方上出現反彈和消極性抵抗，此類政策確實在 1970 年代對地方宗教造成衝擊。[30]但正如焦大衛指出的，最終促使祭典和筵席規模縮小的原因，都市化的因素恐怕比國家政策更為重要。[31]在這段期間，許多知識份子都和政府抱持相同的立場，並且毫不猶豫地在其文章著作裡將地方宗教儀俗標誌為「迷信」。[32]

　　當國民黨政府開始將文化政策的重點從負面控制，移轉到推廣其無趣的文化規範時，有兩個負責督導地方文化的官方機構成立了。[33]其中較大也較重要的一個，是國民黨政為了與中國的文化大革命作對比，而在 1967 年 8 月成立的「中華文化復興委員會」（簡稱「文復會」）。此一機構主要負責推廣國民黨版本的中華文化，其內容融合了忠、孝等傳統儒家價值觀和孫逸仙、蔣介石等政黨領袖的訓誨。文復會設計了一些守

---

[28]Murray A. Rubinstein, "Statement Formation and Institutional Conflict in the Mazu Cult Temples, Temple-created Media, and Temple Rivalry in Contemporary Taiwan"，收入周宗賢主編，《台灣史國際學術研討會：社會、經濟與墾拓論文集》（台北：國史館，1995），頁 189-224。

[29]關於其他更多的官方規範，請參瞿海源〈中華民國有關宗教「法令」及法律草案彙編〉，《民族學研究所資料彙編》第 2 輯，1990，頁 113-139；瞿海源，"Changing Relationships between State and Church in Taiwan," 發表於 Taiwan: State and Society in Transition. University of Illinois at Urbana-Champaign, September 21-23, 1997。另參《台灣省政府檔案彙編：民俗宗教篇》（台北：國史館，1996）。

[30]參 Emily Martin Ahern, "The Thai Ti Kong Festival," in Emily Martin Ahern and Hill Gates, ed., *The Anthropology of Taiwanese Society* (Stanford: Stanford University Press, 1981), pp. 416-425。另參 Hill Gates Rosenow, "Prosperity Settlement: The Politics of Paipai in Taipei, Taiwan," Ph.D. thesis, University of Michigan.

[31]Jordan, "Changes in Postwar Taiwan and their Impact on the Popular Practice of Religion," pp. 148-150.

[32]阮昌銳，〈如何端正民間宗教信仰〉，收入李亦園、莊英章編，《民間宗教儀式之檢討研討會論文集》（南港：中央研究院民族學研究所，1985），頁 130-144。

[33]關於這兩個機構，請參施志暉，〈中華文化復興運動之研究（1966-1991）〉（台北：國立台灣師範大學歷史研究所碩士論文，1995）。

則，並製作宣傳手冊，透過大眾媒體、學校、公家機關，反覆且廣泛地向群眾宣導、灌輸這類觀念。其中包括了重視愛國心和行為規範的「國民生活須知」，[34]以及企圖藉由強調良好禮儀典範來修整宗教習俗的「國民禮儀範例」等。文復會全然地擁護國民黨的泛中華文化觀，甚至有妨礙台灣本土文化發展的傾向，其中也包括了寺廟信仰。1980 年代末期，民主化運動聲勢高漲，民主進步黨等反對勢力也開始發揮其影響力，縮限了文復會制定規條的自由。1990 年夏天，文復會的預算在立法院的堅決反對下遭到刪除，這也正式宣告此一機構的運作已經走到了終點。1991 年春天，國民黨保存一部份文復會機構，設置了非政府組織的「中華文化復興運動總會」。

　　第二個負責文化政策的官方機構是文化局，由教育部創設於 1967 年 11 月，1973 年 5 月撤廢。儘管文化局的業務應該集中於教育領域，但它的實際功能卻是協助文復會推展國民黨版的中華文化。例如文化局幫文復會在各大專院校設立了 96 個分支機構，並在其短短七年的營運時間裡舉辦了 300 場校園演講。此外，文化局也進行各種出版計畫，並主辦了許多地方性或國際性的中華文化研討會。

　　目前文化政策的主管機關——文化建設委員會——成立於國民黨文化政策的第三個階段，也是台灣逐步成為國際化社會、開始朝向民主化發展的時候。文建會的設立可以追溯到 1977 年 9 月 23 日，時任行政院長的蔣經國（後當選總統）向立法院提交的一份行政報告。在這份報告和後來於 1978 年 2 月對立法院提交的另一份報告裡，都強調保存與發展台灣文化的重要性。為了成功地落實這些理念，行政院在 1979 年 2 月公布了加強文化、娛樂活動的計畫書，並規劃成立一個機構來完成這些計畫，也就是文建會。其正式設立於 1981 年的 11 月 11 日，被列為一級機關（等同部級單位），直接隸屬行政院。[35]

---

[34] 這個運動在 1980 年代中期作了部份調整，並改名為「現代國民生活須知」。

[35] 此處關於文建會的論述內容，依據請參 Paul R. Katz, "Cultural Policies in Late Twentieth Century Taiwan: A Case Study of the Council on Cultural Planning and Development", 發表於 Taiwan: State and Society in Transition - An International Conference, University of Illinois at Urbana-Champaign, September 21-23, 1997. 關於文建會的歷史與現況，請參其網頁

肇建之初，文建會的主管業務約有十項，包括研擬重大的文化發展政策、推廣與維護文化資產、建設地方文化中心等等。[36]這些目標已隨時間不同而出現些微的改變。根據擷取自文建會網站的「施政理念與目標」，其現今的目標包括了：導正「速食文化」的觀念、文化建設的事權統一、鼓勵民間企業贊助投資或認養文化藝術活動與團體、結合文化與科技等等。[37]

在文建會自行訂定的各種目標中，最顯著的敗筆當屬忽略了台灣傳統文化的關鍵所在：寺廟。對照早年的作法，文建會似乎冀望取代廟宇和其他傳統的公共空間，成為發揚、甚至控制台灣文化的焦點。此一想法可見於文建會第三任主委申學庸在 1993 年 10 月 21 日國民黨中常會上的報告文：

> 讓我們回到歷史的迴廊中，省思我們的民間社會是怎麼樣走過來的？在沒有文化中心，沒有政府的文化行政系統之前，我們的傳統鄉村和城市社會，是怎樣透過各種民俗文化藝術活動，展現出他們的社會認同，凝聚他們的共同體意識，維繫他們的倫常與禮治秩序？他們以廟宇做為表徵，透過宗教信仰，以及附著在廟會的各種藝文活動，塑造出獨特的共同體社會。
>
> 今天正面臨劇烈轉型期的台灣社會，這些傳統的信仰型態與社會結構，已經無可挽回地日趨凋零，然而我們的民間社會自身和政府，有沒有另一套系統，足以取代過去社區廟宇的社會功能？……我們一直希望縣市文化中心和社區活動中心能夠挑起社會重建的重任，……我們相信透過計劃性的推動，假以時日（官方主辦的活動）應該能夠更深入不同層級的社區……這個政策方向的政治涵意是不可言諭的。如果我們政府單位不再重視民間社會資源的吸納，那麼執政黨將只會把這份豐富的資源拱手讓給對方。[38]

www.cca.gov.tw。

[36]參陳奇祿〈行政院文化建設委員會工作報告〉，《1984 年北美華人學術研討會討論背景參考資料》，頁 1-22。

[37]關於文建會現今施政目標，請參文建會網站 www.cca.gov.tw。

[38]參申學庸，〈國民黨中常會特別報告〉，1993 年 10 月 21 日；另參〈第二屆立法院教育委員

這篇報告文特別值得注意之處，在於它反映了政府已逐漸重視廟宇在台灣社會中所扮演（實際上也仍持續扮演）的積極性角色。這象徵著過去中國政治傳統上習於移易地方信仰，縮減祭典規模、破除「迷信」（參下文）的傾向，已經出現了意義深遠的變化。近幾年來，官方曾試圖以協辦的方式作為改良祭典的手段，並規範祭典內容（如基隆中元祭放水燈、東港王船祭），亦間或產生了相當程度的效用。[39]文建會和它的文化中心（其中許多已改由縣市政府的文化局負責營運）是否能取代寺廟成為重要的公共空間仍頗有疑問，但這正表明了官方對於台灣地方宗教儀俗的態度已發生了重大轉變。同時，愈來愈多的台灣廟宇開始與文建會分庭抗禮，舉辦起各種藝文活動，從棋賽、傳統古典音樂、文學、書法，到大規模重演鄭成功登陸鹿耳門的戲碼。部份廟宇甚至與文建會合作策畫、執行一些藝文方案。[40]如果我們在文建會網站的搜尋引擎裡鍵入「寺廟」一詞，可以找到 133 篇自 1990 年代迄今，詳述這個機構與寺廟間關聯的媒體報導或文章。這些資料顯示，文建會已經收斂起以往改易地方宗教儀俗的企圖心，開始正視作為公共空間的廟宇對構成或發揚台灣文化的重要性。

以上所引的資料清楚地顯示著，戰後官方的影響力已然必須退出地方公廟的運作。然而，台灣自從在 1980 年代走向民主化後，寺廟信仰不僅不再是國家政策的被動觀察者，甚且在促進地方關懷和維護地方認同上也扮演了極重要的角色。在下面的篇幅中，筆者將從幾個實例來論述以下現象：寺廟在地方性選舉中所扮演的角色、管理幾座主要媽祖廟的菁英們如何嘗試影響台灣的兩岸政策、在寺廟中上演的神判儀式的重要性。

地方宗教與選舉過程

會報導〉，1993 年 12 月 8 日。

[39] 參莊英章、黃美英，〈觀光與民俗宗教的結合：一次官辦迎神賽會之檢討〉，收入李亦園、莊英章編，《「民間宗教儀式之檢討」研討會論文集》（台北：中國民俗學會，1985），頁 56-68。

[40] 參 Virginia Sheng, "Sacred Bases for Secular Service," *Free China Review*, 45.10 (1995), pp. 26-33.

　　我們或可從一個顯著的例子來說明地方宗教儀俗和政府之間的各種互動。2000 年總統大選時，陳水扁、許信良、連戰、宋楚瑜等四組候選人都企圖藉由在寺廟舉辦競選活動來吸引草根民眾的支持，並達到聯繫地方菁英的目的。根據 2000 年 3 月的《新新聞》週刊報導，連戰的幕僚主動公布了在廟裡發生的幾件據稱是神蹟的事件。包括一位連戰的支持者替他抽出一支預言好運的籤詩，隨後當連戰本人公開對選情表示樂觀的時候，廟裡的香爐突然發爐了。此外，國民黨籍的立法委員們也聲稱濟公已經表態支持連戰。為了不落人後，宋楚瑜的支持者們，特別是台中大甲鎮瀾宮（台灣最受歡迎媽祖廟之一；參下文）的董事長顏清標，也引述自己的問卜結果來證明媽祖堅定地站在宋楚瑜這邊。至於最終勝選的陳水扁則為了鞏固他在南台灣堅實的選民基礎，宣稱自己的理念已獲得當地王爺的認同。另外，他的政黨（民進黨）也設立了一個特別小組來組織、掌握寺廟動向，並設法將那些據稱是神蹟的事件連結到陳水扁與立委候選人的選舉活動上。瑤池金母預言陳水扁將當選的乩示就是其中一個典例。

地方宗教與兩岸關係

　　當台灣政治勢力冀望利用地方廟宇贏得選舉的同時，一些心懷抱負的地方政治人物也企圖利用寺廟信仰來擴展他們自己的利益，扭轉和政府對抗的劣勢。關於當代台灣宗教、政治間劇烈而複雜的糾葛，鎮瀾宮試圖以直航方式前往湄洲祖廟謁香正好是個較近期的例證。[41]自台灣和中國在 1987 年建立非正式的聯絡管道起，由台灣橫跨海峽、湧向對岸的民眾主要包括了：1949 年隨蔣介石從中國敗退來台的退伍老兵，以及追求發展機會和利潤的商人和企業家。然而，規模最大、能見度最高的卻是前往中國進行宗教尋根的台灣旅行團。而最早前往中國朝聖的團體之一就是來自鎮瀾宮，廟方並藉此宣揚自身在台灣媽祖廟中居於領導

---

[41]關於上述事件，請詳參下開書的導論：Paul R. Katz and Murray Rubinstein, eds., *Religion, Culture, and the Creation of Taiwanese Identities* (New York: St. Martin's Press, 2003).

地位的威勢和正統性。1987 到 2000 年間，許多廟宇都組織了前往中國的進香團，但由於針對兩岸交流的法令限制，總是迫使他們採取經由香港等第三地的非直航路線。到了較後期時，也有中國信徒和官員們從湄州帶媽祖的塑像經香港來台朝聖，引發了台灣各媽祖廟間關於是否歡迎「中國媽祖」的極大爭議。

　　2000 年冬天，一些台灣的媽祖廟立意要挑戰現狀。包括前台中縣議會議長顏清標在內的鎮瀾宮領導人，開始策畫一次從大甲到湄州的直航謁香行動。在這段期間裡，顏清標正將自己塑造成一個地方菁英、宗教領袖，並企圖藉由支持宋楚瑜競選總統來成為總統的擁立者。隨著 6 月 4 日，顏清標和來自中台灣的國民黨籍立委、國大代表在鎮瀾宮聚會，擲筊決定謁香日期，使得前往中國直航謁香的議題在春天和初夏時節變得更加緊迫。這次儀式進行得很順利，最後將啟程時間定在 7 月 16 日。由此可以預見，接踵而至的將是一場陳水扁的新政府（傾向反對與中國統一）和包括國民黨、宋楚瑜剛成立的親民黨在內的反對陣營之間的政治角力戰。同時中國官方——特別是福建省政府——也預期到這次直航謁香之旅將具有重要的象徵意義，因而極盡可能地對這次活動表示歡迎之意，雖然這是帶有附加條件的（比方說，這次謁香只能使用中國或香港船隻作為運輸工具）。但代表台灣官方立場的大陸事務委員會卻從中作梗，陸委會指出台灣、中國間的直航法規尚未通過，他們也沒有辦法保證參與謁香者的安全與權益。至於陳水扁則企圖說服台灣百姓：直航謁香只是中國的統戰手法。最後鎮瀾宮屈服於現狀，選擇了繞經香港的慣常路線。表面上看來，這似乎是民進黨的一次勝利，但地方廟宇的代表人物們仍享有足以迫使新政府改變其政策的全國性影響力。

　　自從 2001 年 1 月開放金門、馬祖與福建省廈門、馬尾間的「小三通」後，情勢就出現了些許變化。2002 年 10 月 2 日，一支龐大的台灣進香團從高雄出發，取道金門直接前往中國。其成員由來自 10 間廟宇的 426 位媽祖信徒代表所共同組成，這也是自從金—廈航線開通以來規模最大的朝聖團體。未來，很可能還會有更多類似這樣的活動出現。

地方宗教與司法體系[42]

　　神判儀式——尤其在掌管陰間的神祇見證下所作的誓約和控訴——是另一個關於某些廟宇如何橋接官方與社會鴻溝的極佳例證。長久以來，這種在神明面前發誓的儀式早在競選活動中佔有相當的重要性。在一些案例裡，被指控說謊或買票的候選人會在廟裡斬下活雞的頭獻給陰間的神明，以示自己的清白。[43]斬雞頭現今在台灣並不常見，主要是由於動物權益團體向常被當作儀式場地的廟方施壓，以及一般人對於流血場面的反感。然而，斬雞頭儀式偶爾會在地方政治活動中被當成一種隱喻。例如，當宋楚瑜在總統大選中被指控做了壞事，一幅刊載在報紙上的政治漫畫就描繪他為了強調自身清白而表演斬雞頭儀式。[44]不斬雞頭、單純在地方上的公廟裡立誓，至今仍然被用來作為解決紛爭以及維護政治形象的手段之一。比如顏清標被控告勒索與謀殺未遂時，他就曾在鎮瀾宮裡發誓宣稱自己的清白。[45]

　　告陰狀是一種至少已有千年以上歷史的古老儀式，至今仍持續在台灣流行不輟，或許這在某個程度上是因為對現行司法體制的不滿。比方說，新莊地藏庵（台北縣一座香火鼎盛的寺廟）兼祀地藏王菩薩和掌管無主孤魂的大眾爺，平均每年都有超過 3,000 人到這座廟裡具狀控告（放告）那些被他們認為欺凌自己的人。也許這座廟裡最知名的放告案例，是電視演員白冰冰控告綁架和虐殺她女兒白曉燕的三個匪徒。當時，地藏庵管理委員會的成員們十分關切地追蹤這個案子，每當名單上的犯人被逮捕或正法的時候，他們就在警方通緝海報的相片上畫叉。當地的警察和檢察官也會到這座廟裡焚香與或放告，以求解決難辦的罪案。例如，某件拖延了好幾個月都無法突破的重大銀行搶案，在警政首長前往

[42]關於神判儀式的重要性，參 Paul R. Katz, "Divine Justice: Chicken-beheading Rituals in Japanese Occupation Taiwan and their Historical Antecedents," 收入王秋桂、莊英章、陳中民主編，《社會、民族與文化展演國際研討會論文集》（台北：漢學研究中心，2001），頁 111-160。

[43]參李亦園〈斬雞頭〉，收入《師徒、神話與其他》（台北：正中，1983）。

[44]《自由時報》1999 年 12 月 18 日，版 15。

[45]《中國時報》2001 年 4 月 30 日，版 6。

地藏庵祭拜後，搶案嫌犯隨即落網。在另一個案例中，有一名原本拒絕招供的縱火疑犯被檢察官帶到地藏庵裡向大眾爺放告，最後終於坦承犯案。

學界在地方宗教領域的研究概況

　　如同官方的轉變，台灣的知識份子也開始改變他們對於地方宗教信仰的守舊態度，在此時的絕大多數文章裡都對宗教採取較為正面的看法。尤其從過去十年所出版的具體研究成果中，我們可以發現戰後台灣宗教的重要性已日漸受到重視。林美容所編的《台灣民間信仰研究書目》是目前所見資料蒐羅最廣泛的研究書目，而 Laurence G. Thompson 的 *Chinese Religions: Publications in Western Languages* 則提供了較完整的西方研究資訊。[46]另外，張珣、江燦騰和 Randall Nadeau 也對該領域的田野調查資料作了詳盡的研究回顧。[47]焦大衛和余光弘的文章都對戰後台灣的宗教發展有相當精闢的分析，柯若樸、周文廣主編的《戰後台灣宗教》一書也收入了許多相關的論文。[48]

　　社會學者方面——特別是瞿海源所領導的中研院社科所團隊——已經對台灣的宗教儀俗作了相當完整而具體的研究。[49]他們最近以 2,333

---

[46]參林美容編，《台灣民間信仰研究書目（增訂版）》（南港：中央研究院民族學研究所，1997）。The Association of Asian Studies 已出版了 Thompson 的三冊書目，第一冊收錄 1980 年以前的部份，第二冊涵蓋 1981 到 1990 年之間，與 Gary Seaman 合編的第三冊則為 1991 至 1995 年之間。

[47]參張珣，〈光復後台灣人類學漢人宗教研究之回顧〉，《中央研究院民族學研究所集刊》81 期，1996，頁 163-215；江燦騰、張珣主編，《當代台灣本土宗教研究導論》（台北：南天，2001）；Randall Nadeau and Chang Hsün, "Gods, Ghosts, and Ancestors: Religious Studies and the Question of Taiwanese Identity," in Philip A. Clart and Charles B. Jones, eds., *Religion in Postwar Taiwan* (Honolulu: University of Hawaii Press, 2003), pp. 280-299.

[48]參 Jordan, "Changes in Postwar Taiwan and their Impact on the Popular Practice of Religion"; 余光弘，〈台灣地區民間宗教的發展：寺廟調查資料之分析〉，《中央研究院民族學研究所集刊》，53 期，1983，頁 67-103；Philip A. Clart and Charles B. Jones, eds., *Religion in Modern Taiwan: Tradition and Innovation in a Changing Society* (Honolulu: University of Hawaii Press, 2003).

[49]參瞿海源，〈台灣地區民眾的宗教信仰與宗教態度〉，收入楊國樞、瞿海源主編，《變遷中的台灣社會》（南港：中央研究院民族學研究所，1988），頁 239-276。

份問卷為基礎所作的研究成果，對現今台灣的宗教信仰和習俗提供了相當寶貴的資料。例如，這些資料指出不論在教派宗教或居士佛教運動中，都普遍存在著誦經、吐納、冥想等修持方法。其他重要課題還包括都市化和城鄉人口流動對宗教信仰的影響，以及寺廟、宗教運動的慈善捐款形式等等。[50]儘管這裡還有一些研究方法上的問題：比如說道教與民間信仰的分類沒有明確的界線，以及其中 1,851 份問卷是以隨機方式進行調查，而另外 482 份卻交由一些小型宗教運動的領袖們分別向其信眾調查。但無論如何，這些量化資料對許多歷史學者或人類學者都極具參考價值。

　　台灣宗教學會的成立，堪稱是學界在這個領域中向前邁進了關鍵性的一步。台灣宗教學會肇始於 1999 年 4 月 18 日，當時有來自全台灣各學術單位的 37 位教授、學者齊聚於中研院民族所參與創會典禮。在往後兩年中，學會成員從 300 名增加到 445 名，其中包括教師、學生、獨立研究者、宗教專家與宗教團體。儘管在台灣宗教學會成立之前，歷史學、人類學界已經有許多從事宗教研究的台灣學者。但在這段很長的時間裡，宗教研究都不能被視為一門獨立的學科。台灣第一個宗教研究系所是於 1992 年成立的天主教輔仁大學宗教系，其後數年間又有其他十所大學跟進。更近一點來說，國立政治大學於 1999 年也開設了宗教研究所碩士學程。[51]最後，越來越多的台灣學者體認到有必要設立一個宗教研究者的專屬團體，因而才有台灣宗教學會的創立。該學會也企圖藉由廣納各種不同的學科專長，為台灣學界帶來跨領域的宗教研究風氣。此外，學會成員不限於學界，同時也歡迎宗教團體加入。

　　目前，台灣宗教學會持續每個月舉辦演講和專題研討，致力使不同領域背景的研究者能在宗教研究中相互交流。學會也開始出版《台灣宗教研究》期刊，並以《台灣宗教學會通訊》、《台灣宗教學會年會》的形式發表、刊載演講和專題研討的內容，以利於台灣的學者和宗教社群間

---

[50]參「宗教與社會變遷」研討會論文，發表於中央研究院社會科學研究所，2001 年 2 月 23-24 日。特別是頁 17-18、63、87、114、196。

[51]政大宗教所網頁請參 www.religion.nccu.edu.tw。

彼此交換相關訊息和觀念想法。然而，台灣宗教學會並不傾向成為單純由台灣人組成的團體，它同時接納來自包括中國、日本、歐洲、加拿大、美國等其他國家的成員。

　　時下台灣學者們常在文化認同的論辯中提及地方宗教。就像全世界其他地方的認同論辯一樣，這類議論多半圍繞著兩個有顯著區別且界線分明的群體（此處即指中國大陸和台灣人），但認知不同通常離不開情感和信仰的範疇。過去幾年，有些學術論文很明顯地意圖將台灣宗教定義為台灣所獨有的文化現象。這些文章在考察台灣宗教時，大多有意識地將中國排拒在台灣的文化根源之外。這種新的認同意識是否已經獲得廣大台灣民眾的支持，或僅受到少數島內知識份子和政治人物的擁抱，目前尚無定論。不過此類爭議對於學術論述所產生的衝擊是相當值得關注的，現在已經有越來越多的學者試著別闢蹊徑，探討源於中國南方的宗教習俗如何在台灣特殊的歷史狀態下進行調適。但與此同時，這些爭論並未對社會大眾發生多少影響力，地方宗教也沒有因此被分割成兩個不同的社群或亞社群。[52]

結論

　　以上的論述顯示，戰後台灣政府與社會間的關係已進入了一個嶄新的階段，這有一部份必須歸功於政治發展與經濟成長，但也有一部份是地方宗教儀俗在國家層級上的影響力增強所致。如同筆者在文章開頭時所提到的，作為傳統中國地方社群基礎的宗教儀俗不僅游離於國家的控

---

[52] 關於台灣的認同爭議，請參 Thomas B. Gold, "Civil Society and Taiwan's Quest for Identity," in Stevan Harrell and Huang Chün-chieh（黃俊傑）, eds. *Cultural Change in Postwar Taiwan*(Boulder: Westview Press, 1994), pp. 50-53, 59；以及 Alan M. Wachman, *Taiwan: National Identity and Democratization* (Armonk: M.E. Sharpe, 1994)。關於認同爭議如何影響台灣宗教研究，請參 Paul R. Katz, "Morality Books and Taiwanese Identity - The Texts of the Palace of Guidance," *Journal of Chinese Religions*, 27 (1999), pp. 69-92；Katz and Rubinstein, *Religion, Culture, and the Creation of Taiwanese Identities*；Nadeau and Chang, "Gods, Ghosts, and Ancestors"; P. Steven Sangren, "Anthropology and Identity Politics in Taiwan: The Relevance of Local Religion," Fairbank Center Working Papers, Number 15, 1996.

制之外，也一直存在於地方社會裡。然而在今天的台灣，地方宗教儀俗不只是不受官方拘束，而且更進一步地試圖去影響國家政策以迎合所屬社群的需要。不僅信仰和祭典活動大為興盛，地方宗教也和台灣的政治、社會甚至司法領域產生複雜的關連。

　　對研究近代和戰後台灣宗教、社會的學者們來說，下面這些敘述並不值得大驚小怪：廟宇在近代的中國和台灣社會中，長期地被當作最重要的權力競合賽場與公眾場所之一；而且成為地方菁英和政府權力代表們彼此會面，或彰顯、強化他們對地方社會支配權力的主要場合。許多寺廟裡的碑、匾都可以作為幾個世紀來，官方毫不遲疑地支持重要地方廟宇——特別是那些奉祀被納入官方祀典神祇的廟宇——的明證。透過這種方式，官方的代理人和地方菁英們都成為支持地方宗教儀俗的既得利益者。雖然他們的目標可能不同（官方對於控制有較濃厚的興趣，而菁英們則努力提高自身的權力和正統性），卻都體認到廟宇作為政權和民間交流互動的重要公眾空間，具有其不容忽視的地位。[53]在現今的台灣，民主化的結果增強了地方勢力的重要性，也促使官方的代理人在汲取地方資源時——特別是類似寺廟這種關鍵性的公眾空間——必須更具前瞻性。也許類似的過程也會發生在中國。丁荷生（Kenneth Dean）關於這個特殊課題的研究指出，中國東南地區的地方社會正重拾其自主性，而廟宇網絡也在社會服務和人力動員的功能上，再次扮演第二政府的角色。在中國、台灣和香港，地方宗教儀俗的發展將對國家與社會的互動關係產生何種長遠的影響，尚有待觀察。但這已經向我們揭示了中國的民俗研究目前仍是亟待開展的新工作。如同學者們在台灣、香港持續努力的研究成果，在這片領域裡的每分耕耘所得，未來都將有助於使我們在探究這個問題時，能有更廣、更深的視野。[54]

---

[53] 參 Paul R. Katz, "Temple Cults and the Creation of Hsin-chuang Local Society"，收入湯熙勇主編，《中國海洋發展史論文集（第七輯）》（南港：中央研究院社會科學研究所，1999），頁735-798。另參陳世榮〈清代北桃園的開發與地方社會建構（1683-1895）〉，國立中央大學歷史研究所碩士論文，1999年。

[54] 參 *Ethnography in China Today: A Critical Assessment of Methods and Results*, edited by Daniel L. Overmyer, with the assistance of Chao Shin-yi (Taipei: Yuan-liou Publishing Co., Ltd., 2002).

本文英文版（"Religion and the State in Postwar Taiwan"）初刊登
於 The China Quarterly, 174 (2003), pp. 395-412。後來由王士駿譯
成中文並發表在《從地獄到仙境－漢人民間信仰的多元面貌（康
豹自選集）》（台北：博揚文化事業有限公司，2009），頁 287-312，
收入本書時略作修訂。

噍吧哖事件中的宗教信仰與地方社會

緒言

　　這幾年來，對於所謂的「真相」一直爭執不休。關於戰後臺灣定位等問題，一直有人堅持要還原所有的真相，使臺灣的政治與教育環境陷入空前的混亂。其實，堅持要還原真相根本就是一種不合理的要求，再怎麼努力用功的歷史學家也無法完成此一偉大的目標。這是因為人類歷史中沒有任何一個事件是完整地被記錄下來，即使有最先進高科技的社會也是如此。再者，不只是資料有限，即使是不同的史家也可以（甚至於應該）對於其所接觸的資料有不同的解讀。換句話說，歷史並非客觀存在的事實，它是要被不同的人由不同的出發點和角度來解釋的。時間經過得越久，不但可能發現新的資料，歷史學家乃至整體社會的關懷也會有所不同。因此，一個負責任的歷史學家不應該聲稱他能夠找到真相，反而應該謙遜地說明，他只能夠在有限資料的基礎上，透過謹慎的研究方法，提出合理的假設。如果往後的學者能夠修正或推翻這個假設，那是再好不過的事。

　　面對某一個地方所發動的武裝抗爭，以及政府對於地方社會的鎮壓行動，要找出真相就更加困難了。這是因為統治者往往努力隱藏或消滅對其不利的相關證據，而當時幸運的生存者也通常被嚇得不敢作聲；即使後來改朝換代，隨著時間的過往，他們的記憶有多可靠也是一個大問題。因此，無論是文獻資料也好，口述歷史也好，都有很大的限制。就歷史學家的立場而言，我們只能夠透過殘缺不全的文獻與口述資料，盡可能地說明整個事件爆發的種種原因和經過，並且試圖判斷它對於往後政策的推動與地方社會的影響。日治時期所發生的「噍吧哖事件」，因為事件的規模與影響力都很大，留下不少資料，因此可以作為一個很好的討論案例。

　　發生於西元 1915 年夏天的噍吧哖事件，可以說是日本統治臺灣期

間所發生規模最大的一件武裝抗爭事件。噍吧哖是地名,即今日的臺南縣玉井鄉,此一武裝抗爭事件主要的戰役都發生在此地,所以稱做「噍吧哖事件」。又由於此事件是因余清芳(1879-1915)、羅俊(1854-1915)和江定(1866-1916)等人不滿日本殖民政府,意圖發動武裝抗爭,建立自己的領導政權,因此也稱為「余清芳事件」。余清芳等人常在今日臺南市一個叫做「西來庵」的王爺廟聚會,密謀起事,此事件也被稱為「西來庵事件」。他們原訂在西元 1915 年的陽曆 8 月(農曆 7 月)發動戰爭,但在這一年陽曆 5 月底就為日本殖民政府所覺察,6 月底羅俊被捕,余清芳等核心參與者決定與江定等地方領袖所領導的武裝組織聯合。在此一武裝抗爭事件中,參與抗爭的人雖然遍及臺灣的北、中、南部,但絕大部分的人是住在臺南和高雄山區,而武裝衝突也以這些地區的十五個村庄為主,包括沙仔田、芒仔芒、竹圍、三埔(以上四村位於今臺南縣玉井鄉)、崗仔林、內庄仔庄、左鎮(以上三村位於今臺南縣左鎮鄉)、菁埔寮、中坑、南庄、北寮、竹頭崎(以上五村位於今臺南縣南化鄉),以及阿里關、大邱園、茄苳湖(以上三村位於今高雄縣甲仙鄉)等十五個村庄。就地理環境而言,這些地區地形多為丘陵與高山;以住民的背景來說,1915 年時當地有閩南人、客家人與平埔族共居。平埔族指的是居住在平地的原住民。

　　從 1915 年陽曆 7 月初開始,余清芳和江定發動了一連串的攻擊事件,燒燬許多派出所,殺害數十名日本和臺灣警民。8 月初,日本警察和軍隊反攻,雙方在噍吧哖虎頭山兵鋒交接,余清芳等人不敵日本的機關槍和大砲,死傷慘重。日方軍警隨後在附近村庄,以及余清芳等人逃亡藏匿的山區進行大規模的搜捕行動,燒燬許多民房,並有一些百姓遭到報復性的殺害。8 月 22 日,余清芳被捕,並且在 9 月 23 日被處以死刑。不過,由於江定等人仍然在逃,日本政府為了避免南化地區的村民暗中資助他們,因此一方面派人繼續搜捕,另一方面則將此一地區的大部分居民遷到噍吧哖庄暫住。到了 10 月初,日人更嘗試派遣參與起事者的家眷婦女、兒童,共計一百一十五名,攜帶口糧上山尋找及勸降,但這個方法並沒有任何實際的效果。到 1916 年 4 月,殖民政府才透過

地方人士的交涉，說服江定自首。江定等人於 1916 年 9 月被處以死刑，
噍吧哖事件終告落幕。

　　噍吧哖事件從余清芳等人開始策劃起事，到江定等人被審判處死，
前後約兩年的時間裡，有一千九百五十七位臺灣人被逮捕，其中遭到起
訴的有一千四百八十二人，到 1916 年年底，被判處死刑者高達九百一
十五人，實際上被處以死刑者有一百三十五人，有一部分人則死於監獄
之中。此一事件震撼海內外，著名詩人賴和（1894-1943）在大約 1918
年間所寫的一首漢詩中，對臺灣這塊土地和人民的遭遇有沉痛的描述：

> 臺灣瘴海中，穢氣所凝結，
> 曾聞十年中，九度相喋血。
> 絞臺血濺未嘗乾，有人學甲復揭竿，
> 可憐愚昧不知死，乃把肌骨試鐵彈。
> 皇軍到處紛走死，屍填澗谷野朱殷，
> 婦人縊於樹，背上猶繃子。

　　噍吧哖事件與 1930 年臺灣高山族武裝抗爭的「霧社事件」，是日治
時期臺灣兩個大規模的武裝抗爭事件。高山族是指住在山地的原住民。
若比較這兩個事件，就起事初期所殺害的日本官吏、警員及眷屬人數而
言，噍吧哖事件不及霧社事件之多；不過，無論就事件的持續時間、事
件直接影響的範圍、動員人數、被捕及被判刑人數、死亡人數等方面，
噍吧哖事件皆較霧社事件為多，規模也更大。舉例來說，以起事地點居
民的死亡人數而言，霧社事件的死亡人數大約為九百餘人，而本事件的
死亡人數則高達數千人，包括陣亡、被殺害、被處以死刑、獄中死亡、
以及因生活環境惡化而病死的老弱婦孺等。可惜的是，在知名度方面，
噍吧哖事件卻不及霧社事件，如臺灣的公共電視臺在 2004 年 2 月 9 日
推出一齣名為「風中緋櫻」的連續劇，就是敘述霧社事件。無論是報紙
或電視媒體對這兩個事件的報導與關注也有天壤之別，無怪乎臺灣一般
民眾普遍對噍吧哖事件感到陌生。若追究其中的原因，則不能不歸之於
歷來學界及一般民眾對於本事件沒有完整的認識與了解。

　　截至目前為止，已經有不少學者研究過噍吧哖事件，如程大學、池田敏雄、陳錦忠、林瑞明、周宗賢、王見川、涂順從等人，他們的研究多集中於參與抗爭者的民族意識和抗日精神，余清芳等人的宗教信仰，或將參與者視為土匪之類的烏合之眾看待，或將之視為充滿理想的革命烈士、民族英雄而給予極高評價，而很少有學者真正設身處地地站在參與者的立場以及其所處的環境，去理解這些民眾參與起義的真正原因。另外，對於引起此一事件發生的社會、經濟因素，也少有人注意。又，雖然學者不斷提及日本軍警在山區進行的「大屠殺」，但至今沒有人對於死者的總數、性別、年齡等問題，做過完整的量化分析。因此，我們可以說，經歷過噍吧哖事件的民眾以及他們的後代確實經歷了雙重的悲劇：第一個悲劇是他們在此事件中所遭受到的苦楚，第二個悲劇則是他們悲慘的經歷還沒有完全被正確解讀的辛酸。

　　我主要是從社會史的角度來探討噍吧哖事件，以事件發生地臺南、高雄山區為主要的研究範圍。我曾獲得國科會兩次補助，以進行噍吧哖事件的研究，利用日治時期的地方志、檔案、統計書、戶籍資料、報紙、回憶錄等資料，重新建構事件發生時當地的社會結構與經濟體系，並且從這個角度去理解及詮釋日本殖民政策如強制徵收或沒收土地等，對當地居民所造成的衝擊。此外，我也透過上述史料探討地方人士招募參與者的過程，以及他們所實行的吃素、立誓、祭旗等宗教儀式，並且詳查參與者的動機。除了注意事件的前因後果之外，也探討本事件對於地方社會結構與經濟體系所造成的衝擊與影響。整體來說，本書係透過個案研究探討日本殖民政府的政策對臺灣地方社會所造成的衝擊和一般民眾對此的反應，以突顯出在世界殖民史中，臺灣殖民史與社會史所代表的意義。

　　噍吧哖事件長年以來卻一直處於被遺忘及漠視的境地；即使在事件發生地，也是一樣。我在研究此一事件的前後兩年間，曾到當地進行田野調查十多次，在訪查的過程中，發現各村庄民眾對於噍吧哖事件的評價和立場，有很大分歧，他們並不是一面倒地認同或支持這場武裝抗爭的參與者。同時，對於許多當地村民、甚至參與者的後代，對此事件的

印象多為模糊或片面了解的情況。我研究噍吧哖事件的動機，是想使大家能夠真正認清本事件的經過和它的意義所在，並且喚起臺灣民眾對本土歷史文化的關懷。

殖民政策與地方社會

　　臺灣是日本的第一個殖民地。日本能夠贏得 1894-1895 年的甲午戰爭，並透過 1895 年的《馬關條約》得到臺灣，代表它經過明治維新之後，已經發展成世界的強國之一。不過，日本政府剛開始統治臺灣時，對於如何治理這個寶島似乎毫無頭緒。雖然很快就成立了總督府，並任命樺山資紀（1837-1922）為臺灣的第一任武官總督，但是殖民政府難以應付一連串的武裝抗爭事件。另外，當時的傳染病（如鼠疫）無論是對統治者或被統治者，都有相當嚴重的殺傷力。一直到 1898-1906 年間，第四任總督兒玉源太郎（1852-1906）任內，臺灣才開始較為穩定和繁榮。為了有效地控制臺灣，並且充分利用它的資源，兒玉源太郎以及民政長官後藤新平（1857-1929）採取了「軟硬兼施」策略，一方面透過頒發紳章、舉行揚文會、廢除大租等手段拉攏臺灣的領導階層，另一方面透過《六三法》、《匪徒刑罰令》、保甲制度等政策對付反對殖民政府的勢力，同時也積極試圖支配糖、樟腦等主要資源。

　　上述政策對於生活在日治初期的臺灣人究竟有什麼影響？為了回答這個問題，我們必須在地方菁英與一般民眾之間做一點區分。就地方菁英而言，雖然在割臺之後有不少有功名的士紳遷移到中國去，但也有不少有錢有勢的商人如辜顯榮等，以及大地主如板橋林家、霧峰林家等留下來，他們甚至和臺灣的新統治者合作。同時，由於日本統治臺灣的前十年間武裝抗爭及傳染病一再地發生，所以願意到臺灣來任職或做生意的日本人並不多。例如在糖業方面，最初受到赤糖價格低迷與臺灣農民對新統治者不信任等因素的影響，日本資本家沒有預期的投資。因此之故，從 1895 年起到 1900 年代初期為止，殖民政府只好跟留下來的本土地方菁英合作，如在糖業方面以臺灣地主階層為中心逐漸展開改良政

策，或者是讓部分地方菁英享有專賣鴉片、樟腦或鹽的執照。這些地方菁英中，也有不少人在日本殖民政府中任職，如下面即將介紹的江定和張阿賽都當過區長、蘇有志當過廳參事（類似今日的祕書）等。雖然這些官職遠不如日本人所擔任的官職重要，但是臺灣的地方菁英仍然能夠透過任官取得影響力及累積象徵資本（symbolic capital）。

不過，上述情形到了 1900 年代後期時，開始有重大的轉變。在經濟方面，日本在 1904-1905 年的日俄戰爭獲得勝利之後，日本國內糖業資本在受到股票熱、砂糖稅制有利臺灣赤糖，與臺灣總督府改變糖業獎勵方針等幾個因素的影響之下，爭相對臺灣糖業進行投資。面對日本國內資本的投入，臺灣人資本受制於「六三法體制」對純粹臺資商業組織的限制，只好固守改良糖廍，而有「後退」的現象。在官場方面，越來越多的日本人願意到臺灣來任官，再加上殖民政府已經能夠從受過日式教育的年輕人中選擇一批新的官員，所以傳統地方菁英取得官位的機會越來越少。面對經濟和政治方面的「雙殺」，有不少地方菁英開始對殖民政府產生反感，這樣的情緒到了 1910 年代就開始爆發，噍吧哖事件就是一個非常明顯的例子。

對於一般民眾來說，上述的殖民政策無疑地帶來了相對的安定與繁榮，但是對於住在比較邊陲地區的老百姓來說，這些政策所增加的負擔比帶來的好處還要來得多。以噍吧哖事件為例，它的性質在某種程度上是抗議土地被徵收的武裝起義，而參與此事件者的主要動機也和對糖業與林野相關政策不滿有關。噍吧哖事件發生的村庄都位在靠近中央山脈的山村地帶，這些地區因為沒有良好的灌溉系統，稻作無法像平地農地一般可年收二期；雖然在這些土地上可以栽種甘蔗，但收穫量也不如其他地方多。因此，住民的生活水準相當低，如今日南化鄉居民參與本事件的人數最多，但是在當時的臺南廳內，是負擔稅款的額度最低的地區之一。

因為耕種稻米獲利少，住在今日玉井、左鎮鄉的農民多樂於種植甘蔗，他們所種甘蔗則由噍吧哖附近的臺南製糖廠予以收買。當甘蔗的收購價格低廉時，他地的農民則寧願種植稻米。因此，製糖公司為確保原

料來源不至於缺乏，每年片面地依照米價的動態，標示收購價格，與農民訂立契約。不過，住在玉井、左鎮的農民們因無法改為稻作，即使對製糖公司有所不滿，也只能聽從製糖公司的擺布。

　　至於住在今日南化、甲仙鄉的農民最不滿的是林業政策，原因是他們多依靠森林的相關產品過日子，尤其是樟腦和苧麻。在清朝統治時期，此地的農民基本上可以自由地利用這些資源，關於山林原野只要憑口頭契約，並不另外發地權狀證明其所有權。到了日治時期，這種行之已久的清朝慣例，竟然在一夕之間被否定了，凡是被編入官有的山林原野，一概不得砍伐竹木，也禁止人民開墾。以自 1912 年進行至 1913 年 1 月臺南廳的林野調查為例，總計七萬一千二百二十一甲林地之中，僅有三百零七甲（0.4%）被認定為私有地，領得所有權狀，這個數值遠低於全島的平均值；也就是說，99.6%的林地被殖民政府強行徵收。絕大多數的人因為害怕會被依法嚴懲，所以根本不敢向殖民政府提出任何抗告，根據官廳報告，不服裁定申請異議者僅有二件。

　　在農民的經濟利益被殖民政府強勢奪取之時，他們也遭遇到天然的災害。自 1911 年至 1914 年（噍吧哖事件發生前一年）數年之中，臺灣遭遇到六十年來罕有的強烈颱風侵襲，甘蔗的種植先是受到風災的影響，禍不單行，第二年又發生病蟲害，連續耕作導致的地利衰退也越形顯著，生產量大為減少。再加上米價暴漲，致使上述地區的農民越加陷入窮苦的境地。因此，當余清芳和江定等地方菁英以千禧年信仰預測日本殖民統治即將結束、新的救世主就要出現的說法勸說農民時，他們很容易地就被說服了。在噍吧哖事件落幕以後，殖民政府似乎也體會到在政策方面的缺失，根據 1915 年 8 月底的一份新聞報導，將噍吧哖事件爆發的原因歸咎於殖民政府以下六項的苛政：

　　1.各種稅賦繁重，人民不堪苛徵。

　　2.日人傲慢，蔑視臺民，動輒叱罵。

　　3.警察蠻橫，不分良莠，俱加施虐。

　　4.培植「製糖會社」（日營糖廠），霸占農業。

　　5.實行林野調查，沒收臺民私有林野。

6.不予臺民高等教育機會，企圖奴化、愚化臺民。

在上面六項之中，除了第二項之外，都與前面所敘述的政策有關。除此之外，在許多被捕的參與者的口供中也反映出這些事實。如有一個人的口供抱怨：「清國政府時代可自由伐採山林樹木，或吸食鴉片，均不受處分，進入日本政府時代稅捐、課役等義務及負擔甚重。」也有不少參加者期待反抗勝利之後能夠享受到各式各樣的好處，得享山林之利，有一個人描述：「成功之後，以其功勞之多寡，割賞山林田園，俾得安樂過日。」根據另外一人的說法是因為希望成功之後可以免稅而參與此事的：「倘建立革命政府則得免稅，因而入黨。」由此可見，日本殖民政策對於比較邊陲地區的老百姓帶來相當的衝擊。

在此必須說明，前面所敘述的殖民政策的實行遍及全臺灣，因此，我們要問：既然如此，為什麼只有在臺南縣和高雄縣的山區發生這麼大規模的武裝抗爭？為了回答這個問題，必須從以下幾個方面來理解，即領導人物的個性與特徵、整個事件動員過程的特色，以及相關的宗教信仰與實踐。

事件領導人物的因緣際會

假如我們要進一步理解噍吧哖事件發生的原因，應該要注意到余清芳、羅俊等領導人物的生平際遇。可惜的是，有關的資料大部分來自於這些人及他們的班底在失敗之後被審訊過程中的口供，而因殖民政府在拷問噍吧哖事件嫌疑犯時有用到刑求，再加上被抓的人往往想避重就輕以脫刑責，所以要把所謂的「真相」找出來就不是一件容易的事。不過，我們透過這些口供的檔案、配合當時報紙的內容，和事後生存者的訪談，對於上述領導人物的個性與特徵，可以得到一個基本的認識。

余清芳

余清芳有好幾個別號：余清風、余滄浪、余春清、徐清風，一般都

稱呼他為「余先生」。他有這麼多別號，可能是為了隱藏自己的身分。
余清芳是高雄縣路竹鄉人，生於西元 1879 年，父親的名字叫做余蝦，
母親名余洪氏好，都是閩南人。余清芳幼年就很聰明，在六、七歲時曾
入私塾讀書，但在十二、十三歲時，因父親過世、家中貧困，所以中途
輟學。他先是到臺南廳左營庄曾紹房的米店當幫傭，後來又轉到林姓雜
貨舖工作，以奉養寡母。

　　在許多有關余清芳的研究著作中，經常強調他從 1895 年就「懷著
亡國之恨，毅然投身武裝抗日的行列」，事實上，從他的一些行事來看，
和上述描述有相當大的差異。舉例來說，在 1890 年代後期，他曾經利
用晚上的時間進修過日語，並且在 1899 年 7 月擔任臺南縣巡查補的職
位，也就是說，他曾在殖民政府中擔任一項職位。他之所以這樣做或許
是為了孝敬母親，因此隱藏自己的情感，但是也不能排除這是他為自己
的未來做人生規劃的可能性。究竟那一種才是事實，恐怕永遠是一個謎
團。不過，從以下的事件中可以看出余清芳似乎並不是一個非常可靠的
人物，他擔任臺南縣巡查補才一年，就因涉嫌詐欺而被解職。到了 1902
年，他又復職，擔任鳳山縣巡查補，但在此二年之後，他又因受行政告
誡而辭去職務。在此之後，他到臺南縣關廟鄉關帝廟區役所擔任書記雜
職。整體來講，余清芳一生遇到不少挫折，這或許可以解釋他被捕之後
的照片中既疲倦又落魄的樣貌。

　　余清芳的人格特質之一是他的宗教信仰。在 1904 年前後，他就開
始經常出入臺南、高雄等地區的齋堂與鸞堂，學會了如何扶乩（扶鸞）。
雖然許多學者認為余清芳「有意無意地將抗日情緒宣達在神佛旨意
上……借宗教的無形教義，提升會友的抗日意識」，不過他早期所參與
的宗教活動似乎沒有明顯的抗日色彩。直到 1908 年，他加入了臺南開
元寺一位出家人以及嘉義、臺南地方菁英所創立的「二十八宿會」之後，
這種情形開始有了轉變。就性質上來說，二十八宿會比較接近所謂的「祕
密社會」，它的目的是為了推翻日本殖民政權，同時具有非常濃厚的千
禧年與救世主信仰，也重視「符法」即透過吃齋等修行培養操作護身符
的特異功能。這些信仰與實踐在噍吧哖事件的動員過程中都扮演了重要

的角色。

　　雖然創辦二十八宿會的人有意發動武裝抗爭，但是他們的動員能力好像不太強。1909 年 1 月，日本警察偵破該會，余清芳等人因為沒有採取實際行動，所以沒有依《匪徒刑罰令》被判處極刑，而以「流浪漢」的罪名，被押送到臺東流浪漢收容所管訓。在管訓期間，他因為表現良好，所以在 1911 年 10 月被釋放返回家鄉。回到家鄉的余清芳先在岡山一家日本保險信託代理店工作，擔任保險勸誘員（即保險業務）。他個性豪爽，喜歡交朋友，見識廣闊，所以很適合這種工作。可惜這種安定的日子並沒有維持很久，兩年後，他的老闆就去世了，他也就離開這個工作，開始自立門戶，在岡山開了一家販賣酒類的專賣店。不過，由於專賣店生意清淡，余清芳只好在 1914 年到臺南府城，以「邱九」的名義開設「福春碾米廠」。這是他人生中的一個轉捩點。到了臺南之後，他經常到碾米廠附近的著名廟宇西來庵去拜拜，也認識了後來和他一起策劃噍吧哖事件的「哥哥」：大目降（今臺南縣新化鎮）富豪蘇有志（1863-1915），以及在大潭庄（今臺南縣歸仁鄉）頗有聲望的鄭利記（1870-1915）。他們和一些府城的地方菁英如臺南市舉人王藍石（1853-?）、著名出版商盧乙（1867-?）等人，經常在西來庵舉行扶乩儀式，並且印了一本名為《警心篇》的善書。

　　余清芳自從和蘇有志、鄭利記相識之後，三人逐漸開始籌劃伺機發動武裝抗爭。至於他們的動機是什麼，始終不是很清楚。余清芳雖然學過日語，也替日本人做過事，但是一直很不順利，甚至於還被監禁管訓。蘇有志的父親蘇振芳是一個白手起家的富商，他有三個兒子，蘇有志排行第三，所以被人稱呼為「三頭」。由於蘇有志善於經商，名聲也不錯，所以殖民政府聘請他做「臺南廳參事」。1911 年，蘇有志招集碾米業者共同創立規模宏大的米穀公司，做米穀的外銷生意。這個米穀公司的工廠每天可生產每包一百五十公斤的糙米一百餘包，蘇有志又經營得法，而成為臺南廳數一數二的大商人。在此之後，他又和日本商人合夥經商，因不諳股票的操盤，終於吃了大虧，也有人說他是被騙的。不管如何，蘇有志因為負債，不得已將所有田園變賣，以償還債務，這應該是

種下他對日人反感的主要原由。在此之後，他的興趣轉移到宗教事務，開始參加西來庵的扶乩儀式，也成為正鸞生。

鄭利記曾經擔任區長的公職，後來因私事而離職。1910 年間，他到了臺南市而成為西來庵的主要信徒，做了副鸞生。鄭利記和蘇有志同為西來庵董事，二人又是好朋友，蘇有志拉鄭利記結成同盟，要他負責會計、出納方面的工作，他們在西來庵和余清芳共同形成另類鐵三角。不久之後，他們又透過余清芳的朋友張重三（1873-1915）認識了另一位關鍵人物，即志同道合的羅俊。

羅俊

羅俊和余清芳一樣，有很多的名字，包括：羅壁、羅秀、羅俊江、賴秀、賴乘等，這可能也是為了隱藏身分的緣故。羅俊的祖先不知在什麼時候遷移到臺灣，他則出生在今日的雲林縣虎尾、斗南一帶。他有上列不同的名字，那麼他的本姓到底是羅或是賴？根據各項資料，可以得知他的祖先本姓羅，他自己則是姓賴；小時候叫做賴秀，學名叫賴俊卿，長大成年以後，幾乎都以「羅」為姓。羅俊小時候家境不錯，他和余清芳一樣，曾經在私塾就讀，據說他非常聰穎，有很強的記憶力。他曾經參加科舉考試，但沒有得到任何功名，所以就在家鄉開私塾教授學生。羅俊興趣廣泛，對中國傳統醫、巫、卜、算方面的學問都下過功夫，算得上是多才多藝。他曾學過算命和風水，更與他的姪兒合夥開了一家中藥舖，同時自己也掛牌行醫。日治初期，羅俊曾經在日本殖民政府中任職，被聘為保良局書記。不過，因保良局很快就被裁撤了，羅俊便再度經營中藥舖，不僅行醫，也幫人看風水，他在這方面還真闖出一片天，頗有名聲，因此附近鄉鎮的人多來延請他去看風水。

根據我們目前所能夠看到的史料顯示，1900 年羅俊加入武裝抗爭活動的行列，不過，他到底因為什麼緣故而投身抗爭，則不清楚。抗爭活動失敗之後，他曾偷渡至中國，仍然重操他在臺灣的本業，以行醫、卜命、看風水來維持生活。之後因身在異鄉無法排遣思鄉的情緒，所以

偷偷地回到家鄉，竟然發現他所朝夕思念家鄉的一切都有巨大的改變。不僅他的三個兒子都去世了，妻子也改嫁他人，而他在偷渡中國以前的產業，都被他的姪兒們霸占，他可以說是家、業兩方面都一無所有了。在極端失望和百般無奈之餘，羅俊只好再偷渡到中國，先是到各地雲遊，後來落腳在福建省，隱居在山上的一座寺廟中，吃齋念佛，似乎有超脫人世的意向。他就這樣地過了好幾年，1914 年 8 月，有一位姓陳的臺南人偷渡到廈門來尋訪羅俊，告訴他余清芳正在籌備武裝抗爭的消息，同時勸他返回臺灣參與此事。羅俊被他說動了，在這一年的 9 月，他先派遣自己的心腹鄭龍偷渡臺灣，到今日彰化縣員林鎮去找他的好友賴冰，告訴他抗爭的計畫，而得到賴冰的同意參與。經過賴冰的安排打點，他的兩位老朋友包括住在今日雲林縣西螺鎮的賴成、和住在今日彰化縣黃厝村的賴楚，二人各出了五十圓，共計一百圓，給羅俊作為返臺的旅費。這一年的 12 月 16 日，羅俊以「齋友」的身分，和幾位精通符法的中國人士一同從廈門出發來臺，在淡水登陸，這個時候，羅俊已經是一位六十一歲的老人了。他回到臺灣之後，並沒有馬上和余清芳碰面，而是先去彰化拜訪賴冰，並且在當地和賴淵國、賴楚、賴宜、賴成等人會面，宣說抗爭的計畫，得到他們的認同，都願意參與推翻日本殖民政權的計畫。

在此之後不到一個月的時間，1915 年 1 月 9 日，羅俊又以「到中國取得符簿和迎請具有法力的和尚、紅髮姑到臺灣」作為理由，再度前往廈門，找來了另外一批中國人士，並且在 1915 年 2 月 3 日回到臺灣。余清芳聽說羅俊回到臺灣的消息，便派遣他的親信張重三到彰化去見羅俊，詳細地告知有關余清芳個人的種種訊息，包括生平、個性、抱負等等，同時邀請羅俊及他的親信前往臺南市福春碾米廠內秘室，共同商談攜手抗爭的計畫。余、羅會面相議之後，做了以下的決定：第一，武裝抗爭行動在臺灣南、北兩地同時展開，相互呼應；南部由余清芳負責，中、北部則由羅俊指揮。兩人在各地積極招募義士加入抗爭大事。第二，利用西來庵修繕廟宇、建醮時，籌募義軍資金，凡是捐款贊助的人，都發給他們「神符」作為憑證；並請他們再向親朋好友勸募。至於抗爭「大

事」所需要的武器要如何弄到手、參與者要如何訓練等問題，他們似乎沒有詳細規劃。

羅俊是一位虔誠的神佛信徒，因此逃亡期間，身上帶有數種祈禱文，其中一種上面有「某某進退兩難，無計可施。今審設壇……志心載禮，虔誦經咒，求覺妙法。伏求玉皇上帝，敕令眾仙、祖佛、祖神聖降臨現身指教，傳授妙法」等字眼。不過，羅俊再怎麼虔誠，也難逃日本殖民政府撒下的天羅地網。不久之後，臺南廳接到密報，指出有一個面貌酷似羅俊的人，正帶著二人往大目降（今臺南縣新化鎮）方向走，臺南廳馬上電請嘉義廳派遣大批日警緝捕。在 1915 年 6 月 29 日清晨，日方在嘉義廳竹頭崎庄的尖山森林中捕獲羅俊，同時被捕的還有賴宜。羅俊被捕時，曾經猛烈地抵抗，甚至於咬斷了一名警員的拇指，最後寡不敵眾，只好束手就擒。

招募的過程與成員

如果要了解噍吧哖事件的動員情形，《余清芳抗日革命案全檔》（以下簡稱《全檔》）有相當詳細的資料可供參考；因為該檔案不僅有一千五百八十四名參與起事者的個人資料，同時對一千三百九十三名參與者的招募過程有相當完整的記載，包括招募者的姓名等基本資料、被招募的日期、以及入會儀式的簡單描述。從《全檔》的資料看來，雖然過去研究此一事件的學者強調余清芳一直想要推翻日本殖民政權，但是噍吧哖事件招募成員的行動則是到 1914 年後半年才真正開始。在 1914 年 7 月之前，僅有五十四人加入，到了這一年年底，參與者也不過二百零六名而已。這些人大多數住在今日的臺南縣市，他們大都是余清芳本人招募的，由此可見，在 1914 年這一年的動員情形並不積極，招募成員的網路也尚未建立起來。到了 1915 年就不同了，共有一千一百八十七名參與者加入，而在 2 月到 5 月間短短四個月內，就迅速吸收了五百四十七人的加入。另外一波動員的高峰是 1915 年 8 月初，余清芳與江定在今日左鎮、南化地區成功地攻下好幾個派出所，當地居民似乎認為天命

真正要改變，因此有三百四十三人立刻加入余清芳的起義。不過，也有人強調，其實不少村民是被這些「土匪」強迫加入的。

　　有關這些參與者的基本資料，《全檔》也提供了許多珍貴的訊息。如在參與者的職業方面，在一千三百八十四名有職業記錄的參與者中，共有一千二百四十六名（90%）的職業是農民，有三十三名苦力（2.3%），十二名雜貨商（0.8%），以及五名米商（0.3%）。因為參與噍吧哖事件的地區以農村為主，所以上述的比例並不令人感到意外。不過，有一點必須注意的，就是這些「農民」並不全都是佃農，其中也包括自由農和地主，甚至有十二名保正、六名甲長、四名區長和一名保甲書記。

　　在年齡層方面，大部分參與者為二十到五十歲之間。另外，這些男性大部分是長子，許多人已經結婚生子，換句話說，這些人並非刻板印象中比較容易參加民變的「羅漢腳」（單身漢）。

　　就性別來說，只有四十名女性，其他都是男性。而在四十名女性參與者中，只有八名被起訴，其他三十二名全被釋放，但是被起訴的女性一律被判處九年的有期徒刑。根據這些女性的口供顯示，她們似乎沒有什麼特別的「革命思想」，反而是對「千禧年信仰」以及對於生計的關懷比較濃厚。如南投參與者陳石頭的母親認為：新政府成立以後，負擔較輕，而且可免稅。南投參與者吳氏蒙被偵訊時，認為此事的領導者是仙人，祂只要將手中的寶劍輕輕一揮，就可將敵人殺盡。因為有了這把寶劍，所以必定會獲得勝利。至於林氏金蓮的口供中，則提到吳氏蒙到她家，告訴她 7 月會有天災的預言，如果領有神符，吃齋、修行，不但可以避免災難，在新政府成立後，還可以享有比現在更多的好處。她聽了很心動，所以答應要買神符。

　　《全檔》中雖然沒有註明參與者的族群別，不過，有五十五名參與者姓潘，應該都是平埔族原住民。此外，也有二名參與者姓月、一名參與者姓車，這些人也應該都是平埔族。又，大邱園庄和茄苳湖庄（今甲仙鄉）的二十五名姓劉的參與者、十二名姓金的參與者，以及二名姓游的參與者也應該都是平埔族。這是因為這兩個村庄的人口結構相當特殊，70%以上的村民為平埔族人；閩、客籍村民姓氏雖多，惟多為個人

或少數幾位同姓家人而已。另外也有一些住在河表湖（今高雄縣三民鄉）與六龜里（今高雄縣六龜鄉）的高山族原住民也參與過當時的戰鬥過程，但是這些原住民的資料並未包括在《全檔》中。這些原住民可能包括布農族和魯凱族，以及鄒族、曹族。

就一千五百八十四名參與起事者的地理分布而言，雖然羅俊從中國招募了一些人，但事件爆發後大部分都逃之夭夭，只有二名被抓。此外，羅俊也透過他在北部和中部的朋友，在臺北廳共招募了二十四名參與者，大都是商人，又在臺中廳招募了四十一人。南投廳方面，游榮、李火見和李火生共招募了五十九名參與者。上述一百多人中，並未參加嘷吧哖事件的戰鬥過程。

相對來說，南部的動員過程相當積極而有效率，值得注意的是，雖然余清芳以臺南市的西來庵為主要基地，但是只有十六名參與者住在臺南市，包括前面談到的蘇有志、鄭利記、王藍石、盧乙等地方菁英，這些人雖然招募了許多參與者，但是他們的動員範圍卻以臺南廳跟阿緱廳（今臺南縣和高雄縣）為主。由於余清芳、蘇有志成功地與江定等人的地方勢力結合，所以在短短幾個月內就在臺南廳和阿緱廳招募了一千二百七十一名參與者，其中的一千零五名來自於臺南廳跟阿緱廳的十五個村庄（臺南廳村庄的參與者共八百一十七名；阿緱廳的參與者共一百八十八名）。事實上，十五個村庄的參與者應該比這個數字多，因為光是8月初的戰鬥過程中，就有二百多名村民陣亡，8月中到年底間，也有數百名村民被殺害或因環境惡化而病逝，逃逸的村民人數更是無法計算。

為什麼在這十五個村庄的動員過程特別順利呢？其中一個重要的原因是因為江定是當地人，所以享有地利、人和的好處。清治時期以來，十五個村庄的地方菁英雖然包括一些讀書人，但大部分都是「地方頭人」，也就是未必讀了多少書、未能做高官，但是在地方上具有相當影響力的人物。這些地方頭人會因個人利益和政府合作，但有時也為了自己的利益而阻礙政府的政策，因此常常被統治者貼上「土豪劣紳」的標籤。這十五個村庄的地方頭人懂得自我防衛的重要性，也不排除用武力

來解決問題。據傳清治時期，有一天左鎮望族簡家的牛被人偷走了，簡家的家長立刻寫信給隔壁村庄的村長，叫他馬上把牛歸還，否則要發動攻擊，被偷走的牛竟然很快就回來了。

　　為了準備噍吧哖事件的武裝抗爭，江定聯絡了許多原來在十五個村庄中相當有勢力的領導人物。如劉黃（余清芳和江定的重要幕僚和戰略家）在清末和日治初期經營過糖廍，後來因為殖民政策的改變而面臨了破產的危機。此外，如黃旺和張阿賽二人都擔任過區長。江定也積極透過當地保甲制度中的保正與甲長迅速動員這十五個村庄的村民。其中比較重要的人物包括：內庄仔庄的地主和保正嚴朝陽，招募了六十八名新的參與者；阿里關的保正潘春香，招募了五十六名新的參與者，並且籌募一百三十圓，他在戰鬥中擔任隊長。還有沙仔田的保正黃永龍，招募了五十五名新的參與者。中坑的甲長呂丁標，招募了二十二名新的參與者。大邱園的保正林枝發，招募了二十名新的參與者等等。這些保正與甲長雖然名義上是要執行日本殖民政府的政策，但是因為他們是由地方推舉、再由殖民政府認可，因此也代表著地方的勢力。根據 1908 年所編的《南部臺灣紳士錄》，當時臺南廳三百七十八位「紳士」中，有二百四十三位（64.2%）是保正。阿緱廳的情形也很類似，五百零三位「紳士」中，有二百六十八位（53.2%）是保正。因為他們身分特殊，並有殖民政府替他們撐腰，所以在地方的經濟和宗教活動中具有相當的影響力。一旦殖民政策對他們的利益有所損害，他們就能夠積極地招募許多村民抵抗這些對他們不利的政策。

　　余清芳和江定所以能夠在這十五個村庄中順利動員的另外兩個重要原因，一是因為當地的人口結構與文化型態比較特殊，二是當地長期以來有抵抗外來政權的歷史傳統。就以人口結構來說，在噍吧哖事件發生的前五年（1910）與前一年（1914），這十五個村庄的人口數大約維持在一萬九千人左右，其中平埔族人口約占總人口數的 27%，平埔族人口主要分布於沙仔田庄、芒仔芒庄、崗仔林庄、阿里關庄、大邱園庄、茄苳湖庄等村庄，尤其是大邱園庄有超過九成人口為平埔族，崗仔林庄與茄苳湖庄的平埔族人口也占半數以上。因為平埔族人過去基本上很少

對其女子實行纏足，所有根據 1915 年的第二次臨時臺灣戶口調查的統計資料，前述村庄的纏足比例特別低，在崗仔林庄只有 28% 的女性曾經纏足，茄苳湖庄的比例也只有 21%，而阿里關庄和大邱園庄八百零九名女性中，只有二名女性曾經纏足。

這些平埔族屬於所謂的「四社熟番」。一般提到「四社熟番」，指的是大武壠（即所謂大滿族 Taivoan，今臺南縣大內鄉頭社村；有時候也看到以「頭社」取代「大武壠」）、加拔（今臺南縣善化鎮嘉北、嘉南二里）、芒仔芒（今臺南縣玉井鄉三和村、望明村）、霄里（今臺南縣玉井鄉豐里村）等四個平埔族的社。荷蘭時期，他們原來居住在烏山山脈之西麓、曾文溪流域的平原地帶，也就在今日臺南縣玉井、大內二鄉境內。明朝末年，他們的居地被漢人占據，到了清治時期，移民不斷地增加，使得他們不得不向東方山麓曹族四社群住地移動，後來更繼續移至楠梓仙溪沿岸一帶，迫使原來住在此地的曹族（美壠、排剪、搭蠟袷、雁爾四社）退居到荖濃溪上游現居地。清朝中葉之後，他們與漢人雜居，由四社分散成二十九部落。當地漢人非常害怕平埔族女巫的法術，認為她們能夠利用一種叫做「作向」（一說為「放向」）的巫術，來掌控男性的靈魂。一直到今日，當地的平埔族自身的宗教信仰也沒有完全消失，有時也能夠看到祭祀平埔族守護神阿里祖的公廨。

就十五個村庄的民間信仰而言，當地最受歡迎的神明為土地公、玄天上帝和觀世音菩薩。這些神明在臺灣各地的民間信仰中都非常普遍，但是在這個地區比較特別的是祂們同樣受到當地漢人與平埔族的崇拜。如玉井鄉著名供奉玄天上帝的廟宇「北極殿」，創建於 1711 年，它是漢人與平埔族一起前往祭祀的地方公廟（地方人民共同出錢興建的廟宇）。雖然後來由於漢人的大量移入，迫使當地不少平埔族遷移到甲仙，但是這些平埔族透過分香維持與玉井北極殿的關係，並且定期回去拜拜。此外，由一些十九世紀的碑文和匾額可以得知：玉井江家、張家這兩個望族都是北極殿的重要支持者，如前面所提到的張阿賽從 1911 年起就擔任北極殿管理委員會的主任委員。因為寺廟是作為地方權力網路的重要樞紐，所以這些地方菁英往往願意贊助附近的公廟，如南化竹頭

崎的廣澤尊王廟。

　　甲仙主要的地方公廟「震威宮」，也是玄天上帝的聖地。它的創建年代不清楚，但是 1889 及 1911 年的重建碑文顯示，它的信徒涵蓋了當地的漢人和平埔族，多數的贊助者不是姓潘就是姓劉或金。不過，負責 1889 年的重建工程的人是當地武官的隘首羅陳慶，他可能是客家人或平埔族人。他在地方上的影響力似乎不小，先前在 1873 和 1879 年兩次贊助竹頭崎的廣澤尊王廟。1889 年的重建碑文中，有三個參與噍吧哖事件地方領袖的姓名，分別是在此事件前擔任過甲長的潘達、潘丁才，以及在事件前擔任過區長的陳和尚。至於 1911 年的重建碑文中，則提供了更多這方面的訊息，所列出贊助者的名單中包括阿里關的甲長潘春香、劉丁和、金樹發以及吳目。此外，上述的潘丁才也贊助這次的重建工程，可見他是震威宮長久的虔誠信徒。

　　在觀音信仰方面，這個地區最有名的寺廟是內門鄉的紫竹寺，一直到今日，此寺一年一度的廟會仍然是南部山區的重要宗教活動，同時非常特別的一點，是當地的漢人與平埔族會分別組成參與遶境活動的宋江陣。南化鄉的著名寺廟「厚德紫竹寺」，是內門鄉紫竹寺的分廟，首建於十九世紀初期，信徒主要以閩南人為主。

　　由於十五村庄的民間信仰以玄天上帝和觀世音菩薩為主，所以噍吧哖事件前招募成員的入會儀式中，經常是以這兩尊神明作為祭拜的對象。又因當地漢人與平埔族能夠克服族群的隔閡，一起祭祀同一尊守護神，所以要他們團結起來抵抗日本殖民政權，就不是一件很困難的事。

　　左鎮的主要地方公廟供奉的神明為三官大帝，不過，當地比較特殊的是基督教徒相當多。早在 1860 年代，蘇格蘭人馬雅各（Dr. James L. Maxwell, 1836-1921）等長老教會的傳教士開始在左鎮地區傳教，建立了自己的教堂。如崗仔林的平埔族有很大的比例是長老教會的信徒，該處教會成立於 1867 年。英國攝影師和冒險家約翰湯姆生（John Thomson, 1837-1921）於 1870 年代到當地旅行時，估計左鎮的基督教徒人數約為一千人，而且幾乎都是平埔族。這些基督教徒相當的團結，所以參與噍吧哖事件的崗仔林庄村中沒有基督教徒或平埔族。

　　從十五村庄的居民至今仍然流傳的民間故事來看，當地的價值觀和平地並不完全一樣。如玉井鄉北邊有一座海拔約三百公尺的山，因為形狀稍微特殊，官方將它命名為天筆山，但是對居民來說，它較貼切的名稱為「藍鳥山」（陰莖山）。據說藍鳥山純陽之精氣和屬純陰性的山谷潭水（也有人說附近有另一座名為「陰門山」的地標），造成陰陽交合，引起當地少年男女到山上去狂歡。玉皇大帝看到這種景象很生氣，便命令雷公把藍鳥山的「鳥頭」炸掉，附近也有人保存陽具形狀的大石頭，說是藍鳥山的「遺物」，玉井分局後面至今宏偉地站著其中之一。

　　此外，甲仙的老前輩時時會回憶每年元宵節時所舉行的「查某暝」，意即「女人之夜」，傳說元宵節白天甲仙的成年女性會到玉井鄉北極殿去拜廟裡的註生娘娘，回來之後會穿最好看的衣服、吃檳榔及喝酒，最後去找她們喜歡的男人「玩」，包括嘲笑他的性能力，摸他的身體或逼他脫褲子。當地的男人則可以在中秋節夜晚採取報復行動，甚至於有人說日本警察曾經試圖來湊熱鬧。

　　十五村庄的另外一個重要特徵是當地人擅長武術，也不排除用武力來解決問題。前面已經談到簡家失牛威脅隔壁村庄的事情，也提到宋江陣這種武術團體在地方社會的重要性。因此，噍吧哖事件被鎮壓之後，殖民政府所沒收的武器和宋江陣的道具非常類似，應該也不是巧合。雖然清朝政府試圖透過保甲和聯庄制度來維持地方的治安，但是並不能夠有效地治理這個地區。根據十九世紀末地方志《安平縣雜記》的記載，當地地方官一直無法收土地稅，但居民還是會乖乖地向附近的高山族原住民「納租」，以免人頭落地。

　　除此之外，在日本人接手管理這個地區後，流傳著這樣的故事，敘述清代地方官到十五村庄附近巡視時，當地的領袖會出來迎接他，同時送他一個紅包，請他調頭回去，他假如堅持往前走，後果就得自己負責。這個故事是否真實無法得知，但是至少我們可以確定當地居民曾經參加過許多民變，包括朱一貴事件、林爽文事件、許成事件等等，而日治初期許多武裝組織的領導人，如林少貓、方大戇和江定，就是以這個地區作為基地，難怪清代的官方文獻如《臺灣縣輿圖險要說》，將它形容為

「皆險要地，最易藏奸」。清末到過此地區的外國人也對於居民的暴力傾向，留下深刻的印象，如英國海關人員必麒麟（William A. Pickering, 1840-1907）在 1860 年代到這個地區時，特別提到當地小朋友的玩具有玩具槍枝、刀子和弓箭，甚至於會用這些玩具來嚇唬陪伴必麒麟的漢人。日本殖民政府老早知道這個地區不好管理，因而把它稱為「化外之天地」，時常抱怨其居民「頑迷固陋」，拒絕接受日本人所帶來的「文明」。噍吧哖事件發生時，負責搜查行動的警官在他們的報告中也特別強調：「清朝時期各地土匪蜂起，庄民不能安度生活，匪徒夜間侵入庄內擾亂，良民均感到不安。」

　　根據前面的資料顯示，由於十五村庄具有比較特殊的社會結構與文化型態，所以當余清芳和江定努力透過當地地方領袖招募新的參加者時，能夠有很好的成績，再加上余清芳等領導人物所宣傳的千禧年信仰及入會儀式，對於飽受天災之苦的村民來說，相當具有吸引力，使得整個動員過程更加順暢。以下將敘述宗教信仰在噍吧哖事件中所扮演的角色。

西來庵的角色

　　噍吧哖事件又稱「西來庵事件」，由此可知這座廟宇和此事件有密切的關聯。這個事件的領導人物是這個廟宇的信徒，也是廟宇管理委員會的成員，同時也主持扶鸞宗教儀式。因此，在此有必要介紹這座寺廟的發展史。

　　前此的學者往往因為部分參與者的宗教實踐而給西來庵冠上不符其實的名稱。如因為有不少參與者吃齋，所以有學者認為西來庵是「齋堂」，或由於一些參與者擅長於扶乩，因此也有學者說它是「鸞堂」。其實，西來庵既不是齋堂，也不是鸞堂，它是一座瘟神廟。西來庵係分香自臺南市的「白龍庵」，而它是福州白龍庵的分廟，它的主神稱為「五帝」或「五福大帝」，是五瘟使者（五個瘟神）。我們並不清楚福州白龍庵的五帝在什麼時候傳到臺南來，一般認為這個信仰是在清治時期由福

州的班兵帶來的。根據《安平縣雜記》等史料的記載，十九世紀時，最早是在這些班兵的宿舍旁邊蓋了白龍庵這座廟，不久之後，它開始舉辦頗有規模的廟會，這座廟特別以它的八家將團聞名遠近。在這段時間裡，白龍庵也發展出自己的扶乩儀式，但詳細的過程仍然是一個謎。

至於這個事件的主角廟宇西來庵的位址，原來是臺南市亭仔腳街（今青年路）。關於它的創建過程有不少有趣的傳說，有一個故事是說有一批福州商人在樹下「方便」時，把他們的五帝護身符掛在樹上，因此激怒了神明，為了贖罪，只好在這個地方建廟，蓋的廟就是西來庵。另外一個故事則和日本兵有關，因為白龍庵每次舉行扶乩儀式時，都讓駐紮在此庵的日本士兵覺得很吵鬧，所以只好另外蓋一座廟來進行這個儀式，這就是西來庵。不管西來庵是為了什麼原因而興建的，西來庵的香火越來越興旺，卻是一個千真萬確的事實，根據日治時期的報紙《臺灣日日新報》的報導，在二十世紀初期時西來庵廟會的規模已經超過了它的祖廟白龍庵，甚至於西來庵八家將團的名聲也超過了先前名氣響亮的白龍庵八家將團。在香火興盛信徒日益增加的情況下，西來庵就有了擴建計畫，從 1912 到 1914 年，西來庵的管理委員會其中的成員就包括了噍吧哖事件中的領導人物蘇有志、鄭利記和余清芳在內，開始此庵大規模的擴建工程，由於進行工程的緣故，西來庵甚至在 1913 年停辦了一年一度的廟會活動。至 1914 年，西來庵的擴建工程終於順利完工，從西來庵尚未被殖民政府拆除之前所拍的照片，可看出它是一座相當宏偉的廟宇。

過去關於噍吧哖事件的研究中，非常重視西來庵在招募成員過程所扮演的角色。不過，關於這點有不少爭議，如一般認為：余清芳等領導人物為了籌措軍用資金，以「油香費」、或以修繕西來庵廟宇、建醮等名義籌募軍購資金。事實上，大部分的軍購資金並不是來自西來庵信徒的捐獻。此外，因為余清芳等領導人物本來就是此庵的虔誠信徒，他們所勸募的資金確實有部分用來修廟、建醮，而不是全部拿去購買武器。根據留下的檔案資料，可知余清芳等人透過各種管道總共募集了四千圓，其中只有一千七百圓是來自西來庵的宗教活動，而這筆款項中的七

百三十六圓確實用來修繕西來庵的屋頂，其他的九百六十四圓則轉交鄭利記保管。後來這筆錢似乎也沒有用來買武器，因為後來鄭利記被日人逮捕時，他的身上還有八百六十圓。其他領導人物也有類似的情形，如南投的李火見以修繕西來庵廟宇、建醮等名義募集了不少錢，但這些錢並沒有用來買武器，李火見甚至供出他將其中部分的錢挪來為自己償還債務。

　　除了西來庵的經濟力量以外，它的扶乩儀式也非常重要。前面已經提過，余清芳、蘇有志、鄭利記等人都是西來庵的重要信徒，他們經常在廟裡舉行扶乩儀式，同時負責管理西來庵的鸞務，有時也幫忙擔任正鸞生與副鸞生的工作。日本殖民當局一再地指控，余清芳等人透過西來庵的扶乩儀式散播神示，預言 1915 年日本對臺灣的殖民統治一定會結束。然而，在檔案資料中根本找不到任何和此相關的線索，同時西來庵所出版的善書《警心篇》裡根本沒有任何抗日思想。雖然余清芳於 1915 年 8 月在南庄等村庄公布的〈諭告文〉（請參見附錄），具有相當濃厚的抗日意識，但是這個〈諭告文〉並不是透過扶乩而撰寫的，甚至有部分內容係抄自於唐代駱賓王（626-684）的著名文學作品〈代徐敬業討武曌檄〉。不過，扶乩對噍吧哖事件的參與者確實有某種意義，如余清芳等領導人物確實每三、四天在西來庵舉行扶乩儀式，而且余清芳在每次作戰之前都透過扶乩向西來庵的五帝請示，1915 年 8 月 22 日他被日人逮捕時，身上還攜帶著「降筆器」（乩筆）。此外，中部的參與者中也有鸞生如賴格、賴楚、黃天、賴杏等人。

　　噍吧哖事件失敗之後，西來庵因為難脫和此事件的關聯，而於 1915 年 8 月遭到被日本殖民政府拆毀的命運。時至今日，原來西來庵的遺址屬於大同公司所有。原來西來庵的屋頂、柱子等建材被用來重修位於今日臺南市安平路的神興宮（其主神為福德正神），而其供桌、燭臺等物品則送給臺南市的著名聖地嶽帝廟（其主神為東嶽大帝）。此外，五帝的神轎和神像則被送到文廟（孔子廟）燒燬。當地有一句諺語：「余清芳害死王爺公（五帝），王爺公沒保庇，害死蘇阿志（蘇有志），蘇阿志沒仁義，害死鄭阿利（鄭利記）。」另外，在當地還流傳著拆廟時的神

蹟故事，由於西來庵信眾苦苦哀求，因此日本警方表示：只要神轎能夠在三天內自己起動，就可以讓信徒保留廟裡的主神劉府帝君，但日警卻先將神轎圍起來，不讓人靠近。到了第三天，有兩隻狗打架撞到了神轎，神轎果真動起來了，所以劉府帝君的金身才能夠逃過一劫。到了戰後，有熱心的信徒在臺南市正興街重建西來庵，後來因為馬路的拓寬工程，又把此廟移建到正興街的另一頭。近年來，西來庵遷到臺南市大興街，並且有所擴建，成為一座頗具規模的廟宇。在這個新廟裡，供奉著沒有被燒燬的劉府帝君神像，以及其他於戰後所刻的五帝神像，甚至還保存著原來西來庵的兩個石柱。為了紀念嗎吧哖事件，新的西來庵裡還掛著余清芳等人的遺照，廟裡的牆壁上也有描繪嗎吧哖事件的彩色浮雕。

千禧年信仰與入會儀式

　　大部分研究嗎吧哖事件的學者常以「迷信、謠言」等字眼來描述參與者的宗教信仰與實踐，如涂順從在《南瀛抗日誌》裡有以下的敘述：「余清芳的革命以宗教為骨幹，利用迷信迎合民意……在資訊不發達、民智未開的時代裡，藉用迷信、謠言，未嘗不是一種掌控民心的萬靈神符。如果再把迷信、謠言做一妥善的結合，更能如虎添翼。」即使是以客觀的學術立場研究過這個課題的學者，也往往利用「白蓮教」、「天地會」等籠統的名詞來形容它。這是相當可惜的事，因為和嗎吧哖事件有關的宗教信仰與實踐其實相當多元、精彩，包括自明、清時期以來流行的民間教派千禧年信仰與祕密社會入會儀式。

　　首先，讓我們從余清芳等領導人物所擁有的經書談起。根據相關檔案資料，這些人被逮捕時身上帶著下列經書：《高王真經》、《太陽經》、《無極聖帝大洞真經》、《北斗經》、《關帝明聖經》、《志祖師救現劫真經》、《警心篇》。除了《志祖師救現劫真經》之外，這些經書大都沒有什麼明顯的千禧年信仰，至於《警心篇》則是余清芳等人在西來庵用扶乩的方式所寫的善書。過去有不少學者一再地強調余清芳以分送善書作為藉口，時常進出各地的廟宇，宣揚「革命」信念，這樣的看法恐怕需

要重新思考。如 1914 年 11 月及 1915 年 1 月，余清芳、林通水（余清芳的同鄉）、周田（齋教龍華派信徒）等人分別到北臺灣拜訪齋教領袖並且致送經書，試圖藉著這種方式能夠認識龍華派的重要信徒林學周（1884-?）、先天道的領導人黃玉階（1850-1918），但是並沒有成功，據說這是因為當時黃玉階正擔任大稻埕區的區長，工作繁忙的緣故。不過，他們確實見到了龍華派的領導人陳火，並且把他們自西來庵所帶來的《關帝明聖經》、《無極聖帝大洞真經》、《警心篇》等經書送給不少北部重要的齋舍與鸞堂，如臺北大稻埕龍雲寺、獅頭山勸化堂等等。但是，這些經書沒有任何千禧年信仰，而他們所見到的人也沒有加入抗爭活動。或許余清芳曾經想先跟這些領導人物建立關係，再設法招募他們參與，但是檔案中也沒有這方面的證據。像周田等人被捕之後一直宣稱：「余清芳等人除了告訴我們這是慈善事業，無償贈送經書之外，沒有提到武裝抗爭、或勸誘入黨加盟之事。」因此這些人在偵訊之後，大部分被釋放，而沒有遭到起訴。其中，只有陳火這個人雖然沒有被起訴，但不知道為了什麼原因，而遭到逮捕和被刑求。

在余清芳等人所擁有的經書中，確實有一本具有濃厚的千禧年信仰，就是《志祖師救現劫真經》。這本經書原來是於 1862 年由重要參與者之一盧乙的父親盧崇玉在他所經營的書店「松雲軒」刻印的，噍吧哖事件爆發前，再由盧乙重印。它的內容基本上和唐宋以來著名千禧年信仰經書《五公經》相當類似，如《志祖師救現劫真經》中所謂的「志祖師」，就是《五公經》裡面的「志公」。本書很生動地描寫在寅年或卯年即將發生的浩劫，並且預言將有一尊擁有寶劍、率領天兵天將的救世主下凡來，救濟相信該經、加入相關宗教團體的善男信女。此外，本書也強調護身符及旗幟的重要性。

上述的信仰在噍吧哖事件前招募中、南部的參與者時，扮演了關鍵角色。根據李火見的口供，說他自己擁有一本《志祖師救現劫真經》，是游榮贈送給他的。因此，我們可以推斷：余清芳等中、南部領導人物在招募參與者的過程中，常常以《志祖師救現劫真經》的千禧年信仰來吸引他們加入。許多被逮捕的人供詞中，敘述招募他們的人曾經做以下

的宣傳：日本統治臺灣二十年，氣數將盡，農曆 7 月初，臺灣的天地將
變為黑暗，天會降下毒雨，掀起黑風，誅滅日人及其他惡人等災異預言。
那個時候，來自於中國的軍隊將乘機渡臺協助驅逐日本人；甚至也傳說
袁世凱將率領軍隊渡臺，和日軍展開戰鬥。關於救世主的陳述，則宣布
臺灣南部山區已經有具有皇帝之相的人誕生，這個皇帝有種種特異功
能，如他持有的寶劍，只要出鞘三分，就可以殺死三萬個敵人，並且得
到劉伯溫、呂洞賓兩位聖人的護持，將教授隱身術、避彈術等特異功能。
余清芳等人在做了以上的宣傳之後，就向有意參與的人發售避彈神符，
要他們經常攜帶，作為保身之用。凡是信仰玉皇大帝、九天玄女、關聖
帝君的人，佩帶的神符就能發揮神奇的效能，在戰場中可避免中彈，也
不會有死傷。余清芳等人藉此向被招募者募集資金，同時也指控日本統
治的稅賦繁重等惡政，並且宣布武裝抗爭成功之後，參加抗爭者將可以
免除賦稅、也有官做等好處。這些宣傳的確說服了一些人，使各地的參
與者逐漸增加。

　　在宗教實踐方面，余清芳等領導人物以及中南部的部分參與者熱中
於扶乩儀式，余清芳甚至在出兵之前往往需要請鸞。此外，占卜儀式也
相當重要，如中部領導人賴宜曾經在朋友的廟宇中擲筊，向神明請示「這
次的武裝抗爭是不是能夠成功？」結果得到聖筊，使得他相信此事必定
成功。不過，影響最多參與者的宗教實踐分別是吃素、立誓和祭旗三方
面。就吃素來說，雖然當時的殖民政府以及戰後的部分學者把噍吧哖事
件的參與者視為齋教的信徒，但是事實上真正的齋教徒參與者非常少。
絕大部分加入余清芳抗爭事件的民眾之所以吃素是和他們買的護身符
有關，因為根據余清芳、羅俊等領導人的說法，擁有護身符的人務必要
吃素，護身符才會靈驗。另外還有一種說法，則是只有吃素的參與者才
能在天災發生期間得到救世主的救援。不過，對許多住在山區的農民來
說，要每天嚴格吃素是一件很困難的事情，因此，有些參與者在加入余
清芳起義計畫之後不久，就放棄了吃素的行為。

　　吃素也影響到中、南部參與者所進行的立誓儀式。這種立誓儀式有
很長久的歷史，可以追溯到中國春秋戰國時期的詛盟、血盟等儀式。到

了明清時代、甚至於今日,不管是支持政府的武裝組織或是抵抗政府的武裝組織,都會進行類似歃血為盟的儀式。在臺灣這種儀式和清代的民變也有密切的關係,如林爽文事件、戴潮春事件等等。不過,噍吧哖事件比較特殊的是,想加入余清芳起義計畫的民眾,雖然必須向玄天上帝、九天玄女等武神發毒咒:「如果背叛了余清芳,願意全家滅絕。」不過,由於他們吃素,所以並沒有歃血為盟,而代之以一種紅色的丹水或神水。

　　除了吃素、立誓以外,另外一種與噍吧哖事件有關的重要儀式為祭旗。祭旗也是一種古老的儀式和重要的軍禮,它主要的目的是在出戰之前透過祭拜武裝組織(包括支持國家的軍隊、團契和抵抗國家的兵團)所擁有旗幟的守護神,以及其他武神來鼓舞士氣。古代的軍旗相當多元,包括白旗、靈旗、旗纛、牙旗。因為牙旗十分普遍,所以在許多史料中以「建牙」或「禡牙」來稱呼這個儀式。祭旗的時候,一定要向旗幟的守護神以及其他武神供奉牛、馬、羊、豬或公雞,有時還順便歃血為盟。到了明清時期,殺人祭神的行為越來越普遍,不但強盜或抗軍會用這種儀式來處置被俘虜而拒絕投誠的官員,甚至清軍也曾經殺俘虜祭旗,用以安撫在戰役中陣亡官兵的靈魂。清代臺灣,都曾出現這兩種儀式,如在林爽文事件中,一方面有官兵(如鄭朝鳳、阮履清等)被林爽文軍俘虜,不肯投降,便殺來祭旗;另一方面,被派到臺灣鎮壓林爽文事件的官兵也曾經抓到七名「土匪」,殺了他們來祭旗。到了日治時期,以牲祭旗和殺人祭旗的行為仍然存在,1914 年臺南六甲地方頭人羅臭頭(?-1914)發動武裝抗爭前,也舉行過祭旗儀式,甚至預計把他討厭的日籍警官抓來祭旗,後來因打了敗仗而沒法付諸實行。

　　噍吧哖事件之中,余清芳、江定以及他們所率領的抗爭隊伍曾經舉行過好幾次以牲祭旗和殺人祭旗儀式。據傳 1915 年 7 月初,江定準備發動戰鬥時,曾經舉行過祭「元帥旗」的儀式。同時,因為江定認為:要將元帥旗祭到自行豎立為止,這樣起義才能成功,所以他在祭旗的時候發了重誓「只要能夠打勝戰,就算是犧牲自己的親生兒子江憐,也在所不惜。」結果元帥旗竟然自行豎立,這個誓言有一部分也真的應驗了,

江憐中了「頭門銃」，是此一武裝抗爭中第一個戰死的人。但是江定所謂的「大事」最後還是沒有成功。

在殺人祭旗方面，有一種說法是甲仙的抗軍曾經把臺籍警員的妻子殺來祭旗，並且把她的屍體切成四塊，吊在樹上。除此之外，1915 年 8 月初，余清芳所率領的抗軍在攻打左鎮內庄仔庄時，曾經審判過兩名被指控為通風報信的奸細，由余清芳擔任法官，這兩名被告都被判有罪，余清芳立即把一面「斬官紅旗」授予內庄仔庄保正的親戚，命令他們把這兩名罪人押到村外溪邊，以柴刀當斬刀，將他們斬首祭旗並示眾。這些故事的真相如何，恐怕很難考證，但至少反映出以牲祭旗和殺人祭旗儀式有兩個重要特徵，這些儀式一方面可以賦予武裝抗爭者某種程度的合法性，另一方面它們也屬於地方社會的一種審判法和私刑，可以用來對付社群中的「罪人」或「害群之馬」。

最後，必須強調的是千禧年信仰與吃素、立誓、祭旗等儀式同時並存的現象，雖然是嗎吧哖事件的重要特徵，但是它並不是漢人宗教社會史中獨一無二的案例。清代中國南方如福建省等地，有許多民間教派和祕密社會在起義過程中也出現過類似的情形，包括老官齋教、青蓮教等等。嗎吧哖事件的宗教信仰與實踐是否是一種「迷信」，這是個見仁見智的問題，但是再怎麼「迷」，我們也不應該忽略這些行為在漢人宗教社會史中的歷史和意義。

暴風雨過後對日本殖民政府的影響

有關嗎吧哖事件的後續，大部分學者都注意到了這個事件對於殖民政府的政策所造成的影響。1915 年 10 月，當日本國內得知有八百多名臺灣人同時被判處死刑時，在社會上下都引起軒然大波。小說家武者小路實篤（1885-1976）撰寫了一篇文章，痛批殖民政府沒有用更寬容的心態處理這個案子，實在是太過分，也丟了所有日本人的臉。日本國會的反對黨對執政黨的殖民政策，也是一致撻伐，議員小林勝民代表三十一名議員提出書面質詢，表達對於殖民政府處理嗎吧哖事件的強烈不

滿。另一位議員大島久滿次（1865-1918）更指出：如以此事件中的判刑比例，假設噍吧哖事件是在日本發生的，則將會有一萬五千人被判處死刑，這實在是荒謬到極點了。他最後並且公開要求必須要有高官為此辭職，以表示負責任。大島久滿次曾在 1908 年到 1910 年間擔任臺灣的民政長官，因他有在臺灣任職的背景，他對此事件的發言顯得特別有分量。

　　這並不是第一次日本殖民政府的政策遭到質疑，但是噍吧哖事件規模之大、反應之激烈，似乎刺激了日本政府認真檢討過去對臺灣的政策，同時也影響到往後推動政策的情形。首先，確實有高官因噍吧哖事件而下臺，第一位提出辭呈的是臺南廳的廳長。此外，當時的民政長官內田嘉吉（1866-1933）也在 1915 年 11 月請辭獲准。雖然內田嘉吉對外宣稱因為身體不適而辭職，但因他在處理噍吧哖事件的過程中和臺灣總督安東貞美有不少歧見，很可能因此被迫下臺。內田嘉吉的繼任者下村宏（1875-1957），對於處理噍吧哖事件的後續問題非常積極認真，甚至為了趕快到臺灣而放棄參加大正天皇的登基大典，他後來所推動的政策受到相當的肯定。1923 年，他更被任命為臺灣總督。

　　就長期的政策而言，噍吧哖事件也有助於日本政府重新思考臺灣總督的人選。安東貞美的任期屆滿之後，他的繼任者明石元次郎（1864-1919）是進入戰爭期前最後一位武官出身的臺灣總督。自 1919 年至 1930 年代中日戰爭爆發為止，歷任臺灣的總督都是文官，這和日本派至韓國所有總督皆為武官的殖民經驗有很大的差異。雖然這種政策的轉變並不是噍吧哖事件單獨造成的，但是該事件所引起的批評也多少刺激了日人檢討是否有必要用軍人來治理臺灣的思考。

　　除此之外，噍吧哖事件對於帶動日本對臺灣的同化政策有正面的影響。早在 1895 年日本開始統治臺灣時，就有部分日本菁英分子認為不應該對於被殖民者有太多差別待遇。噍吧哖事件所造成的衝擊，引起板垣退助（1837-1919）等人的高度關切，也加深了他們的使命感。在此之後，這些日本自由主義者就更積極與林獻堂（1881-1956）等臺灣菁英分子一起推動相關的同化政策，也得到田健治郎（1855-1930）、下村

宏等高官的正面回應，包括標榜內地（日本）延長主義、設置評議會等等，尤其是在教育方面，允許臺灣人與日本人一起上學，廢止小學教師對學生的笞刑。這些政策一方面增加了臺灣人對日本人的好感，另一方面則吸引臺灣的菁英分子努力透過非武裝抗爭，爭取他們理想中的目標。這些轉變的結果，反映在至今仍有不少臺灣老一輩的人還是相當懷念日本的殖民統治。這種心態在日治初期或者是在韓國是不可能出現的，這也顯示噍吧哖事件之後日本殖民政府在臺灣推動的同化政策是相當成功的。

另外一個常常被提到的問題，是噍吧哖事件對日本殖民政府在臺灣的宗教政策所造成的影響。一般認為，日本人開始統治臺灣的前二十年間，對於臺灣的宗教信仰基本上是採取一種放任的態度，但是由於噍吧哖事件的動員過程中，西來庵扮演了重要角色，同時也因余清芳曾經跟部分齋教重量級人物來往，使得殖民政府不得不更積極注意宗教在臺灣地方社會的重要地位。因此，殖民政府除了前述拆掉西來庵和逮捕部分齋教領導人之外，1915 年秋天更設置了「社寺課」，並花了四年的時間，深入調查所有臺灣的宗教。不過，上述政策對於臺灣人的宗教信仰似乎沒有重大的影響，只有部分齋教組織因怕會被取締，所以開始投靠日本佛教，或成立「臺灣佛教龍華會」等官方色彩相當濃厚的組織。就整體而言，一直要到 1930 至 1940 年代「皇民化運動」推動期間，殖民政府才開始對臺灣的宗教有破壞性行動。

地方社會結構的轉變與村民的回應

關於噍吧哖事件對於住在臺南、高雄縣山區的一萬多名村民所造成的影響，則是前此的研究中較少人注意的課題。就日本殖民政府的立場來說，由於 1915 年及往後幾年這些地區的農作收成還不錯，所以這次武裝抗爭對於政府的統治權及經濟利益並未造成負面影響。不過，從當地居民的角度就有很不一樣的看法。如果細讀當時的史料，就可以找到不少線索，根據 1915 年 10 月一名日本新聞記者所撰寫的報導，描述噍

吧哖事件發生的十五個村庄裡，仍然能夠看到戰火的痕跡，如許多樹木被子彈貫穿等情形，甚至這名記者所乘坐的轎子也有七個彈孔。因為房屋被燒燬的情形十分嚴重，所以許多村民只好住在臨時搭建的草寮裡。讓這名記者印象最深刻的情景，是當地的小孩一看到日本人就會閃躲，而他在村中到處行走，幾乎看不見任何成年男性，甚至於有的村庄被當地民眾稱為「寡婦村」。

整體來說，從十五村庄在噍吧哖事件前後人口數的增減情形看來，除了崗仔林庄、中坑庄、阿里關庄的人口呈現負成長之外，其他的村庄在 1913 年和 1914 年都有微幅的正成長。簡單地說，呈現正成長的村庄每年的人口增加比例多在 5% 以下，平均每年人口增加比例為 1.6%。若將上述呈現負成長的三個村庄計入，十五村庄 1915 年前五年的人口平均增減比例僅為 1% 左右。但從 1915 年 7 月到 1917 年 12 月，十五村庄的人口總數大幅減少了三分之一，尤其在 1915 年這一年，除了芒仔芒庄之外，每個村庄的人口減少了 10% 以上。其中最為嚴重的村庄是阿里關，它的人口減少了 61.2%，主要的原因是許多外地來的單身腦丁在噍吧哖事件後紛紛逃回家鄉。此外，因噍吧哖事件而人口大量減少的村庄有大邱園（38.7%）、沙仔田（30.1%）、內庄仔庄（30%）、竹頭崎（28.6%）、竹圍（27%）、南庄（24.8%）以及菁埔寮（24%）。不僅如此，這些村庄的人口很難回到原有的水準，甚至於到了 1919 年仍然在減少中，而要到 1920 年代才開始有復原的情形。

至於眾所關心的死亡率問題，也只有透過當時的戶口調查和戶籍資料才能有明確的認知。根據戶籍資料，1913 年和 1914 年間，十五村庄的死亡率平均為 1% 到 5%。但在 1915 年 7 月到 1915 年 12 月的短短半年內，竹頭崎的死亡率暴增到 27.3%。其他村庄的死亡率也很高，如南庄的死亡率增加到 19.1%、竹圍的死亡率增加到 16.1%、沙仔田的死亡率增加到 15.7%、內庄仔庄的死亡率增加到 14%、菁埔寮的死亡率增加到 13.4% 等等。即使在 1916 年與 1917 年的死亡率，也在 4% 與 8% 之間，由此可見噍吧哖事件對於當地人民生命安全的衝擊有多麼地嚴重，造成大量人口的死亡。除了許多人在戰鬥過程中陣亡，或在日後搜捕的過程

中遭到殺害之外，也有不少人逃離家園，而留下來的人常常把他們的小孩送給附近沒有受到波及的村庄收養。因此，1915 年到 1917 年間，十五村庄的外移人口占每年總人口的 8% 到 10%。

就男、女比例來說，噍吧哖事件前十五村庄中平均男、女性比例為 54：46，事件後則反倒為 44：56，與事件之前相差 10%。從鰥寡人口的男、女性比例來看，當時臺南、高雄縣山區的男、女性比例平均值為 38：62，而事件後十五村庄的男、女性比例平均值則為 19：81，相差將近 20%。因為十五村庄的成年男性中，有很多人被殺害，或者是因此事件入監服刑，所以這些村庄 1916 至 1919 年的出生人數皆較事件前五年的平均出生人數為低，尤其是 1916 年出生人數銳減的現象特別地明顯。1920 年 4 月，大目降公學校菜寮分校（現左鎮國小前身）創校時，一年級的入學學童六十多名中，竟然沒有從內庄仔庄入學的學童。

面對噍吧哖事件後的巨大改變，許多寡婦也不得不改嫁，尤其是嫁到附近沒有受到波及的村庄的情形特別多。以南庄為例，自 1915 年 7 月到 1917 年 12 月改嫁的三十七名寡婦中，有三十二人是嫁到附近的村庄，占了 86%。同一時間內在菁埔寮改嫁的五十七名寡婦中，有三十八人嫁到附近的村庄，占了 67%；竹頭崎的統計則在改嫁的二十八名寡婦中，有二十名嫁到附近的村庄，占了 71%。後來當地出現這麼一個傳說：日軍警在「噍吧哖慘案」中，幾乎屠殺了噍吧哖地區的男人，家中沒有男人，有些事情的確不方便，為讓不少喪偶或待字閨中的少女「招翁配婿」，所以從外地招募不少男人入贅到噍吧哖。但由於當地女性心目中的好男人不多，因此將這批男人一一裝進麻袋，然後由當地女性抽籤決定「誰配誰」。

不管這個傳說的「真相」究竟如何，它至少反映出一個重要的事實，就是這幾個村庄如果要生存下去，必須依賴當地女性的努力。可惜的是，前此關於噍吧哖事件的口述歷史計畫全以男性為其訪問對象，從未訪問過當地的女性。為了彌補這個缺憾，在 2001 年，我和兩名助理邱正略、黃萍瑛訪問了五位曾經目睹過噍吧哖事件的老阿媽，包括陳李專員、黃陳換、黃宋菊、盧胡彩以及江定的孫女陳王愛。事件發生時，她

們都在躲避子彈，也看到親人被殺害或抓走的情景。根據她們口述，剩下沒有改嫁的寡婦和先生被抓去的太太們，一方面自己種番薯過日子，一方面在外面做工，透過女性副業（如編織麻袋）來賺錢養家。如果能夠存一點錢，每到過年期間就到監獄去探視她們的親人。經過這些艱苦的歲月，比較幸運的人終能熬到 1927 年昭和天皇登基之時，又頒布一次「大赦令」，沒有死在監獄的人終於被釋放回家。這些男子雖然在獄中學過一些工作如木材工等，但是回家之後發現這種才能並不管用，因而仍以耕田過日子。據說，回來的男人中，如果是已婚的就跟妻子團圓；如果是未婚的還是可以娶到太太，但通常是入贅婚。大致上說，這些人雖然坐過牢，但是並未因此被排斥。不過也有一傳說，稱他們的小孩會被別的小孩欺負。

　　部分幸運逃過一劫的村民也透過許多方式來紀念他們遇害的親友。根據南化耆老所述，有一名村長叫張洙泗，他在噍吧哖事件過後不久，為了弔念受害者邊掉眼淚、邊燒香膜拜。此外，有一些村民在發生過屠殺的地方偷偷地蓋了「三片壁」式的小祠堂，有一點類似供奉有應公或萬善爺的小祠堂。1945 年日本戰敗之後，這些村民就更能名正言順地進行許多紀念活動。其中的一個重要的方式是建立紀念碑，1977年臺南縣政府在南化鄉建「噍吧哖抗日烈士紀念碑」，在 1981 年又在玉井鄉虎頭山樹立「抗日烈士余清芳紀念碑」。2003 年，玉井鄉也建了一座「噍吧哖紀念公園」。不過，最具有意義的紀念方式可能是建立廟宇，供奉死難者的靈位。我已經實地採訪七所這類的寺廟，包括臺南縣玉井鄉二所、左鎮鄉二所、南化鄉二所，和高雄縣甲仙鄉一所，分別介紹如下。

　　忠烈廟：位於臺南縣玉井鄉玉井國小前右方，日治時代稱為「萬善堂」，裡面供奉余清芳、羅俊、江定三位噍吧哖事件的首腦人物，以及因本事件死難的人。據耆老說此廟的所在地原來是一處雜草叢生的空地，其中有一座簡陋的小祠堂，供奉受難者的亡魂，稱做「萬善堂」。1950、1960 年代時，有一個叫做林興的人遺失了一筆錢，就到萬善堂祈求能夠順利尋回失款，後來竟然如他所願。因此，林興便發願重建此

廟，而四處募款，展開除草建廟的工作，他自己還親身到溪畔撿石頭，提供建廟之用。在林興的努力和鄉民的熱烈響應之下，1967 年「忠烈廟」終告竣工。此廟落成後，林興就以此為家，負起此廟的管理工作，並且從臺南忠烈祠迎請余清芳等三位領袖的神位。忠烈廟是一所規模不大的小廟，正殿上方有一個區額上書「護國祐民」，供奉余清芳、江定、羅俊三人的神像，像後有三人的遺照。在正殿之左是「男堂」，奉祀「革命先義士江定余清芳公等英靈總神位」之神位；正殿之右是「女室」，供奉「革命先烈女等之總神位」之神位。據傳忠烈廟剛落成的時候，一度是遊客到玉井旅遊觀光必定參訪的地方，因為遊客很多，所以香火十分鼎盛，而「三元帥」的聲名也遠播各地。時至今日，噍吧哖事件已經過了九十年了，聽過當年「虎頭山抗日砲聲」的人都已經作古，「忠烈廟」將來是否會逐漸沒落呢？

忠烈祠：位於臺南縣玉井鄉三和村芒仔芒地區，這是玉井鄉祀奉噍吧哖事件犧牲的英靈的另一所廟宇。「芒仔芒」這個地方是噍吧哖事件的戰場之一，在此事件後，當地民眾惟恐此事件死難的魂魄四處遊蕩乞食，便搭建一所高約一公尺的「陰府大元帥」小祠奉祀他們。據傳有人到臺南縣北門鄉南鯤鯓廟參拜，受到神明的指示，要他將芒仔芒「陰府大元帥」小祠改建為「忠烈祠」。此人回家以後，就和當地村民籌組重建委員會，發動募捐建廟，並徵得玉井鄉公所的同意，將此廟建於公共造產公墓用地，在 1999 年完工。

老君祠：在臺南縣左鎮鄉，供奉因噍吧哖事件死難者的神位。左鎮地區參加噍吧哖事件的村民之中，有一部分人被日警逮捕，在原菜寮派出所審問，被日警毆打冤死或斬首活埋者共達數十人，無人祭祀，早先曾建了一座簡陋的「有應公」廟，除了祭拜無主孤魂野鬼的有應公之外，也祭祀平埔族人守護神「阿里祖」。戰後幾經改建，在 1985 年重修之後，改稱為「老君祠」。

萬姓爺祠：位於臺南縣左鎮鄉崗仔林，是左鎮鄉另一座供奉噍吧哖事件死難者的廟宇。根據當地文史工作者陳春木老先生的敘述，因為當年參加武裝抗爭的人很多，事件平定後，日軍警為了報復，展開一連串

的燒屋毀庄，集體屠殺庄民的行動。死難者的屍骨散在原野，沒有人敢收埋。一直到謝連頂出獄，才將這些屍骨集中安葬。謝連頂是內庄仔庄人，參加余清芳的抗爭行動，後來被日警逮捕，收押在菜寮派出所，第二天被押解到大目降支廳，而後經臺南臨時法院判處死刑。適因大正天皇登基頒布大赦令，謝連頂被改判有期徒刑十五年；至昭和裕仁登基再頒特赦令，終於在 1927 年出獄，重返家園。謝連頂回到家鄉後，就趕忙將那些沒人敢收埋的死難者屍骨收集起來，全部安葬在現在崗仔林墓地「萬姓爺祠」的所在地。此祠占地很小，神桌上供奉「國民革命先烈靈位」神位，牆上寫著斗大的大紅字：「忠烈千秋」、「成仁取義」，右側的牆壁上崁著一塊前任鄉長穆玉山所撰寫的〈革命無名烈士碑紀略〉。

　　忠魂塔：1981 年建於臺南縣南化鄉。如前所述，南化鄉後堀仔山（即今日南化水庫淹沒區）是當年噍吧哖事件抗軍的重要基地，因此有很多南化鄉民投入此一武裝抗爭中，也付出了慘重的代價。據耆老描述事件結束後，此鄉內十六歲以上的壯丁全遭屠殺，被殺地點大概在現在南化鄉竹頭崎溪東關山，也屬南化水庫淹沒區內。因當時傷亡慘重，當年的地方領袖曾禱告上蒼，祈求地方平順，願叩答清醮一科，一代傳一代。戰後，臺南縣政府為表彰噍吧哖事件的英勇事跡，也為了撫慰因此事件而死難的亡靈，所以在南化鄉建置忠魂塔。或許是因為南化鄉在噍吧哖事件中的死難者特別多，所以祭祀亡靈廟宇的規模也較大。

　　懷恩堂：1992 年建於臺南縣南化鄉。當政府興建南化水庫時，施工單位陸續挖出三百多具當年抗爭犧牲的民眾骸骨，南化鄉公所先是慎重將它們裝在骨灰甕，安置在忠魂塔旁，並舉辦廣大公祭儀式。後來更特別斥資一千多萬元興建懷恩堂。1987 年鄉民建醮，並且舉行一次大規模的普渡儀式，同時在全鄉辦了遶境活動。1992 年，又隆重地舉行了一場為超渡噍吧哖事件死難者和境內無主遊魂的陰醮大法會，這個法會結束後，將噍吧哖事件死難者的亡魂全部引進懷恩堂供人祭祀憑弔。

　　忠義廟：位於高雄縣甲仙鄉風空山上，是高雄縣唯一奉祀噍吧哖事件死難者的祠廟，主神稱為「百姓公」。這座小祠堂的創建年代不明，但裡面新的神主牌位是 2001 年所刻的。

　　整體來說，上述的寺廟到現在為止都有人前往祭拜，反映出一個重要的事實，就是即使時間已經過了快九十多年，但是噍吧哖事件的記憶仍然留在當地居民的心中。這幾年來，我和助理跑田野期感動的是，雖然有這麼多村民在噍吧哖事件中遇難，但是當地倖存者和他們的後代對於當時的加害者毫無怨恨之心，反而希望大家能夠基於這個悲劇而得到歷史的教訓，以後無論如何還是要和平相處。2001 年 5 月中，我帶了一批中央大學的學生到玉井鄉去考察。我們訪問了一位主要報導人江炳煌先生，他是玉井望族江家的後代，目前住在竹圍村。如前所述，竹圍村在噍吧哖事件中受創很重，有好幾百名村民被殺害，除了江家的一棟房子之外，其他房屋通通被燒燬。江先生在玉井鄉公所擔任主任祕書時，也搜集了許多噍吧哖事件的寶貴口述資料。他對於過去家鄉發生的慘痛事件，懷著一種為未來著想的使命感，當我們走訪他的時候，發現在他的花園裡用磚頭排列成一顆愛心，中間豎立一個小石碑，上面用日文刻著：「永久平和を願って」，譯作中文是「但願有永久的和平」。這是多麼高貴的一種情懷！讓我們也和他一樣懷著寬廣的心胸和良善的希望，期待美麗寶島和世界上所有的人共同有一個美好的未來。

　　　　本文為《染血的山谷──日治時期的噍吧哖事件》（台北：三民
　　　　書局，2006）部分章節的內容改寫而成的。

附錄：余清芳諭告文

　　大明慈悲國奉旨，本臺征伐天下大元帥余示諭三百萬民知悉：天感萬民，篤生聖主，為民父母，所以保毓乾元，統馭萬邦，坐鎮中央。古今中華主國，四夷臣卿，邊界來朝，年年進貢。豈意日本小邦倭賊，背主欺君，拒獻貢禮，不遵王法，藐視中原，侵犯疆土。實由滿清氣運衰頹，刀兵四起，干戈振動，可惜中原大國，變為夷狄之邦。嗟乎！狂瀾既倒，孰能挽回？彼時也，天運未至，雖有英雄，無用武之地，忠良無操身之處。豪傑義士，屈守彼時，忍觀顛倒，吾輩抱恨。倭賊猖狂，造罪彌天，怙惡不悛。乙未五月，侵犯臺疆，苦害生靈，刻剝膏脂，荒淫無道，絕滅綱紀，強制治民，貪婪無厭，禽面獸心，豺狼成性，民不聊生，言之痛心切骨。民命何辜，遭此毒害。今我中國南陵，天生明聖之君，英賢之臣，文有經天濟世之才，武有安邦定國之志。股肱棟樑，賢臣輔佐，三教助法。

　　聖神仙佛，下凡傳道，門徒萬千，變化無窮。今年乙卯五月，倭賊到臺二十有年已滿，氣數為終，天地不容，神人共怒。我朝大明，國運初興，本帥奉天，舉義討賊，興兵伐罪，大會四海英雄，攻滅倭賊，安良鋤暴，解萬民之倒懸，救群生之性命，天兵到處，望風歸順，倒戈投降。本帥仁慈待人，憐恤生命，准人歸順。倘若抗拒，沉迷不悟，王師降臨，不分玉石，勿貽後悔。本帥率引六軍，戰將如雲，謀臣如雨，南連北越，北盡三河，鐵騎成群，玉軸相接，海陵紅栗，倉儲之積靡窮，江浦黃旗，匡復之功何遠。班聲動而北風起，劍氣沖而南斗平。長鳴則山岳崩頹，叱吒則風雲變色。以此剿敵，何敵不摧？以此圖功，何功不克？但願你等萬民細思：有犯前過者，切速著鞭，回頭猛醒，洗心革面，改過前衍，去惡從善，勿假倭奴之勢！本帥慈悲施仁，為世深懷，渡眾行善，諒人改悛。望爾等良民，聽從訓示，遵守王法，早引歸順，勿生異心。爾等有志，意願投軍建功立業者，本帥收錄軍中效用，但願奮勇爭先，盡忠報國，恢復臺灣，論功封賞。本帥言出法隨，為國薦賢，執法如山，絕無私偏。爾等萬民，各宜凜遵而行，勿違於天，特示。

參考書目

王見川,〈西來庵事件與道教、鸞堂之關係〉,《臺北文獻》,第 120 卷（1997）,頁 71-92。

王詩琅、張良澤編,《余清芳事件全貌：臺灣抗日事蹟》,臺北：海峽學術出版社,2003。

朱介凡,〈徵詢「西來庵事件」的謠俗傳說〉,《臺灣風物》,第 20 卷第 4 期（1970）,頁 17-19。

向山寬夫著,楊鴻儒編譯,《日本統治下的臺灣民族運動》,臺北：福祿壽興業股份有限公司,1999。

江炳煌,〈噍吧哖事件簡介〉,未刊稿,1999。

林理傑主編,《甲仙鄉志》,臺南：甲仙鄉公所,1985。

林漢泉主編,《南化鄉慶祝祈安清醮專輯》,臺南：南化鄉建醮委員會,1987。

林漢泉主編,《南化風情》,臺南：南化鄉公所,1993。

周宗賢,《臺南縣噍吧哖事件之調查研究》,臺南：臺南縣政府,2000。

涂順從,《南瀛抗日誌》,臺南：臺南縣文化局,2000。

康豹,《染血的山谷——日治時期的噍吧哖事件》,台北：三民書局,2006。

邱正略,〈日治時期戶籍資料的史料特色與利用以西來庵事件研究為例〉,《臺灣史料研究》,第 20 號（2003）,頁 94-118。

邱正略、康豹,〈武裝抗爭與地方社會以西來庵事件對於沙仔田等十五村庄人口結構的影響為例〉,收入洪宜勇主編,《臺灣殖民地史學術研討會論文集》,臺北：海峽學術出版社,2004,頁 170-243。

程大學,《臺灣先賢先烈專輯（第二輯）余清芳傳》,臺中：臺灣省文獻委員會,1978。

陳淑娟,〈賴和漢詩的主題思想研究〉,臺中：靜宜大學中國文學系碩士班碩士論文,2000。

陳春木,《臺南地方鄉土誌》,臺北：常民文化,1998。

臺灣省文獻委員會,《臺灣省通志卷九革命志抗日篇（全一冊）》,臺北：

臺灣省政府，1971。

Katz, Paul R., *When Valleys Turned Blood Red: The Ta-pa-ni [噍吧哖] Incident in Colonial Taiwan*, Honolulu: University of Hawaii Press, 2005.

Katz, Paul R., "Governmentality and Its Consequences in Colonial Taiwan: A Case Study of the Ta-pa-ni Incident of 1915," *The Journal of Asian Studies*, 64.2 (May, 2005), pp. 387-424.

中國帝制晚期以降寺廟儀式在地方社會的功能

一、前言

本文旨在闡明自帝國晚期至現代，寺廟儀式（temple cults）[1]與中國地方社會複雜且連續的關係。其假設為寺廟儀式是位於掌握了權力的三群人的三角網絡中心，這些人可以直接管理寺廟及其財產與儀式：官員（他們代表了國家，並完成國家政策）、地方菁英（他們控制了他們地方上的社會和經濟事務）與神職人員（他們負責地方生活上的儀式面向）。官員藉由頒發封號和文告來支持寺廟並試圖引導地方宗教傳統，同時也給予金錢和文字著作上（贈與碑或匾額）的贊助；他們也致力於限制神職人員的任命與寺廟的數量來規範他們的行為。地方菁英藉由寺廟及其儀式來界定他們的區域範圍與塑造主體性，藉此加強他們支配地方事務的合法性。神職人員則致力於吸收並重新設計地方上神明的位階與儀式，同時尋求政府對他們傳統正統性的贊助與認可。這些個體間的相互連結，無論在由上至下控制和改革的成就上，或是由下至上對合法性與主體性的主張上，都是非常顯著的。

本文結構如下：前面兩個段落是回顧學者們對三角網絡之功能、運作的成果，其下則是北台灣新莊市的個案研究，這是擷取自筆者長期對此地方社會與宗教史中，對那些網絡實際運作方式的研究。

二、寺廟儀式——三角結構的功能

隨著中國、臺灣與海外華人社區的研究環境都持續改善，學者們開

---

[1] 英文的"cult"這個字眼包括"system of religious worship"（祭祀體系）的意思。因為一個 temple cult 的核心在於其相關神明跟儀式，所以可以用「寺廟的神明信仰與相關儀式」來理解；為了論文順暢，則選擇用「寺廟儀式」來表達"temple cults"內涵。

始更廣泛運用各種資料，包括檔案、家譜、碑文、帳簿、儀式手冊和口
述歷史等，來描述地方上各種權力網絡的結構和維繫方式。然而，如同
David Faure（科大衛）所指出的：「地方上的歷史並不會導出普遍化，
而是具有地方性。」[2]收集新資料的過程總是需要持續地進行，或許現
在正是開始規劃可以幫助我們有效地將社會和宗教活動研究加以概念
化的分析架構的時機。

　　關於寺廟儀式的研究約成形於 1960 和 1970 年代，但直至 1980 年
代學者們才開始從事地方社區宗教生活的細節研究，特別是在寺廟儀式
及其儀式傳統上。隨著學者們採取跨學科的研究方法來深入研究中國和
臺灣，這也使得中國宗教在區域性的研究上有所轉變。兩個長期合作的
研究計畫代表我們了解中國地方社會及其地方宗教傳統的整個過程，首
先是民俗曲藝叢書的編纂（84 冊，由王秋桂教授及其在中國的同事共
同編輯），其次是客家傳統社會叢書（26 冊，由 John Lagerwey〔勞格文〕
教授及其在中國的同事共同編輯），這兩個計畫不僅在西方學界持續受
到關注，收錄在 Daniel L. Overmyer（歐大年）教授主編的專書中的一
系列評論性回顧，在在都證實了它們的重要性。[3]這些資料擴大了學者
們對於帝國晚期宗教社會發展的理解，也說明中國宗教在當代所面臨到
的挑戰。[4]

　　然而，與此同時，由於過度依賴後啟蒙以來將宗教與社會截然二分

---

[2]　2004 年 11 月 5 日，David Faure 為中央研究院民族學研究所「界限的反思」研究群所作的
　　一場演講，題目為 "The Sixteenth-century Ritual Revolution in the Pearl River Delta"。另外，請
　　參見 David Faure, *Emperor and Ancestor. State and Lineage in South China*(Stanford: Stanford
　　University Press, 2007).

[3]　參見 Daniel L. Overmyer ed., with the assistance of Chao Shin-yi(趙昕毅), *Ethnography in China
　　Today: A Critical Assessment of Methods and Results*（臺北：遠流出版社，2002）。一個最新
　　的研究是筆者參與由勞格文教授主持的三年研究計畫 "Religion, Architecture, and the
　　Economy in Southeast China"，時間為 2002 至 2004 年，經費來源為蔣經國基金會
　　（RG004-U-00）；筆者個人參與的成果收錄在浙江傳統社會叢書。參見徐宏圖、康豹，《平
　　陽縣、蒼南縣傳統民俗文化研究》（北京：民族出版社，2005）；徐宏圖、薛成火，《浙
　　江蒼南縣正一道普渡科範》（香港：天馬出版有限公司，2005）。康豹，〈田野的問題：
　　一些方法論的淺見（點評）〉，《宗教人類學》，第 1 輯（2009），頁 131-141。

[4]　關於這些發展的綜合描述，參見 Catherine Bell, "Religion and Chinese Culture: Toward an
　　Assessment of 'Popular Religion'," *History of Religions* 29.1(1989): 35-57.

的做法，部分關於中國地方社區的重要西方研究受到很大的壓縮，其中一個結果是帝國晚期與現代中國社會史都傾向於忽略宗教的重要性，或許最著名的例子便是致力於界定中國市民社會（civil society）或公共領域（public sphere）。[5]在這個議題上，先前的學者都強調像是行會（guilds）或同鄉會（native place associations）這類組織的重要性，而沒有適當關心寺廟委員會與儀式團體在其中所扮演的角色。例如，儘管和寺廟儀式有關的宗教活動很清楚地符合 Mary B. Rankin（瑪麗‧蘭欽）對「公」所下的定義——由地方和國家一致關切的制度化與高度官僚體系之管理事務，但 Rankin 卻選擇將這些宗教活動排除在外，而歸類至與官方管理的官領域、地方菁英掌控的公領域形成對比的私領域中。[6]

　　城市史學者也往往低估帝國晚期與現代中國城市中寺廟的重要性。在分析用以討論公共事務的地點上，William T. Rowe（羅威廉）只關心城市裡的茶館與酒樓，這類場所很像歐洲的咖啡館與小餐館，有助於促進公共議題的討論。[7]非常類似地，王笛（Wang Di）最近關於成都的著作談到了寺廟，但他追隨著 Rowe 的腳步，認為茶館是成都市最重要的公共空間。[8]黃宗智（Philip C.C. Huang）將介於國家和社會互相影響而形成的公共空間概念化為所謂的「第三領域」（third realm），則是另一個在帝國晚期和現代歷史學中忽視宗教的例子。儘管黃宗智的理論非常具有說服力，但他試圖將第三領域放在地方上法律執行的脈絡下，卻忽視了帝國晚期與現代中國地方社會，包括城市亦同，人們往往依賴

5　頗具代表性的相關研究包括：Mary B. Rankin, *Elite Activism and Political Transformation in China, Zhejiang Province, 1865-1911*(Stanford: Stanford University Press, 1986); William T. Rowe, "The Public Sphere in Modern China," *Modern China* 16.3(1990): 309-326; "The Problem of 'Civil Society' in Late Imperial China," *Modern China* 19.2 (1993): 143-153; R. Keith Schoppa, *Chinese Elites and Political Change: Zhejiang Province in the Early Twentieth Century*(Cambridge, MA: Harvard University Press, 1982); David Strand, *Rickshaw Beijing: City People and Politics in 1920s China*(Berkeley: University of California Press, 1989).

6　Mary B. Rankin, Elite Activism and Political Transformation in China, Zhejiang Province, 1865-1911, p. 15.

7　William T. Rowe, "The Problem of 'Civil Society' in Late Imperial China,"p. 146.

8　Wang Di, Street Culture in Chengdu: Public Space, Urban Commoners, and Local Politics, 1870-1930(Stanford: Stanford University Press, 2003).

神判儀式（judicial rituals）來解決爭端。[9]

　　臺灣史的領域中，歷史學者與人類學者的工作則是壁壘分明，歷史學者研究地方發展，人類學者則調查寺廟儀式的發展。歷史學者關心的特殊地區或場所的經濟、社會發展，包括慈善團體、地方家族與商業傳統；寺廟儀式則很少在這些論文中占有重要的篇幅，當它們被提及時，完全是為了想要把建造、重修寺廟與社會、經濟的發展聯繫起來。相較之下，一些人類學者開始關注社會經濟發展的過程及其如何影響地方宗教傳統之興起與或擴張。這些過程的詳細歷史記載，如同對寺廟儀式與地方社會之間長期關係的深入調查一樣，通常是付之闕如的。儘管存在著這些歧異，但兩派學者仍有一點共識——他們都傾向認為，受到地方社會和經濟力量的形塑，寺廟與寺廟儀式會被動地成為兼具實體和神聖的地方景觀。那些影響了寺廟及其儀式歷史的事件通常也被認為反映了地方發展的過程，然而地方菁英在其所擁有的權力上來形塑地方生活的方式則很少被提及。[10]

---

[9]　Philip C.C. Huang, "'Public Sphere'/'Civil Society' in China? The Third Realm between State and Society,"*Modern China* 19.2(1993): 216-240; *Code, Custom, and Legal Practice in China. The Qing and Republic Compared*(Stanford: Stanford University Press, 2001); "Civil Adjudication in China: Past and Present,"*Modern China* 32.2(2006): 135-180.有關神判儀式，請參見 *Divine Justice: Religion and the Development of Chinese Legal Culture*(London and New York: Routledge, 2009).

[10]　關於這些主題相關的重要學術著作包括：卓克華，《寺廟與臺灣開發史》（臺北：揚智文化出版社，2006）；Donald R. deGlopper, *Lukang 鹿港: Commerce and Society in a Chinese City*(Albany: SUNY Press,1995); Stephan Feuchtwang, "City Temples in Taipei Under Three Regimes," in Mark Elvin and G. William Skinnereds., *The Chinese City Between Two Worlds*(Stanford: Stanford University Press, 1974), pp. 263-301; David K. Jordan, *Gods, Ghosts and Ancestors. Folk Religion in a Taiwanese Village*(Stanford: Stanford University Press, 1972); P. Steven Sangren, *History and Magical Power in a Chinese Community*(Stanford: Stanford University Press,1987); Kristofer M. Schipper, "Neighborhood Cult Associations in Traditional Tainan," in G. William Skinner ed., *The City in Late Imperial China*(Stanford: Stanford University Press, 1977), pp. 651-676; Gary Seaman, *Temple Organization in a Chinese Village*(Taipei: The Orient Cultural Service,1978); Wang Shih-ch'ing(王世慶), "Religious Organization in the History of a Chinese Town," in Arthur P. Wolf ed., *Religion and Ritual in Chinese Society*(Stanford: Stanford University Press, 1974), pp. 71-92; James R. Wilkerson, "The 'Ritual Master' and his 'Temple Corporation' Rituals," in *Proceedings of the International Conference on Popular Beliefs and Chinese Culture*(Taipei: Center for Chinese Studies, 1994), volume 1, pp. 471-521.

　　總而言之，後啟蒙式的分析架構使得學者們開始觀察帝國晚期與現代中國地方社會中最重要的公共活動領域——民間信仰儀式和廟會。這意味著，不管我們是否想要去定義一個中國式的「市民社會」或「公共領域」，除非重視寺廟及其宗教活動的重要性，否則任何關於中國公共生活的討論都是不夠完整的。[11]Prasenjit Duara（杜贊奇）的研究揭櫫寺廟儀式是由制度分明的組織（包括寺廟委員會和儀式團體）與（包括在廟會和進香中所建立或加以強化的）非正式網絡兩者所構成的「權力的文化連結」（the cultural nexus of power）。[12]此外，廟會中舉行的戲劇性儀式對一般大眾的心性發揮了重要的影響，[13]而廟宇中的壁畫也帶有很明顯的教化功能。[14]最後，寺廟在解決紛爭上亦扮演著不可或缺的角色，

---

[11] 更多這方面的討論，請參見陳世榮，〈清代北桃園的地方菁英及「公共領域」〉，《國立政治大學歷史學報》18（2001）：203-242；陳宗仁，《從草地到街市——十八世紀新庄街的研究》（臺北：稻鄉出版社，1996）；簡炯仁，《臺灣開發與族群》（臺北：前衛出版社，1997），頁251-276，327-350；莊英章，〈新竹枋寮義民廟的建立及其社會文化意義〉，收入《第二屆國際漢學會議論文集》（臺北：中央研究院民族學研究所，1989），頁223-239。Timothy Brook, *Praying for Power: Buddhism and the Formation of Gentry Society in Late-Ming China*(Cambridge, MA: Harvard University Press, 1993), pp.13-15, 23-29, 54-126, 316-321; Kenneth Dean, "China's Second Government: Regional Ritual Systems in Southeast China,"收入王秋桂、莊英章等編，《社會、民族與文化展演國際研討會論文集》（臺北：漢學研究中心，2001），頁77-109；Paul R. Katz, *Demon Hordes and Burning Boats: The Cult of Marshal Wen in Late Imperial Chekiang*(Albany: SUNY Press, 1995), pp. 6-7, 180-189; Barend ter Haar, "Local Society and the Organization of Cults in Early Modern China: A Preliminary Study,"*Studies in Central & East Asian Religions*8(1995): 30-36.

[12] Prasenjit Duara, *Culture, Power, and the State: Rural North China, 1900-1942*(Stanford: Stanford University Press, 1988), pp. 5, 15-16, 26-38, 118-157. 關於進香網絡的詳細討論請參見張珣，〈臺灣媽祖研究新思維——「文化媽祖」研究的新趨向〉，收入張珣等編，《臺灣本土宗教研究的新視野和新思維》（臺北：南天書局，2003），頁109-142；Brian R. Dott, *Identity Reflections: Pilgrimages to Mount Tai in Late Imperial China*(Cambridge, MA: Harvard University Press, 2004); Susan Naquin and Yü Chün-fang eds.,*Pilgrims and Sacred Sites in China*(Berkeley: University ofCalifornia Press, 1992). 關於分香的重要性可參見Kristofer M. Schipper, "The Cult of Pao-sheng ta-ti(保生大帝) and its Spreading to Taiwan: A Case Study of fen-hsiang(分香)," in E. B. Vermeer ed., *Development and Decline of Fukien Province in the 17th and 18th Centuries*(Leiden: E.J. Brill, 1990), pp. 397-416.

[13] David G. Johnson ed., *Ritual Opera, Operatic Ritual*(Berkeley: University of California Press, 1989).

[14] Paul R. Katz, *Images of the Immortal: The Cult of Lü Dongbin at the Palace of Eternal Joy*(Honolulu: University of Hawaii Press, 1999), pp. 131-176.

包括立誓、上訴狀等儀式都在廟宇中進行。[15]這清楚地指出寺廟儀式是
參與其中的團體藉以提高自身權力和正當性的手段之一。[16]

　　最近，一種新的研究主體不僅增廣我們對帝國晚期宗教與社會發展
的理解，[17]也闡明中國宗教在現代所面臨到的衝擊挑戰。[18]舉例來說，

---

[15] Paul R. Katz, "Divine Justice in Late Imperial China: A Preliminary Study of Indictments, Oaths, and Ordeals," inJohn Lagerwey ed., *Religion and Chinese Society*(Hong Kong: The Chinese University Press, 2004), volume 2, pp. 869-902.

[16] 其他的手段包括物質性的財富（土地、金錢與武器）、社會關係（個人網絡），以及 Pierre Bourdieu 所定義的象徵資本（面子）；可參見 Pierre Bourdieu, *Outline of a Theory in Practice*, translated by R. Nice(Cambridge: Cambridge University Press, 1977), pp. 171-183. 關於地方菁 英這個概念，請見 Joseph W. Esherick and Mary Backus Rankin eds., *Chinese Local Elites and Patterns of Dominance*(Berkeley: University of California Press, 1990), pp. 10-13, 326-328. 地 方菁英與寺廟儀式最重要的研究包括楊彥杰，《閩西客家宗族社會研究》（香港：香港中 文大學、法國遠東學院、海外華人研究社，1996）；Kenneth Dean, "Transformations of the *She* 社 (Altars of the Soil) in Fujian,"*Cahiers d'Extrême Asie* 10(1998): 19-75; David Faure, *The Structure of Chinese Rural Society: Lineage and Village in the Eastern New Territories*(Hong Kong and New York: Oxford University Press, 1986); John L. Lagerwey, "Notes on the Symbolic Life of a Hakka Village," in *Proceedings of the International Conference on Popular Beliefs and Chinese Culture*(Taipei: Center for Chinese Studies, 1994), volume 2, pp. 733-761; Michael Szonyi, "Local Cult, *Lijia*(里甲), and Lineage: Religious and Social Organization in the Fuzhou Region in the Ming and Qing,"*Journal of Chinese Religions* 28(2000): 97, 105-106, 111-115; Wang Mingming, "Place, Administration, and Territorial Cults in Late Imperial China," *Late Imperial China* 16.1(1995): 33-78.

[17] 參見 Vincent Goossaert, *Dans les temples de la Chine. Histoire des cultes, Vie des communautés*(Paris: Albin Michel, S.A., 2000); Kang Xiaofei, *The Cult of the Fox: Power, Gender, and Popular Religion in Late Imperial and Modern China*(New York: Columbia University Press, 2006); Barend ter Haar, *Ritual and Mythology of the Chinese Triads: Creating an Identity*(Leiden: E.J. Brill, 1998); Richard von Glahn, *The Sinister Way: The Divine and the Demonic in Chinese Religious Culture*(Berkeley: University of California Press, 2004).

[18] 重要的相關研究包括：Yoshiko Ashiwa & David L. Wank, eds.,*Making Religion, Making the State: The Politics of Religion in Modern China*(Stanford: Stanford University Press, 2009); Adam Yuet Chau,*Miraculous Response: Doing Popular Religion in Contemporary China* (Stanford: Stanford University Press, 2006); Prasenjit Duara, "Knowledge and Power in the Discourse of Modernity: The Campaigns against Popular Religion in Early Twentieth-Century China,"*The Journal of Asian Studies 50*(1991): 67-83; Thomas David DuBois, *The Sacred Village: Social Change and Religious Life in Rural North China*(Honolulu: University of Hawaii Press, 2005); Vincent Goossaert, "1898: The Beginning of the End for Chinese Religion?"*The Journal of Asian Studies* 65.2(2006): 307-336; 高萬桑(Vincent Goossaert)，〈現代中國的國家與宗教： 宗教政策與學術典型〉，《中央研究院近代史研究所集刊》54（2006）：169-209；Jing Jun(景 軍), *The Temple of Memories: History, Power, and Morality in a Chinese Village*(Stanford: Stanford University Press, 1996);Kuo Cheng-tian(郭承天), *Religion and Democracy in*

城市史的範疇中，Susan Naquin（韓書瑞）關於帝國晚期的北京市的傑作清楚地顯示出當時的寺廟有些類似歐洲的咖啡館或小餐館，為全體市民提供了一個可以形塑、討論各種不同觀點、信仰與價值的公共空間。Naquin 的方法也影響了 Richard Belsky，他最近關於北京會館的研究便用了整整一個章節來討論會館中宗教與儀式的重要性。[19]Naquin 的研究也被不斷地被 Kristofer M. Schipper（施舟人）、Vincent Goossaert（高萬桑）等參加 CNRS「聖城北京──儀式結構與市民社會」計畫的學者們加以補充，此計畫的許多成果皆已發表於 *Sanjiao wenxian 三教文獻：Matériaux pour l'étude de la religion chinoise*（共 4 冊：1997，1998，1999，2005）中。[20]

　　在這些過程中與其他計畫所收集到的資料，都使得學者們重新思考上述提及包括官員、地方菁英與神職人員所形成的三角網絡（參見圖1）。許多討論都集中在 James L. Watson（華生）關於規範化（standardization）及其與文化一致性（cultural unity）間關聯的開創性

Taiwan(Albany: SUNY Press, 2008); Rebecca A. Nedostup, *Superstitious Regimes: Religion and the Politics of Chinese Modernity*(Cambridge, MA: Harvard Univeristy Press, 2010); Daniel L. Overmyer, *Religion in China Today. The China Quarterly*, volume 174; David Palmer & Vincent Goossaert, *The Religious Question in Modern China*(Chicago: University of Chicago Press, forthcoming);Poon Shuk-wah（潘淑華）,*Negotiating Religion in Modern China: State and Common People in Guangzhou 廣州, 1900-1937*(Hong Kong: Chinese University Press, 2010);Meir Shahar, *The Shaolin Monastery: History, Religion, and the Chinese Martial Arts* (Honolulu: University of Hawaii Press, 2006); Helen F. Siu, "Recycling Ritual," in Perry Link, Richard Madsen and Paul G. Pickowicz ed., *Unofficial China: Popular Culture and Thought in the Peoples' Republic*(Boulder: Westview, 1990), pp. 121-137; Steven A. Smith, "Talking Toads and Chinless Ghosts: The Politics of 'Superstitious' Rumors in the People's Republic of China,"*The American Historical Review* 111:2 (2006): 405-427; Robert P. Weller,*Alternate Civilities: Democracy and Culture in China and Taiwan* (Boulder: Westview, 1999).

19　SusanNaquin, *Peking: Temples and City Life, 1400-1900*(Berkeley: University ofCalifornia Press, 2000).Richard Belsky, *Localities at the Center: Native-Place, Space, and Power in Late Imperial Beijing*(Cambridge, MA and London: Harvard University Press, 2005). 上海亦有類似的現象，相關討論請參見 Bryna Goodman, *Native Place, City, and Nation. Regional Networks and Identities in Shanghai, 1853-1937*(Berkeley: University of California Press, 1995).

20　目前有一個新的「中國社會與宗教」研究群持續在研究北京的宗教史。此外，Marianne Bujard 最近所執行的蔣經國基金會計畫「北京的寺廟：碑銘與口述資料──一個帝國首都的社會史」（RG002-U-03），其成員包括來自法國和中國的學者們，他們著手處理北京於 1403 至 1949 年間所建造的全部寺廟的詳細清單。

研究上，這些成果在 1980 年代至 1990 年代的三篇論文中可以見到。第一篇為〈神的規範化──960 年至 1960 年間中國南方沿海地區對天后信仰的鼓勵〉，Watson 考察了帝國晚期中國如何透過文化的規範化來進行文化整合，尤其是國家與地方菁英如何共同致力於提升天后信仰。Watson 也開始嘗試有系統地區別信仰與實踐，他主張「國家強加的是一個結構而不是內容……國家鼓勵的是象徵而不是信仰」。[21]第二篇文章〈導論：中國葬禮儀式的結構〉中，Watson 進一步建構他關於文化一致性的理論，他主張中國文化不只是一體的，而且還是具有「中心組織」（centrally organized）的，[22]這篇文章裡 Watson 著重實踐勝於信仰，他認為舉行適當的儀式對於決定誰可以被視為「中國人」非常地重要。[23]第三篇〈儀式或信仰？帝國晚期中國整體文化的結構〉發表於 1993 年一本關於中國國家認同的論文集中，其中巧妙地將前兩篇論文的發現囊括在內，Watson 於此文中更進一步延伸其文化認同不僅早於中國國家認同，並有助於創造國家認同的假設。[24]

---

[21]　James L. Watson, "Standardizing the Gods: The Promotion of T'ien-hou('Empress of Heaven') Along the South China Coast, 960-1960," in David G. Johnson, Andrew J. Nathan and Evelyn S. Rawski eds., *Popular Culture in Late Imperial China*(Berkeley: University of California Press, 1985), p. 323. 中文版：James L. Watson 著，潘自蓮譯，〈神明的標準化──華南沿海地區天后之提倡〉，《思與言》26.4（1988）：369-397.

[22]　James L. Watson, "Introduction: The Structure of Chinese Funerary Rites," in James L. Watson and Evelyn S. Rawskieds., *Death Ritual in Late Imperial and Modern China*(Berkeley: University of California Press, 1988), p. 3.

[23]　James L. Watson, "Introduction: The Structure of Chinese Funerary Rites," p. 4.

[24]　James L. Watson, "Rites or Beliefs? The Construction of a Unified Culture in Late Imperial China," in Lowell Dittmer and Samuel S. Kim eds., *China's Quest for National Identity*(Ithaca: Cornell University Press, 1993), pp. 80-103.

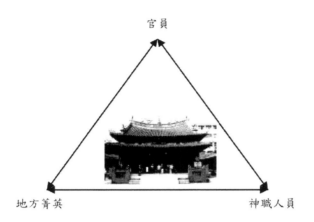

官員

地方菁英　　　　　　　　　　　　神職人員

圖1　寺廟與權力三角網絡

　　長久以來，Watson 一直被認為是帝國晚期至現代中國文化史領域的學界泰斗。[25]然而，當 Watson 的工作刺激了關於中華帝國晚期規範化更多討論的同時，也帶動了許多其下所談的一些議題：首先，文化的規範化並非單一的過程，而是由共同存在於不同層面的團體，它們彼此互相作用而產生的複雜過程所引發的。David Faure 引用 Watson 的研究作為他觀察國家如何「滲透」鄉村，從而促進綜合的地方上整合的論據之一。[26]在 Faure 論證文化整合過程中所產生的各種聯繫間的重要性時，[27]

---

[25] 主要可參見 Catherine Bell, "Religion and Chinese Culture: Toward an Assessment of 'Popular Religion'," pp. 39, 42-43, 49-50; 亦可見於 *Modern China* 2007 年 1 月所出版 33 卷 1 期"Ritual, Cultural Standardization, and Orthopraxy in China: Reconsidering James L. Watson's Ideas"的特集，其中包括了 Paul R. Katz, "Orthopraxy and Heteropraxy Beyond the State: Standardizing Ritual in Chinese Society," *Modern China* 33.1(2007): 72-90. 科大衛、劉志偉，〈「標準化」還是「正統化」？從民間信仰與禮儀看中國文化的大一統〉，《歷史人類學學刊》6.1/2（臺北，2008.10）：1-21。蘇堂棟，〈明清時期的文化一體性、差異性與國家——對標準化與正統實踐的討論之延伸〉，《歷史人類學學刊》7.2（2009.10 月）：139-163。

[26] David Faure, "The Emperor in the Village: Representing the State in South China," in *State and Court Ritual in China*, ed. Joseph P. McDermott(Cambridge: Cambridge University Press, 1999), p. 267, 279; David Faure,"State and Rituals in Modern China. Comments on the 'Civil Society' Debate,"*Proceedings of the International Conference onSociety, Ethnicity, and CulturalPerformance*, Wang Ch'iu-kuei(王秋桂), ChuangYing-chang(莊英章) and Chen Chung-min(陳中民) , eds. (Taipei: Center for ChineseStudies), Volume 2, pp. 511, 532.

[27] David Faure, "The Emperor in the Village: Representing the State in South China," in *State and Court Ritual in China*, pp. 268, 275, 287-297.

他將地方儀式傳統視為「國家藉以進入鄉村的一種手段」，[28]而忽視地方菁英與神職人員即使在遭遇國家霸權時，仍會透過儀式來維護他們自身的合法性。同樣地，Faure 關於地方社區通常請求官方支持其寺廟儀式的看法是正確的，但是他論證國家在認可神明的支持上，認為這同時也包含了對儀式／修行的壓抑，並不恰當地「導致不同地方儀式的優勢或變化，」[29]而忽視其他有助於儀式發展的因素，例如地方菁英的贊助與頗具魅力的神職人員（詳下文）。

　　其次，規範化過程中個人所承擔的責任問題。Watson 將這些個人定義為上述提及的三角結構中的首要兩個因素：官員與地方菁英。許多相關討論都很有道理，但即使地方菁英致力於規範主要的儀式，他們與政府的目的並不盡然相同。R. Bin Wong（王國斌）、Theodore Huters（胡志德）與 Pauline Yu（余寶琳）在 *Culture & State in Chinese History* 一書的導論中便指出：官員與地方菁英在試圖形塑地方宗教傳統的分工上是非常模糊的，特別是這兩個集團的領導人對於地方信仰與儀式的意義看法迥然不同，[30]但這無法否認在許多案例中地方菁英與官員合作，藉此促進某位特定神明的儀式以達到他們相同的目標。Prasenjit Duara（杜贊奇）的研究，特別是透過寺廟碑文文本的解讀，他認為清朝政府透過將關帝納入國家祀典，從而在一個舊有的財神形象上塑造出一個官方認可的關帝形象——忠心耿耿的戰爭英雄。[31]地方菁英之所以支持官方認可的神明，還有更多實際的因素存在，在 Watson 關於天后儀式的個案研究中，便揭示在新界建造天后宮並不單純只是向清廷宣示效忠，更是一種獲得周邊衛星村落領導權的手段。[32]

---

[28] David Faure,"State and Rituals in Modern China. Comments on the 'Civil Society' Debate," p. 520.

[29] David Faure, "The Emperor in the Village: Representing the State in South China," pp. 279, 282.

[30] R. Bin Wong, Theodore Huters and Pauline Yu, "Introduction: Shifting Paradigms of Political and Social Order." in *Culture & State in Chinese History. Conventions, Accommodations, and Critiques*, eds. Wong, Huters, and Yu(Stanford: Stanford University Press, 1997), pp. 14, 22.

[31] Prasenjit Duara, Culture, Power, and the State: Rural North China, 1900-1942, pp. 138-146.

[32] James L. Watson, "Standardizing the Gods: The Promotion of T'ien-hou('Empress of Heaven') Along the South China Coast, 960-1960," pp. 311-315.

　　其他研究中，地方菁英創立未被官方認可神明的儀式時，顯然並不太關心國家祀典的問題，這在 Robert Hymes（韓明士）研究江西撫州華蓋山地方宗教傳統的新書裡可以看到，他在第五章中談到一個南宋官員如何試圖在巴山建立一位仙人的儀式，用以取代由地方菁英（包括著名的道士）所贊助的華蓋山三真君的信仰。Hymes 的論證有力地指出前者象徵國家的權威，後者則代表地方勢力，他認為國家的支持通常會對地方菁英產生某種吸引力，從而使得他們去支持官方認可的神明；長遠來看，他對 Watson 在強調地方菁英在協助帝國促進規範化與文化整合的角色上補充了一個重要的新觀點。[33]另一個例子是出現在 Michael Szonyi（宋怡明）的作品中，他分析福州的地方菁英如何使像五帝這類未被認可的儀式在符合官方規範的同時，也維持他們自身地方傳統的活力，從而製造出一種規範化的假象。[34]Kenneth Pomeranz（彭慕蘭）對於碧霞元君的研究，揭露部分地方菁英甚至會反對受到朝廷支持的神明。[35]但普遍來說，當他們的興趣與國家相同時，地方菁英非常樂意在發起特定儀式和實踐上與國家進行合作；然而，當他們興趣不同時，地方菁英也會毫不猶豫地轉而支持那些不被認可的地方宗教傳統。

　　其三，在 Watson 規範化的研究中，三角模型應如本文所強調的──這三群人具有相同的地位。然而，帝國晚期至現代中國宗教傳統的歷史發展的相關研究，包含那些受到 Watson 所啟發的學術成果，都過於強調國家與地方菁英的重要性，從而低估神職人員的角色，使得我們在理解宗教傳統傳播的方式上出現了一個重大的缺口。以中國佛教史為例，

---

[33]　Robert Hymes, *Way and Byway. Taoism, Local Religion, and Models of Divinity in Sung and Modern China*(Berkeley: University of California Press, 2002), pp. 116, 120, 122, 137, 144-146.

[34]　Michael Szonyi, "The Illusion of Standardizing the Gods: The Cult of the Five Emperors in Late Imperial China,"*The Journal of Asian Studies* 56.1(1997): 113-135; "Making Claims about Standardization and Orthopraxy in Late Imperial China: Rituals and Cults in the Fuzhou Region in Light of Watson's Theories,"*Modern China* 33(2007): 47-71.

[35]　Kenneth Pomeranz, "Power, Gender, and Pluralism in the Cult of the Goddess of Taishan," in *Culture and State in Chinese History. Conventions, Accommodations, and Critiques*, ed. Theodore Huters, R. Bin Wong, and Pauline Yu(Stanford: Stanford University Press, 1997), pp. 182-204; "Orthopraxy, Orthodoxy, and the Goddess(es) of Taishan,"*Modern China* 33(2007): 22-46.

眾所皆知，此一宗教傳統的傳播決不只是官員與地方菁英努力的結果，更包含了神職人員的努力；撇去像《蓮華經》、死後世界的信仰與因果報應這類的佛經不談，觀音信仰之所以流傳廣泛，主要應歸功於佛教比丘與比丘尼的努力。[36]

郭啟濤關於五猖的研究是另一個忽視神職人員的例子。[37]在對此高度模糊不清之儀式的重要性進行考察時，郭啟濤關注的是在其定義下由地方菁英所進行的「整合」與「優質化」過程。他很明確地追隨 Watson 規範化的概念，主張地方菁英「自願地發起並重新塑造五猖的信仰」，而「普羅大眾則分享這些由地方領導者所建構起來的宗教成果」。郭啟濤在其著作的第一部分談到五猖是趙公明元帥部下的這點，非常有助於五猖儀式的發展，但許多解釋卻都忽視了宋代發展出來的道教經典傳統的重要性；而那些表演跳五猖儀式的神職人員的重要性也同樣地為人所忽略。此外，郭啟濤接受 Watson 認為規範化是由國家與地方菁英促成的定義，導致他忽視了一個事實——地方宗教傳統並非單獨由地方菁英所創造，尚且包含協助管理地方宗教儀式生活的神職人員的努力。

另一個相似的例子是 Richard von Glahn（萬志英）的新書 *The Sinister Way*，[38]內容是在考察五通神（其後稱五顯）的歷史發展，他們被視為具有給人偏財運的神明（通常透過性行為的交易）。此書在深度與廣度上都具有空前的開創性，von Glahn 主要呈現方式是將五通的歷史發展

---

[36] 關於此問題的研究，請參見 Stephen F. Teiser, *The Scripture on the Ten Kings and the Making of Purgatory in Medieval Chinese Buddhism.* Kuroda Institute Studies in East Asian Buddhism 9 (Honolulu: University of Hawaii Press, 1994); Yü Chün-fang, *Kuan-yin: The Chinese Transformation of Avalokiteśvara*(New York: Columbia University Press, 2001).

[37] Guo Qitao(郭啟濤), Exorcism and Money: The Symbolic World of the Five-Fury Spirits in Late Imperial China, China Research Monograph 55(Berkeley: Institute of East Asian Studies, 2003); Ritual Opera and Mercantile Lineage: The Confucian Transformation of Popular Culture in Late Imperial Huizhou(Stanford: Stanford University Press, 2005).

[38] Richard von Glahn, *The Sinister Way. The Divine and the Demonic in Chinese Religious Culture*; 關於五通的其他研究，亦可參看 Ursula-Angelika Cedzich, "The Cult of the Wu-t'ung 五通/Wu-hsien 五顯 in History and Fiction: The Religious Roots of the Journey to the South(南游記)," in *Ritual and Scripture in Chinese Popular Religion. Five Studies*, ed. David G. Johnson(Berkeley: Chinese Popular Culture Project, 1995), pp. 137-218.

與帝國晚期中國社會中「資本家」(capitalist)或「中產階級」(bourgeois)的出現連結在一起。基於 Watson 認為正統儀式有助於文化均化作用的論點，von Glahn 認為五通在 18 世紀之所以變成「一個更具規範」的神明，是因為那些「現代城市中產階級」的商人與店主試圖「淨化儀式並抹去其極具爭議性的過去」。這些觀點並非毫無價值，但卻低估了最初五通之所以具有合法性，部分原因是他們被道教吸收、徹底地加以轉化，成為驅魔馬元帥。

　　許多前人對神職人員的研究都採取由上至下的觀點來看待他們與地方社區關係。在道教與寺廟儀式相互影響的情境下，1970 年代至 1990年代的許多學術成就都很明顯地將道教視為比中國民間宗教更「高級」或「崇高」，同時透過「道教的儀式架構」來規範儀式信仰，[39]時至今日，將道教視為位於標準儀式階系中頂端的趨勢依然存在。[40]許多研究都沒有認知到道教與地方儀式間不但互相影響，甚至彼此依靠；最能清楚反映道教與寺廟儀式間關係的例子，可從《道藏》中除瘟神明溫元帥的傳記〈地祇上將溫太保傳〉來看。此一文本是神霄派道士黃公瑾於南宋度宗咸淳十年（1274）作成，目前被學者們廣為研究；[41]在文章中強調溫元帥致力於「護持正道」，反對地方宗教傳統中由巫以血食祭拜邪神（通常是指非自然死亡的鬼魂或自然界的神靈）的淫祀。

　　整體來看，筆者同意 John Lagerwey（勞格文）認為〈地祇上將溫

[39]　這個看法可參見 Kenneth Dean, *Taoist Ritual and Popular Cults in Southeast China*(Princeton: Princeton University Press, 1993); Kristofer M. Schipper, "Vernacular and Classical Ritual in Taoism,"*The Journal of Asian Studies* 45.1(1985): 21-57; *The Taoist Body*(Berkeley: University of California Press, 1993), pp. 2, 7-8, 69, 86, 89.

[40]　可參見 Edward L. Davis 的新作，Edward L Davis, *Society and the Supernatural in Song China*(Honolulu: University of Hawaii Press, 2001)，其中主張中國宋朝時的神職人員的階級體系是沿著垂直的軸線安排。亦可參見 Michel Strickmann, *Chinese Magical Medicine*, ed. Bernard Faure(Stanford: Stanford University Press, 2002).

[41]　Judith M. Boltz, *A Survey of Taoist Literature: Tenth to Seventeenth Centuries*(Berkeley: Institute of East Asian Studies, 1987), pp. 97-99; Paul R. Katz, "Daoism and Local Cults: A Case Study of the Cult of Marshal Wen," in *Heterodoxy in Late Imperial China*, eds. Kwang-ching Liu and Richard Shek(Honolulu: University of Hawaii Press, 2004), pp. 172-208; John L. Lagerwey, *Taoist Ritual in Chinese Society and History*(New York: Macmillan Publishing Company, 1987), pp. 241-252.

太保傳〉中體現了道士們透過官方力量來控制寺廟儀式、分別正統與異端，嘗試將中國宗教規劃成為一個「體系」的企圖。最初，溫元帥只是個在戰爭中變成蛇的武人，而後以屠宰維生，在他拒絕接受非道教的封號與寺廟祭祀——特別是拒絕血食——以證明他對道教正統教義的支持後，他才被納入道教神譜中。[42]〈地祇上將溫太保傳〉同樣也強化 Terry F. Kleeman（祁泰履）兩個儀式性連續的理論，第一個連續是由官方儀式與寺廟儀式構成，其特色是以動物（有時是人）的肉和血來祭祀；第二個連續則是佛教與道教，他們透過揚棄血食與以素食來祭祀將自己自第一個連續中區別出來。[43]然而，與此同時，道教也未能完全達成將非正統儀式加以規範化的目標，在更多的案例中，道士們吸收並（不成功地）試圖將地方神明重新轉化成正統的道教諸神，許多次他們甚至不得不接受他們一度想要摧毀的異端（非正統）神明塑像。[44]

近來，七位學者開始有系統地探討神職人員在地方社會中所扮演的角色，他們的研究成果發表在 2006 年 9 月與 12 月的《民俗曲藝》153 期與 154 期中。Vincent Goossaert 的文章描述帝國晚期官方祭祀人員與地方寺廟住持（廟祝）的權利與責任，具有合法身分的神職人員被雇用來住在廟宇中並為信徒提供服務。Goossaert 運用包含寺廟碑文、檔案、故事在內的廣泛資料，藉此分析地方菁英與被雇用來管理寺廟的神職人員之間的關係。第二篇論文的作者為鄢光潤，他生動地描繪出湖南湘潭地方道教正一派的發展。其他兩篇文章則在處理中國北部神職人員的議題：Adam Yuet Chau（周越）談到中國北方的靈媒和其他神職人員被稱為「迷信專業戶」，現在勉強得到中國官方的許可。Daniel L. Overmyer

---

[42] John L. Lagerwey, Taoist Ritual in Chinese Society and History, pp. 246, 249.

[43] Terry F. Kleeman, "Licentious Cults and Bloody Victuals: Sacrifice, Reciprocity, and Violence in Traditional China," *Asia Major* 7.1(1997): 185-211.

[44] 參見 Rolf A. Stein(石泰安)關於此議題的重要研究，Rolf Stein, "Religious Taoism and Popular Religion from the Second to Seventh Century," in *Facets of Taoism*, ed. Holmes Welch and Anna Seidel (New Haven: Yale University Press, 1979), pp. 53-82. 亦可參看 Robert Hymes, *Way and Byway: Taoism, Local Religion, and Models of Divinity in Sung and Modern China*，其中談到宋代宗教生活中成形兩個顯著但彼此互相關連的神聖模式的研究：官僚政治的模式與個人模式。

（歐大年）則透過大量歷史與民族誌的資料，揭示河北、山東、山西和陝西等地區的神職人員如何促成地方宗教傳統的發展。

　　其他三篇論文則在探討閩南地方神職人員的角色。許思偉試著去處理新加坡閩南道士內部網絡的結構，同時關注道士與地方彼此依存的關係。[45]康詩瑀研究臺南紅頭仔（紅頭師〔司〕公）透過法事促成臨水夫人儀式的發展。[46]最後，梅慧玉提供了一個乩童如何協助撰寫臺南安平伍德宮的廟誌的有趣紀錄。[47]

　　我們對寺廟儀式中神職人員主要角色的認知正持續地擴大，特別是最近關於菁英儀式專家（禮生、主禮）與陣頭的研究。許多儀式專家進行的儀式都與官方儀式相仿，特別是三獻禮。此外，一部分的儀式專家同時也會扶乩，他們通常被稱為鸞生，透過降乩宣講寫成的善書致力於發揚「儒家」倫理。[48]對受過教育的地方菁英而言，這不僅是為了達到

---

[45] 其他關於此議題的重要研究，尚包含劉枝萬，〈臺灣的道家〉，收入福井康順等編、朱越利等譯，《道教》第 3 卷（上海：上海古籍出版社，1990），頁 116-154；Lee Fong-mao（李豐楙），"The Daoist Priesthood and Secular Society: Two Aspects of Postwar Taiwanese Daoism," in *Religion in Modern Taiwan: Tradition and Innovation in a Changing Society*, eds. Philip Clart and Charles B. Jones(Honolulu: University of Hawaii Press, 2003), pp. 125-157.

[46] 更多關於法師（師公）的研究，參見許麗玲，〈疾病與厄運的轉移：臺灣北部紅頭法師大補運儀式分析〉，收入《信仰、儀式與社會：第三屆國際漢學會議論文集》（臺北：中央研究院民族學研究所，2003），頁 339-365；John L. Lagerwey, "Les Têtes des Demons Tombent par Milliers,"*L'Homme*101(1987): 101-109.

[47] 乩童在臺灣社會中的角色，可參見林富士，〈醫者或病人：童乩在臺灣社會中的角色與形象〉，《中央研究院歷史語言研究所集刊》76.3（2005）：511-568。

[48] 參見其下開創性的研究，李豐楙，〈禮生與道士：臺灣民間社會中禮儀實踐的兩個面向〉，收入王秋桂等編，《社會、民族與文化展演國際研討會論文集》（臺北：漢學研究中心，2001），頁 331-364；Philip A. Clart, "Chinese Tradition and Taiwanese Modernity: Morality Books as Social Commentary and Critique," in *Religion in Modern Taiwan: Tradition and Innovation in a Changing Society*, eds. Philip Clart and Charles B. Jones(Honolulu: University of Hawaii Press, 2003), pp. 84-97; "Confucius and the Mediums: Is there a 'Popular Confucianism'?,"*T'oung Pao* 89.1-3 (2003): 1-38; David G. Johnson, "'Confucian' Elements in the Great Temple Festivals of Southeastern Shansi in Late Imperial Times,"*T'oung Pao*83（1997）: 126-161; David K. Jordan and Daniel L. Overmyer, *The Flying Phoenix: Aspects of Chinese Sectarianism in Taiwan*(Princeton: Princeton University Press, 1986); 中文版：焦大衛、歐大年著，周育民譯，《飛鸞》（香港：中文大學出版社，2005）；王見川、李世偉，《臺灣的宗教與文化》（蘆洲：博揚文化出版社，1999）；王見川、李世偉，《臺灣的民間宗教與信仰》（蘆洲：博揚文化出版社，2001）。

中國文化整合，也是維護他們在地方宗教生活中權力的重要方法。[49]以儀式表演者的角色而言，Donald S. Sutton（蘇堂棟）討論南臺灣八家將的專書中，便仔細地調查這些人在當代臺灣社會、文化史中的位置，他並且詳細地記錄了這些表演者的習俗、表演、儀式與儀式工具。[50]

三、廟會活動中的三角結構

除了研究寺廟儀式及其支持者外，愈來愈多的亞洲與西方學者開始研究廟會同時在反應、呈現地方上社會經濟結構發展的重要性。廟會是一個適合用來觀察上述活動三角網絡的理想場合，因為在儀式活動中，這三個團體的成員，無論是領導者或參與者，他們都試圖提升自己的合法性並擴大自身對地方事務的影響力。因此，不管政府是否允許這個地方舉行其儀式，廟會往往變成權力競爭激烈的場所，藉此人們決定誰有義務要付錢、付多少錢，要雇用哪些專家來舉行儀式，誰來主導遶境及其在出巡隊伍中的順序等等。

儘管目前有一些關於廟會的著作出版，[51]但缺乏詳細的清代記載使得研究這些儀式的歷史仍然深具困難。[52]許多學者注意到政府在現代仍

---

[49] 舉例來說，驚生同時也是木柵的地方菁英，他們在臺北著名的廟宇指南宮的發展中扮演著非常重要的角色。某些儀式專家的重要性可在《指南金針》中看到，這本善書於1903-1904年由指南宮與基隆正心堂的信徒共同扶鸞而成，同時帶動了指南宮另一波發展；指南宮一次主要的重修工程便是在1904年進行，當時捐100圓以上的地方菁英共有14人，詳細討論可參見 Paul R. Katz, "Morality Books and Taiwanese Identity: The Texts of the Palace of Guidance," *Journal of Chinese Religions* 27(1999): 69-92.

[50] Donald S. Sutton, *Steps of Perfection: Exorcistic Performers and Chinese Religion in Twentieth-Century Taiwan*（Cambridge: M.A.: Harvard University Press, 2003）；相關研究可參見李宗益，《將‧源：論官將首》（臺北：興直堡文史工作室，2002）；呂江銘，〈將神人敬四方名——淺談官將首〉，《北縣文化》48(1996)：42-52；Avron A. Boretz, "Righteous Brothers and Demon Slayers: Subjectivities and Collective Identities in Taiwanese Temple Processions," in *Religion and the Formation of Taiwanese Identities*, eds. Paul R. Katz and Murray A. Rubinstein(New York: Palgrave Macmillan, 2003), pp. 219-251.

[51] 請參見高占祥，《論廟會文化》（北京：文化藝術出版社，1992）；高有鵬，《中國廟會文化》（上海：上海文藝出版社，1999）。

[52] 關於廟會重要的歷史研究，請參見趙世瑜，《狂歡與日常——明清以來的廟會與民間社會》（北京：三聯出版社，2002）；Michael Szonyi, "The Illusion of Standardizing the Gods: The Cult

然試圖去掌控廟會；James A. Flath 研究國民政府如何透過地方政府的影響力來挪用廟會中的經濟和政治資源；[53]潘淑華則採用以象徵和抵抗議題為研究的核心。[54]現代中國，廟會仍舊是一個被小心控制但合法的宗教表現形式，國家和地方社會盡可能地使其具有觀光價值，但廟會仍舊有可能導致不符合國家政策的地方事務產生。[55]在不受共產主義與文化大革命破壞的臺灣與其他漢人社會中，廟會一直是表現地方主體與鞏固權力網絡的場合。[56]

隸屬於網絡的三個團體往往熱衷於舉行廟會，然而他們的有些行為也可能激發社會上的緊張，部分的焦慮來自於政府關心的是社會秩序，而地方菁英則致力於累積他們的象徵資本（symbolic capital）。例如，根據杭州《仁和縣志》的記載，當地主要的廟會肇始於成化年間

of the Five Emperors in Late Imperial China," pp. 113-135; Richard von Glahn, *The Sinister Way: The Divine and the Demonic in Chinese Religious Culture*; Wu Cheng-han, "The Temple Fairs in Late Imperial China."(Ph.D. diss., Princeton University), pp. 66-157. 此外，亦可參見《民俗曲藝》147 期，「廟會與地方社會」專輯。

53　James Flath, "Temple Fairs and the Republican State in North China,"*Twentieth-Century China*30.1（2004）: 39-63.

54　Shuk Wah Poon, "Refashioning Festivals in Republican Guangzhou,"*Modern China*30.2(2004): 199-227.

55　Ann S. Anagnost, "The Politics of Ritual Displacement." in *Asian Visions of Authority: Religions and the Modern States of East and Southeast Asia*, eds. Charles F. Keyes, Laurel Kendall and Helen Hardacre(Honolulu: University of Hawaii Press, 1994), pp. 221-254; John M. Flower, "A Road is Made: Roads, Temples, and Historical Memory in Ya'an County, Sichuan,"*The Journal of Asian Studies*63.3(2004): 649-685; Paul R. Katz, "Festivals and the Recreation of Identity in South China: A Case Study of Processions and Expulsion Rites in Pucheng, Zhejiang,"*Journal of Ritual Studies* 19.1(2005): 57-86; Pitman B. Potter, "Belief in Control: Regulation of Religion in China," in *Religion in China Today*, ed. Daniel L. Overmyer(Cambridge; New York: Cambridge University Press, 2003), pp.317-337; Mayfair Mei-hui Yang, "Spatial Struggles: Postcolonial Complex, State Disenchantment, and Popular Reappropriation of Space in Rural Southeast China,"*The Journal of Asian Studies*63.3(2004): 719-755.

56　康豹，《臺灣的王爺信仰》（臺北：商鼎文化出版社，1997）；林美容、許鳴古，〈關渡媽祖的信仰圈〉，收入林美容等編，《媽祖信仰的發展與演變》（臺北：臺灣宗教學會，2003），頁 117-168；宋光宇，〈霞海城隍祭典與臺北大稻埕商業發展的關係〉，收入宋光宇，《宗教與社會》（臺北：東大出版公司，1995），頁 103-163；Fiorella Allio, "Spatial Organization in a Ritual Context: A Preliminary Analysis of the *Koah-hiuⁿ*(刈香) Processional System of the Taiwan Region and its Social Significance,"收入林美容主編，《信仰、儀式與社會：第三屆國際漢學會議論文集》（南港：中央研究院民族學研究所，2003），頁 131-177。

（1465-1487），由當地富家子弟捐錢建造臺閣與舉辦遶境來祭祀當地的褚侯神。數年後，地方菁英也開始舉行祭祀華光大帝的廟會，並僱請孩童攀竿與表演雜技。有一年，地方官員吳主事決定帶著妻兒前去觀賞表演與遶境，並且允諾如果表演讓他滿意的話將有重酬。由於人們在遶境開始前已得知這個消息，許多人湧到橋上去看遊行，然而橋卻因不堪負荷人群的重量而開始扭曲變形，恐慌之中，許多人不是被踏死就是淹死。經地方官員調查後，那些演員都被懲罰，這個風俗也被廢止，至於吳主事則被降職。然而，試圖去阻止這樣的活動大體上都是失敗的，尤其是當後來的記錄上頻繁地提到官方的禁令，更證明其徒勞無功。[57]

導致緊張情緒的原因還包括地方菁英及其所代表的不同地區間的競爭。例如，在溫州的溫元帥廟會舉行期間，寺廟的司事和其他地方菁英會藉由制訂遶境的繁複規矩來弭平可能因遶境路線而引起的爭吵。這些爭執通常集中於一個神明去拜訪另一座寺廟時該舉行的儀式上，而神明間複雜的地位高低問題也使得這些儀式產生許多變化。[58]在杭州的溫元帥廟會中，每個寺廟和他們的儀式團體都會自抬轎維生的人中雇用轎夫，通常需要 40 至 50 個人來抬溫元帥的轎子，每個人都穿戴正式的長袍與帽子。這些轎夫會在遶境路線中標示著地區邊界的地方將轎子交給另一群轎夫：膽敢橫跨地區邊界非常容易引起爭執。[59]

另一個競爭形式是地方菁英與神職人員在廟會的儀式上會爭相宣

---

[57] 完整的記載可見於《仁和縣志》（1549），卷 13，頁 37b-38b；《仁和縣志》（1687），卷 27，頁 24b-26a；《杭州府志》（1922），卷 75，頁 10b-11b。關於更多帝國晚期政府試圖控制廟會的討論，請參見蔣竹山，〈湯斌禁毀五通神——清初政治菁英打擊通俗文化的個案〉，《新史學》6.2（1995）：67-110； Richard von Glahn, *The Sinister Way: The Divine and the Demonic in Chinese Religious Culture*.

[58] Paul R. Katz, *Demon Hordes and Burning Boats: The Cult of Marshal Wen in Late Imperial Chekiang*, p.152.福州的驅疫逐瘟廟會中也有很類似注重規矩的情況，請參見徐曉望，《福建民間信仰源流》（福州：福建教育出版社，1993），頁 94-95。其他關於地方菁英在廟會中的角色與可能產生的緊張，請參見 Michael Szonyi, "Local Cult, *Lijia* 里甲, and Lineage: Religious and Social Organization in the Fuzhou Region in the Ming and Qing," p. 113; Barend ter Haar, "Local Society and the Organization of Cults in Early Modern China: A Preliminary Study,"pp. 18-23.

[59] Paul R. Katz, *Demon Hordes and Burning Boats*, p. 164.

示自己的權力。最顯著的是溫州與杭州的溫元帥廟會都是由道士主導，但溫州的道士除了在瘟疫流行的時候舉行醮儀外，只在溫元帥的廟會中為下層信徒頌讀訴狀；另一個更顯著的事實則是杭州關於溫元帥廟會的資料上完全沒有提到道士。[60]這引起學者們非常兩極化的觀點，Kenneth Dean 主張道教儀式在「結構性」的祭祀儀式中占有重要的地位，這觀點或許在 Dean 福建的田野調查中自有其價值，但 Robert Hymes 透過使用臺灣、香港道士建醮的資料，他質疑地方宗教傳統隸屬於道教儀式的程度究竟可能有多深。[61]不過，道士這類的儀式專家對廟會儀式的影響會隨著地方不同與時間遞嬗而有所改變，這使得我們可以合理地推斷，神職人員與地方菁英間的競爭是非常有可能存在的。

　　總而言之，相對於廟會令人眼花撩亂的遶境隊伍，更要指出的是它們在地方生活的功能與維繫上的整體角色。一方面來說，這些儀式象徵著財富、繁榮與和諧；另一方面來說，儀式也是三角網絡中三個團體競爭激烈的場合。地方上的緊張情緒通常會在遶境過程中浮出表面，而政府則致力於維持一個表面上的控制。人們透過清掃街道來顯示地方儀式的潔淨，而這些街道卻又充滿了乞丐和穿著污衣、帶著枷鐃自稱為犯人或罪人的懺悔者；此外，人們也很擔心在這些儀式中被神明收捕並加以驅逐的惡鬼會染污他們的地方。[62]寺廟儀式的重要性和廟會的活力、複雜性，在下面要談的新莊地區個案研究中都可以清楚地看到。

60　關於道教儀式資料的缺乏，很可能與文人的偏見有關，這些文人不是忽視便是貶抑地方廟會中道教儀式的重要性。然而這個說法也無法圓滿地解釋這種狀況，因為只要有進行建醮儀式，大部分廟會的記載至少都會提及，儘管這些記錄中往往沒有說明那些儀式的本質。

61　Robert Hymes, *Way and Byway.Taoism, Local Religion, and Models of Divinity in Sung and Modern China.*

62　Paul R. Katz, *Demon Hordes and Burning Boats*, pp. 169-170.

四、從寺廟透視新莊的歷史[63]

上文中，我們已經談到之前的學者們用不同的方法來調查寺廟儀式是如何影響一個區域的社會史，在本文的這個部分，筆者所關心的是藉由新莊市（現今臺北縣的一個城市）跨學科的個案研究來了解寺廟儀式與地方社會的歷史發展。新莊的政治與經濟史已被尹章義、陳宗仁、唐羽全面地討論過，而筆者也非常仰賴他們的研究成果。然而，這些學者們都低估新莊歷史中寺廟的重要性，而筆者將在下文中試圖匡正這樣的誤解。特別是，這地方主要的廟宇呈現了官員、地方菁英與神職人員間的三角網絡間多樣化的聯繫，及其如何影響新莊文化傳統的發展。

新莊位於大漢溪旁，這對於原本居住在此地的平埔族和後來逐漸控制這個地區的漢人而言都是抵禦外敵和貿易的絕佳位置。由於遍及全區的貿易成長與新移民不斷移入，新莊市區在 18 世紀初中期開始稍具規模，其中一個致力於發展新莊的領導人物（墾首）是廣東的貢生楊道弘。楊道弘和他的追隨者是第一群正式申請屯墾今日的新莊市的人，並在雍正五年（1727）獲得開墾的許可（墾照）。三年後，楊道弘和武勝灣社平埔族人簽訂合約，由他來收取他們的贌社稅，並且每年至少繳交 50 兩白銀給政府（一兩約等於 1.3 盎司）。[64]新莊現存最古老的寺廟是慈祐宮（供奉媽祖），約在雍正七年至九年（1729-1731）間落成於楊道弘的

---

[63] 以下所要呈現的許多資料已發表於筆者的三篇文章：Paul R. Katz, "Temple Cults and the Creation of Xinzhuang Local Society," in *Papers from the Seventh Conference on Chinese Maritime History*, ed. T'ang Hsi-yung(Nankang: Sun Yat-sen Institute of Social Sciences, 1999), pp.735-798;"Festivals and the Division of Ritual Labor: A Case Study of the An-fang at Xinzhuang's Dizang An,"*Minsu quyi*(民俗曲藝)130(2001): 57-124; "Local Elites and Sacred Sites in Hsin-chuang: The Growth of the Ti-tsang An during the Japanese Occupation," in *Xinyang, yishi, yu shehui: Disanjie guoji Hanxue huiyi lunwenji*《信仰、儀式與社會：第三屆國際漢學會議論文集》, ed. Lin Mei-rong(林美容)(Nankang: Institute of Ethnology, Academia Sinica, 2003), pp. 179-227.

[64] 50 年後，乾隆四十三年（1778），新莊土地公廟仍然可以從武勝灣平埔族人所捐的每一甲土地上收取充足的大租，用以支付廟方購買香、油的開銷。參見陳宗仁，《從草地到街市——十八世紀新庄街的研究》，頁 147-154；尹章義，《臺灣開發史研究》（臺北：聯經出版事業公司，1989），頁 97-115、369-371；John R. Shepherd, *Statecraft and Political Economy on the Taiwan Frontier, 1600-1800*(Stanford: Stanford University Press, 1993), pp.299-300.

土地上，但我們無從得知他在建築過程中所扮演的角色。[65]

　　乾隆十三年（1748），一場大火燒毀了慈祐宮及其周邊的許多商店，但是廟宇很快地在乾隆十六至十八年（1751-1753）間重建了起來，規模甚至比以往更大。四年後，乾隆二十二年（1757），鎮民蓋了地藏庵，或稱為大眾爺廟，用以供奉地藏王菩薩和大眾爺。同年，一個叫郭宗嘏的監生捐出自己的地，在新莊的中港地區蓋了一座土地公廟。另一個地方菁英是汀州貢生胡卓猷，他在乾隆二十五年（1760）蓋了武聖廟（祭祀關公）。同時期，新莊地區新蓋的廟宇還包括了市區裡的第一座王爺廟保元宮（供奉池府千歲，建於乾隆三十二年，西元 1767），和廣福宮（供奉三山國王，建於乾隆四十五年，西元 1780）。[66]

　　Barend ter Haar 已經注意到寺廟標示出貿易和人口活動，也往往被建於橋樑、碼頭、市場等地的旁邊，[67]新莊也不例外。當市區變得愈來愈商業化，大部分的商店趨向於聚集在一條與水邊平行，且自市區裡重要廟宇前方通過的主要街道上。新莊的米市就位於慈祐宮和武聖廟之間，其他的市場則位於慈祐宮和廣福宮中間（參見圖 2）。

[65]　關於慈祐宮的落成時間有許多爭議，根據不同的資料有 1686、1729、1731 和 1753 幾個時間。根據 Barend ter Haar 的報告，一個寺廟建築大到足以刻在石碑和記載在地方志上，通常象徵著這個信仰有更進一步發展。我認為媽祖信仰可能最早在 1686 年便出現在新莊（或許是以神像或香火袋的形式出現），當時實際上的寺廟尚未建立，直至 1710 年代才建起來。

[66]　洪燦南，〈新莊鎮的沿革〉，《臺北文獻》38（1976）：64-73；尹章義，《臺灣開發史研究》，頁 366-372。

[67]　Barend ter Haar, "The Genesis and Spread of Temple Cults in Fukien," in *Development and Decline of Fukien Province in the 17th and 18th Centuries*, ed. E.B. Vermeer(Leiden: E.J. Brill, 1990), pp. 380-382, 384, 385, 391.

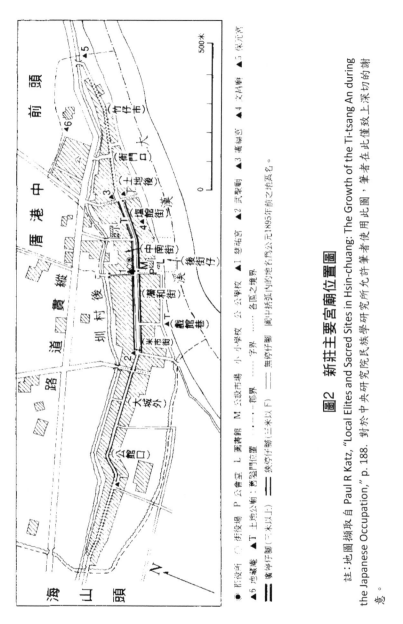

圖2 新莊主要宮廟位置圖

● 區役所 ○ 拜殿場 P 公會堂 L 興善館 M 公設市場 小 小學校 公 公學校 ▲1 慈祐宮 ▲2 武聖廟 ▲3 廣福宮 ▲4 文昌祠 ▲5 保元宮
▲6 地藏庵 ▲T 土地公廟 ▼ 舊隘門位置 ═══ 狹窄仔腳(三米以上) ═══ 無窄仔腳 圖中括弧內的地名係為公元1895年前之地名。

註：地圖擷取自 Paul R Katz, "Local Elites and Sacred Sites in Hsin-chuang: The Growth of the Ti-tsang An during the Japanese Occupation," p. 188. 對於中央研究院民族學研究所允准使用此圖，筆者在此僅致上深切的謝意。

　　寺廟與市場間最重要的聯繫或許可以從新莊五十六崁（在閩南，崁意指房子或商店）來談，這是位於慈祐宮和武聖廟之間一整排的商業建築。[68]木筏和其他的小船把米運到下游的新莊，他們通常在慈祐宮前面

卸貨，並賣給從事於兩岸貿易的商人。乾隆五十五年（1790），來自泉州和廈門的商人在新莊成立了自己的商會，其他的商業企業也隨即跟進。這些商人和地方學者與官員一樣都變成了新莊寺廟的支持者。相較之下，地藏庵則位於主要從事農業的小田心子和茄冬腳等地方，地藏庵最終比其他三間廟宇都還要來得更興旺，其中一個原因要歸功於它能夠吸引到地方菁英的支持，包括那些住在新莊主要街道上的人。

清廷很快久就對新莊繁榮的社會和經濟的重要性作出回應；乾隆三十二年（1767），巡檢從八里坌移至新莊，而此一官職在乾隆五十五年（1790）更進一步被提升為縣丞。新莊最重要的一個巡檢是曾應蔚，他是來自江西的監生，乾隆四十一年至四十四年（1776-1779）擔任巡檢。他在乾隆四十四年協助重建慈祐宮，同年春天並捐贈了一個匾額給廟方。

大漢溪流域泥沙淤積的狀況使得港口對政府和國際運輸的魅力大幅地下降，新莊在 19 世紀初期開始沒落。另外，臺北艋舺地區（今日的萬華）和大稻埕地區（今日的大同、大龍峒）的興起更加速了新莊的衰落。嘉慶十四年（1809）清廷決定把新莊的縣丞移至艋舺，雖然確切實施此一決策的日期一直有許多爭論。[69]然而這個決策帶給新莊地方菁英的衝擊之大，或許有助於解釋 1810 年代初期爆發了一連串建造和重修寺廟的活動。重修部分包含慈祐宮和地藏庵，都完工於嘉慶十八年（1813）；供奉應試者守護神的文昌祠則被移出慈祐宮，[70]也在同年改建為一座獨立的廟宇。[71]地方官員和新莊地方菁英一共捐了九塊匾額都被供在慈祐宮，[72]那是一個地方在艱困中，試圖重新凝聚其主要聖地的重要象徵。

筆者將把重心轉至新莊兩座主要寺廟的個案研究上：慈祐宮和地藏

---

[69] 同上，頁 196-197；尹章義，《臺灣開發史研究》，頁 381-396。

[70] 有關文昌的研究，可參見 Terry F. Kleeman, *A God's Own Tale: The Book of Transformations of Wenchang* 文昌, *the Divine Lord of Zitong* 梓潼(Albany: SUNY Press, 1994).

[71] 洪燦南，〈新莊鎮的沿革〉，頁 68，70，71。

[72] 楊仁江，《新莊慈佑宮調查研究與修護》（未出版，1992）；1814 年另外又捐贈了兩個匾額。

庵。

　　慈祐宮。[73]關於慈祐宮歷史最早的資料是寫於乾隆二十九年（1764）的碑文。這個文本對於學者研究帝國晚期臺灣的經濟史非常重要，其中顯示了像慈祐宮這種規模的公廟（由地方居民義務性合資〔捐款〕修建、舉行祭祀活動的廟宇）可以向渡船、養殖業者和在新莊市街上做生意的店主收取租金和稅金。[74]乾隆二十九年（1764）的碑文並包含了一個簡短的規則，聲明寺廟的租金與稅金不得典當、常駐僧侶亦不得在廟前建屋居住，以及所有的金錢皆用於支付例行性的祭祀儀式。[75]

　　乾隆五十五年（1790；1831 重刻）的木頭匾額上很清楚地將地方社會階層呈現了出來。根據這個匾額，兩個來自土城和三峽的地主在乾隆四十三年（1778）捐贈了祀田給慈祐宮，超過三百甲的土地至今仍然存在，也被稱之為媽祖田。這塊匾額包含了這些田地的地圖，也條列了那些官員、商人、領導者與佛教僧侶在控制寺廟和祀田上所扮演的角色。[76]這塊匾甚至在後來廟方與新開墾移民的土地爭奪時派上用場。

　　慈祐宮第二個碑文為上文所提的巡檢曾應慰於乾隆四十四年（1779）所撰寫，其中包含帝國晚期臺灣國家和社會間關係的重要訊息。如同乾隆二十九年（1764）的碑文一般，此碑一開始先敘及媽祖的守護力量，並強調其儀式已獲得國家支持；然而，曾應慰的碑文也提到官員不應該特別支持著名的地方廟宇，特別是那些供奉著納入國家祀典神明，卻沒有舉行官方儀式的廟宇。曾應慰在慈祐宮中的祭祀究竟是出於個人信仰，或只是為了與地方菁英維持一個良好關係，我們並不清

---

[73] 以下關於慈祐宮歷史的討論主要根據廟碑的記載，這些資料的文本請參見 Paul R. Katz, *Images of the Immortal: The Cult of Lü Dongbin at the Palace of Eternal Joy*, pp.94-130.

[74] 陳宗仁，《從草地到街市——十八世紀新庄街的研究》，頁 198-200。大部分的寺廟收取稅金主要都是用於建造寺廟或儀式活動，參見 Michael Szonyi, "Local Cult, *Lijia* 里甲, and Lineage: Religious and Social Organization in the Fuzhou Region in the Ming and Qing," pp. 103, 118.

[75] 佛教僧侶約自 1760 年開始常駐慈祐宮，第一位住持是來自漳州的志修和尚（1710-1782），參見陳宗仁，《從草地到街市——十八世紀新庄街的研究》。關於其他臺灣寺廟中的常駐僧侶，參見王見川，〈臺灣民間信仰的研究與調查〉，收入張珣等編，《當代臺灣本土宗教研究導論》（臺北：南天出版社，2001），頁 103，118。

[76] 楊仁江，《新莊慈佑宮調查研究與修護》，頁 77，79。

楚，但是他在描述自己時，將自己與這些人聯繫在一起，且他在碑文落款上並未署上自己的官銜，而是以一個地方領導人（首事）的身分出現，這一點也非常有意義，這進一步揭示出他對這座寺廟及其地方社區的認同感。

慈祐宮中最後一塊清朝的碑文寫於同治十二年（1873），就在一次新的重修工程完成之後。這個碑文極具價值，其上記載了重修工程中完整捐贈名單，其中包括許多新莊地區最重要的移民團體和商人組織，捐款的總額超過 1,955 圓。碑文上使用了蘇州的算數系統來條列所有的支出，並告訴我們重修工程的花費超過 1,950 圓。[77]這個碑文則由生員黃謙光（1844-1906）撰寫，其上的書法出自監生杜連輝之手；[78]石碑本身由慈祐宮住持法紀雕刻，寺廟理事陳紹容出資。比較上來說，這些人的地位較低，雖然這無法清楚指出慈祐宮已進入衰退期，但碑文中沒有提及官員對重修工程有捐款或是其他的支持，這一點或許非常具有意義。黃謙光的碑文概述了慈祐宮的歷史，但也動人地懇求地方菁英的成員支持新莊最古老、最有名的公廟：

> 當雍正七年（1729）闢是地，即建是宇，其時□無題□，農工咸幸平安，街亦如龍，商賈莫憂□塞，此雖新莊之地脈方興，實我后之天階默佑者也。無如興廢有時，盛衰靡定，□以當□乾隆四十四年（1779），畫檻雕楹，經年幾壞，則有董事曾應蔚、趙宜捷諸人，出首鳩工。迨嘉慶一十八載（1813），瓊窗寶菴，歷久難支，則又有分縣主曹□（曹汝霖）暨諸郊戶，宏開象教。是前人之經營補葺，革故鼎新者，豈非欲保宮殿於不殘，即以綿氣運於勿替乎。夫生於昔者謀於昔，昔之人既因損壞而綢繆；生於今者謀於今，今之人詎因傾殘而坐視。故當此時，風吹古瓦，神前之劫火消紅；雨漬長簷，寺外之荒煙埋碧。伏願學士、縉紳、農工商賈，念我　天后之慈悲，憫宮室之漂搖，向前舍利，偶留權喜之緣；極力施財，不屑錙銖之較。庶幾石基永固，點頭之頑石

---

[77] 楊仁江，《新莊慈佑宮調查研究與修護》，頁 88-92。
[78] 同上，頁 93。

可驅；雲棟齊飛，覆體之慈雲遠映。彬彬乎壯一時之觀瞻，造百
年之福澤也。豈不懿哉！豈不休哉！

黃謙光藉由碑文來呼籲他的同輩在慈祐宮有需要時加以支持，其中
有很明顯對新莊過去歲月的懷舊之情。透過閱讀碑文，我們可察覺像黃
謙光這樣的地方菁英很擔心危機衝擊他們的市區和主要廟宇，也恐懼這
次慈祐宮可能無法恢復它過去的樣貌。然而，歸功於這些人的努力，結
果是相當成功的，慈祐宮不只重建起來，而且直至今日仍然保有新莊一
個主要公廟的地位。

地藏庵。相對位於新莊商業中心的慈祐宮而言，地藏庵則位於市區
的農業地區。地藏庵建於乾隆二十二年（1757），開始時它並不是一個
官方認可的寺廟，而是新莊一個義塚的屬壇，義塚裡埋葬著無名或是無
祀的人們。地藏庵直至日治時代初期才發展成為普通的廟宇，其原因有
三：

1. 1890 年代和 1900 年代頻繁爆發傳染病，導致了新莊地區非常多
人死亡。1912 年，地藏庵的信徒們遂成立了一個名為俊賢堂的神明會
組織來因應這樣的危機，並且在夜晚舉行「暗訪」這個儀式。之後，每
年農曆四月的最後一天，新莊都會舉行暗訪儀式；而這同時也是在為農
曆五月一日大眾爺生日的遶境出巡做準備。

2. 新莊地方菁英和其他不住在新莊的人，例如辜顯榮
（1866-1937），對地藏庵擴大支持。兩個不同的地方菁英組織藉由「儀
式工作的分工」來負責管理廟宇及其慶典，寺廟的委員會負責日常管理
和定期維護，俊賢堂則負責暗訪和例行的遶境活動。這樣的分工在 19、
20 世紀的臺灣相當普遍，特別是像大甲媽祖到北港（後來是新港）進
香這樣大規模的活動，和三年一次的東港燒王船的儀式。這些儀式之所
以能夠成功的舉行，也歸功於官將首和法師等專業人士的參與。

3. 用以安撫死者和解決生者間衝突的儀式經常在地藏庵舉行，這
些儀式從日治時期開始，至今則變得非常普遍。除暗訪和普度外，在地
藏庵最常舉行的儀式包括用來改變生者未來的改運或祭解、解決死者和

生者甚至是生者間的爭執的上訴狀儀式。此外，在日治時期和戰後初期，信徒若與人發生爭執，也會到地藏庵前立誓、斬雞頭，[79]不過時至今日，廟方已不再允許這樣的儀式在廟內舉行。有許多專業人士，包括道士、法師、乩童和筆生都受雇於廟方來負責舉行這些儀式。

關於地藏庵早期歷史的資料相對來說是比較不可靠的，因為這座廟宇最早的記載只能追溯至 20 世紀初期。筆者僅能猜測地藏庵初建之時可能與許多清代臺灣供奉厲鬼的厲壇或大眾壇相當類似，這些廟宇通常還會供奉大眾爺和一尊地藏王菩薩或觀世音菩薩。[80]地藏庵第一次整建是在嘉慶十八年（1813），而後又在道光十七年（1837）、光緒元年（1875）和光緒十五年（1889）陸續重修，當地的業戶張廣福（張廣福墾號）主導了其中幾次的修建。保存在地藏庵中的許多文物，包括一塊嘉慶十年（1805）由無名信徒捐贈、光緒三年（1877）由張廣福墾號修復的匾額，與兩個刻有咸豐十一年（1861）和光緒三年（1878）的石頭香爐，可以證明地藏庵的建廟時期至少可以推至清代中期。如同慈祐宮，直至 20 世紀初期地藏庵仍然有一位住持僧負責廟內大小事務，歷來的這些僧侶（開山祖）都被供奉在功德廳中的牌位，廟方會一年五次以菜飯來祭祀他們。然而，除非學者得以打開牌位並針對其上的人名進行調查，否則這些僧侶的身分仍舊是一團謎。

根據上述簡短的篇幅，我們可以知道地藏庵在清代新莊的宗教版圖中占有一席重要的地位。光緒二十年（1894），地藏庵第一次分香至蘆洲的大眾爺廟。[81]九年後，光緒二十九年（1903），地藏庵重建為一棟大規模的木造廟宇，這顯然可以看出它影響力持續增加。整個工程款項共需 1,454 圓，但僅募得 1,168 圓，剩餘的 286 圓由鄭瑞玉（生卒年不詳）

---

[79]　有關當代臺灣斬雞頭儀式的意義，請參見 Paul R. Katz, "Fowl Play: Chicken-beheading Rituals and Dispute Resolution in Taiwan," in *The Minor Arts of Daily Life: Popular Culture in Taiwan*, eds. David K. Jordan, Marc Moskowitz and Andrew Morris(Honolulu: University of Hawaii Press, 2004), pp. 35-49.

[80]　林富士，《孤魂與鬼雄的世界——北臺灣的厲鬼信仰》（板橋：臺北縣立文化中心，1995）；戴文鋒，〈臺灣民間有應公信仰考實〉，《臺灣風物》46.4（1997）：53-109。

[81]　辜神徹，〈臺灣北部大眾爺信仰新議——以新莊大眾廟為主之研究〉，《臺灣史料研究》26（2005）：2-31；李宗益，《將·源：論官將首》。

個人獨資捐贈。同時，其他的地方菁英也負責管理地藏庵，黃慶霖（1861-?）是新廟落成後首任管理委員會理事長。除了黃慶霖以外，其他共同資助地藏庵光緒二十九年（1903）重建工程的地方菁英還包括了鴉片商高玉山（1836-1906）、區長林明德（1878- 1923）、另一位鴉片商葉明儀（1854-1914）、保正與前監生張燕林（1854-1908）、鄭福緣（1857-1925，煙草商、雜貨商）、鄭玉傳（生卒年不詳：大同公司總經理鄭聯銘之祖父）（見表 1）。值得注意的是，地藏庵的支持者不僅僅是個人，還包括業戶和商號，例如張廣福墾號的負責人不僅協助管理廟務，也在光緒二十九年（1903）重修工程中捐贈了大筆金錢，同時三合發商會的成員也資助了寺廟工程。

表 1　日治時期新莊地方菁英與地藏庵／俊賢堂的關係

姓名（生卒年）	地址	職業	貢獻
尤樹根（1895-1945）	新莊892番地	豆腐製造業	俊賢堂
王金生（1876-1961）	新莊703番地	賣藥商、街協議員	捐錢
王金標（1895-1961）	新莊694番地	雜貨商	捐錢
李登園（1894-？）	新莊871番地	木材商	俊賢堂
吳新春（1900-1974）	新莊962番地	襄衣製造業	捐錢
杜逢時（1865-1913）	新莊435番地	公學校老師	俊賢堂
林丁燦（1901-1977）	新莊577番地	花販	捐錢
林水交（1868-1944）	新莊900番地	製造業	捐錢
林明德（1878-1923）	新莊600番地	區長、街長、雜貨商、鴉片商	委員
林添發（1868-1928）	新莊761番地	木匠、煙草商、街協議員	捐錢
林欽榮（1862-1942）	新莊594番地	醫師	俊賢堂
洪其山（1883-？）	新莊434番地	糕餅製造業	俊賢堂
高玉山（1836-1906）	新莊774番地	鴉片商	董事
高漢宮（1879-1924）	新莊692番地	巡查補、街協議員	俊賢堂
郭水返（1871-1956）	新莊814番地	保正、竹細工	俊賢堂
張水源（1866-1933）	新莊597番地	鹽商、貸地業（房地產）	捐錢
張　角（1860-？）	新莊87番地	飲食物行商	俊賢堂
張長懋（1867-1933）	新莊574番地	鹽商、街協議員	辜顯榮的秘書
張燕林（1854-1908）	新莊595番地	監生、保正、度量衡商	董事、捐錢
陳火寅（1879-1930）	新莊1030番地	米篩製造商	俊賢堂
陳紅英（1899-？）	新莊頂坡角90番地	船夫	俊賢堂
陳根旺（1875-1928）	新莊頂坡角182番地	田作	俊賢堂
陳國治（1904-1984）	新莊313番地	製飴業、鎮長、縣議員	第三任理事長
葉明儀（1854-1914）	新莊591番地	鴉片商	董事、捐錢

翁　福（1872-1940）	新莊144番地	製飴業	俊賢堂
詹和尚（1873-1954）	新莊6561番地	雜貨商	俊賢堂
黃謙光（1844-1906）	新莊593番地	稟生、鴉片商、公學校教師	撰寫碑文、委員
黃慶霖（1861- ？）	新莊592番地	生員、公學校教師	第一任理事長
黃淵源（1890-1945）	新莊546番地	街長、貸地業、街、州協議員	第二任理事長
鄭福仁（1897-1944）	新莊441番地	公學校訓導、街役場書記、會計	捐錢
鄭福緣（1857-1925）	新莊612番地	煙草商、雜貨商	委員、捐錢
鄭潤澤（1857-1925）	新莊538番地	衛生組合書記、貸地業	委員

註：筆者整理。

　　1920 年代和 1930 年代地藏庵進行了一次更大的重修工程，不僅規模擴大，更改用石頭來重建。這次的工程由之後的新莊街街長黃淵源（1890-1945，他是繼黃慶霖以後，地藏庵第二任理事長，不過這兩個人並沒有任何血緣關係）、街役書記鄭福仁（1897-1944）、管理當地信用組合的王金生（1876-1961）及其親戚王金標（1895-1961）等人籌備和主要出資（見表 1）。同時，另一個有助地藏庵發展的關鍵是將地藏庵前的公墓遷到新莊附近山區的十八份，這個工作由街長黃淵源及其助役（今之秘書）林學周（1884-?）呈請臺北州政府進行遷建工程，而林學周同時也是一位齋教龍華派的信徒。墓地的遷移使得地藏庵有更大的空間可以舉行每年的暗訪和遶境活動。

　　上述的建造工程擴大了地藏庵的規模和聲望，它能夠發展成為新莊主要的信仰中心也要歸功於自日治時期開始發展的新儀式，尤其是暗訪和大眾爺生日當天所舉行的遶境儀式的成功。要了解新莊地區的人們為什麼選擇舉行暗訪儀式，我們得先簡短回顧日治初期臺灣的疾病史。自 1896 年到 1907 年的 11 年間，全臺灣有超過 35,000 個傳染病的案例，大部分是鼠疫、霍亂和痢疾，導致 23,411 個人死亡。災情最慘重是在 1901 年，5,554 人（大部分是在臺南）感染了鼠疫，其中 3,822 人死亡；1905 年，2,729 感染者中有 2,193 人死亡，死亡率高達 80%。新莊市區在 1910 年代全面執行公共衛生措施之前，1900 年代的死亡率非常高，最慘的狀況分別是 1906 年有 236 人被傳染，和 1908 年有 205 人染病，而這數目遠遠高於當時每年平均死亡人數的 150 人。整個漢人社會中，在傳染病爆發時往往會舉行暗訪儀式，新莊也不例外。

　　新莊最初舉行暗訪儀式之所以能夠成功，部分要歸功於當時北臺灣最著名的地方菁英辜顯榮。辜顯榮在協調 1895 年臺北城和平開城投降日本之後，便成為當時重要的政治人物，他也致力於經營糖、鹽和鴉片等產業，同時並支持包括萬華龍山寺在內的許多寺廟。[82]1910 年，辜顯榮的妻子陳笑重病，中西醫束手無策，辜顯榮的秘書張長懋（1867-1933）是個新莊商人，並在 1924-1932 年間擔任新莊街的官派協議員，他為陳笑至地藏庵向地藏菩薩燒香膜拜，很快地陳笑的病就痊癒了。因此辜顯榮不只捐錢重修地藏庵，還修建廟宇附近的道路和橋樑；為了拓寬路面，廟宇前面的水溝被覆蓋了起來，一座刻有顯榮橋的石碑為這座橋的遺跡。辜顯榮也捐錢資助地藏庵 1912 年第一次的遶境活動，並捐 100 圓自福州購買一組七爺、八爺的大型神像。從廟史的記載與訪談記錄來看，辜顯榮對地藏庵的支持吸引了更多新莊本地的菁英來參與地藏庵的活動。

　　1912 年，一群不隸屬於地藏庵管理委員會的新莊地方菁英為了籌備第一次的暗訪和遶境，聯合創立了俊賢堂，這群人包括陳火寅（1879-1930，米篩製造商）、杜逢時（1865-1913，文人、臺灣三筆之一）、高漢宮（1879-1924，巡查捕與通譯）、郭水返（1871-1956，保正）、洪其山（1883-?，金怡合餅行的創始人）、林明德、林欽榮（1862-1942，醫生）、翁福（1872-1940，糖商、糖果商）、尤樹根（1895-1945，豆腐商）、詹和尚（1873-1954，雜貨商）（見表 1）。這些地方菁英和負責地藏庵重修工程的人一樣，其住家或商店都座落在新莊老街 500 號至 700 號之間，這裡同時也是慈祐宮和武聖廟間商業建築網絡的中心。這些地方菁英不單只是支持地藏庵，同時也加入其他寺廟的儀式組織。[83]值得

---

[82]　辜顯榮的一個兒子辜振甫（1917-2005）曾擔任海峽交流基金會的董事長；另一個兒子辜寬敏則是著名的臺獨人士。

[83]　根據已經停止活動的武聖廟敬義閣的帳簿，上面條列了許多支持地藏庵的地方菁英的名字，包括上述提到的那些人：杜逢時（1899 年爐主）、高漢宮（1907 年爐主）、黃謙光（1895 年爐主）、黃淵源（1930 年爐主）、林明德（1921 年爐主）、葉明儀（1903 年爐主）、張長齡（張燕林之子，1889 年生，1922 年爐主）、張水源（1866-1933，鹽商、貸地業，1905 年爐主）、鄭福仁（1924 年爐主）、鄭潤澤（1857-1925，衛生組合書記、貸地業，1915 年爐主）

注意的是，在早期銀行貸款不容易取得的年代，神明會不只是一個社會宗教組織，也具有很大的經濟功能。[84]

　　儘管俊賢堂的組織與一般的儀式團體很類似，都供奉一位神明並且每年選出不同的人擔任爐主和頭家，其成員同時也會表演音樂，在俊賢堂他們表演的是北管樂。然而俊賢堂並不將自己歸類為神明會，而是使用子弟團或憨子弟這樣的名稱。一般來說，子弟團可以再劃分為三種類型，但他們在實際運作上往往會有部分重疊。第一類與特定的寺廟有密切聯繫，甚至會在自己的名字前面冠上寺廟的名字，他們不只會祭祀一或多個寺廟神明，還祭拜已過世的成員（先緣）。第二類與寺廟無關，但他們有自己的廳堂來祭拜已故成員的牌位和像田都元帥、西秦王爺這樣的行業神。第三種與第二種幾乎完全相同，只是沒有自己的廳堂，所有的神像、牌位、儀式用具和樂器等等都收藏在當年的爐主家中，而爐主的產生通常是在團裡守護神明面前以卜杯（擲筊）決定。[85]俊賢堂兼有第一和第三種類型的特徵，他們與特定的寺廟關係密切，但所有的樂器和儀式工具則放在爐主家中。

　　1912年創立時，俊賢堂的成員將自己劃分為12格，分別以天、地、日、月等等自然現象來命名，住在新莊市區的成員占了10格，中港和頭前各占一格；在興盛的時候，俊賢堂有超過一百個全職的成員，每一格約有10至13人不等。從創立至今，所有的俊賢堂成員都有權參加農曆五月十八日的吃會，並在文武大眾爺面前卜杯決定由誰來擔任次年的爐主與頭家；連續得到最多聖杯的人就是爐主，較少的人則為副爐主和頭家。爐主得以把文大眾爺的神像和香爐請回家供奉，副爐主則供奉武大眾爺第二座香爐，頭家則可以保有大眾爺的一面令牌。爐主與頭家還會透過在暗訪、遶境期間裝飾載著他們孩子出巡的藤轎（俗稱「囡子轎」）來累積他們的象徵資本，這種現象至今仍然存在著。

　　除了協助籌備暗訪、遶境，俊賢堂的成員還會表演北管樂、擔任官

---

[84] 敬義閣的帳簿顯示許多地方菁英之所以加入這個團體是為了方便向敬義閣借錢，而長期無法還利息及本金的人則會被開除。
[85] 李宗益，《將‧源：論官將首》。

將首。[86]「官將首」團通常五人一組，他們透過在臉上彩繪臉譜來代表神明：率領五營的增將軍、損將軍；扛著一頭繫有鉸鍊的斬鬼鍘刀，並帶著一尊臥虎神像的虎爺（許多寺廟的神壇下通常也會供奉虎爺）；提著燈籠在前領路的開路神白鶴；以及坐在轎子上，負責審判在暗訪和遶境期間捕捉到鬼魂的陰陽司，這位陰陽司通常是整個「官將首」團的負責人。「官將首」團旁邊還伴隨著一群八將腳（八家將），他們雖然也繪有臉譜，但並不隸屬於「官將首」團，也不會表演任何儀式；這些人之所以參與暗訪與遶境，若不是為了感謝大眾爺和地藏庵裡其他神明的保佑，便是為了彌補過去的罪行。其他覺得自己罪孽深重的人則會像犯人一樣戴上紙枷，並且到地藏庵填寫一份贖罪狀。

　　由於地方菁英個人或團體的大力支持，使得暗訪和遶境非常成功。一份 1916 年關於地藏庵的報告指出，新莊及其附近的居民每年捐出一萬圓以上來支持這些儀式。根據漢文版《臺灣日日新報》上的許多文章，這個廟會在 1920 和 1930 年代變得更加普遍：例如，1925 年的報導便將遶境的發展與聯繫臺北市與三重市間臺北橋的完工連結了起來；1929年的報導中描述了五個人在去參加遶境的途中發生了意外；1930 年出版的文章則詳細地記錄了遶境的路線，遶境通常自地方上的學校或公園出發，而參與者則來自整個北臺灣，最遠還包括來自新竹與桃園的人們，他們來到新莊觀看暗訪儀式和遶境。一些報紙的報導也提到沿著遶境的路線設置了許多看臺，和表演得最好的班子將會得到獎賞。[87]暗訪與遶境的重要性也可在新莊人的俗諺中看出：「新莊有三熱，火、龍舟賽、五月初一」。[88]

　　地藏庵及其廟會在戰後仍然持續發展。然而，1960 與 1970 年代，隨著新莊的工業化與快速成長的人口，導致暗訪與遶境產生許多重要的改變。1979 年，面臨到活動規模所導致龐大的交通阻塞的抱怨，地藏

---

[86] 關於「官將首」團，可參見李宗益，《將‧源：論官將首》；呂江銘，〈將神人敬四方名──淺談官將首〉，頁 42-52。

[87] 關於日治時期臺北廟會中類似表演的描述，請參見宋光宇，〈霞海城隍祭典與臺北大稻埕商業發展的關係〉，頁 103-163。

[88] 李宗益，《將‧源：論官將首》，頁 14-23。

庵與俊賢堂的領導者決定將原本遶境的路線一分為二，而後 1984 年又更進一步劃分。此外，新莊俊賢堂的成員逐漸凋零，1903 年代超過一百人的盛況，至 1970 年代僅剩二十多人，分格的體系也在 1974 年告終。[89]相較之下，暗訪與遶境則在新的頭前區和中港區快速擴大，並且成立自己的俊賢堂。這些地區通常由地方上的里長來負責籌備，而這些里長通常是在 1960 至 1970 年代從臺灣中部或南部移居至新莊，並藉由同鄉會的支持來維繫自身的權力。這種發展引起新莊市較為保守居民的錯愕，他們反對建立這種新的傳統，並指責許多里長沒有努力準備儀式和籌到每個里都要捐獻的四萬元款項；其他的責難還包括里長會將籌款剩餘放入私囊、強迫官將首繞進他們住家附近的巷弄中，從而導致遶境時間上的延誤等等。

這些難題都在 2000 年春天達到了臨界點，其中問題還包含如何界定里長在組織暗訪和遶境上的角色。當這年廟會結束之後，地藏庵管理委員會的代表和地方里長在 6 月 11 日進行一次協商，在冗長和熱烈的討論後，他們取得了以下的共識：

1. 2001 年開始，由地藏庵負責為暗訪與遶境籌款，里長則從旁協助。

2. 中港區與頭前區的暗訪路線由廟方決定，時間上不得超過傍晚。

3. 暗訪與遶境中雇用班子的費用由廟方負擔。

4. 所有組織暗訪與遶境的工作都由廟方負責，里長僅從旁協助。

這些共識指出，新移居至頭前與中港的菁英想要透過暗訪和遶境來主張其權力與累積象徵資本的嘗試是失敗的，這些新的菁英能夠或希望與新莊舊有的菁英建立起長期合作關係的程度還有待觀察，但短期內至少廟會還是會持續地熱鬧下去。

另一個問題與官將首本質的改變有關，1970 年代至 1980 年代間，官將首在黃秋水指導下，由一個業餘的團體轉變成專業的班子；結果，地藏庵不再以黃秋水執事，而另外選擇原為電氣技師、現在擔任地藏庵

89　即使分格的體系並未被加以重建，但是俊賢堂的成員仍然會在五月十八日聚集在地藏庵，參加筵席、祭拜先緣，並卜杯決定誰將擔任爐主和頭家。

童乩的楊文禮來取代他。導致這些行為的原因是維繫新莊廟會體系主要
兩股力量間持續不斷的摩擦，一是管理地藏庵與俊賢堂的地方耆老（主
要是保守派的地方菁英），一是在遶境藝陣團體中表演的年輕人，但這
種緊張狀況並非新莊所獨有，筆者在東港也看到類似的現象，[90]而
Fiorella Allio（艾茉莉）、Avron Boretz（白安睿）與 Donald Sutton 等人
的研究同樣也揭露了在其他方面影響臺灣廟會的諸多問題。[91]

五、結論

　　以上的論述已證明寺廟儀式在構成地方社會時具有不可或缺的重
要性，廟宇不僅是雄偉的建築物，它更為官員、地方菁英與神職人員提
供權力與合法性，而這些人的活動則促成了錯綜複雜的權力三角網絡結
構。此外，寺廟的廟會也為這些團體的領導人提供了一個主要的競爭場
所，他們試圖透過這些公共活動來強化他們自身的事務與關懷。新莊個
案研究的資料更進一步揭示，在他們所共同支持的寺廟之下，不同的團
體具有不同的影響力。慈祐宮與地藏庵最初都由佛教僧人管理，但最終
他們都將這些廟宇的控制權交給三角網絡中的其他兩個團體。以慈祐宮
為例，官員與地方菁英在募款和寺廟重修工程方面顯得特別重要，而這
與地藏庵的歷史發展形成強烈的對比；在地藏庵，地方菁英與神職人員
所發揮的影響力遠超過官員，特別是在「儀式工作分工」的廟會網絡的
組成和維持上。

　　以上呈現的資料也提供我們一個機會去思考地方社區的改變與連
續性。就連續性而論，暗訪與遶境仍然持續興盛，那些地藏庵委員會與
俊賢堂成員的後代們也仍然支持這座廟宇及其儀式。然而，隨著時間過

---

[90] 康豹，《臺灣的王爺信仰》。

[91] Fiorella Allio, "Spatial Organization in a Ritual Context: A Preliminary Analysis of the *Koah-hiu^n*（刈香）Processional System of the Taiwan Region and its Social Significance," pp. 131-177; Avron A. Boretz, "Righteous Brothers and Demon Slayers: Subjectivities and Collective Identities in Taiwanese Temple Processions," pp. 219-251; Donald S. Sutton, *Steps of Perfection: Exorcistic Performers and Chinese Religion in Twentieth-Century Taiwan*.

去，現代臺灣社會為地方菁英提供了更多地方選擇，讓他們得以建立或加強自己的權力，他們的參與程度便顯得很不清楚。地藏庵與俊賢堂在支持傳統的成功上還有待判斷，但值得注意的是，對於新莊歷史及文化的關懷的再現，使得參與這個廟宇儀式生活的人數有了顯著的增加。整體而言，寺廟位於權力三角網絡中心的重要性並沒有變小，對中國文化與社會的發展之重要性也沒有縮減。

本文初刊登於林富士主編，《中國史新論‧宗教分冊》（台北：中央研究院、聯經出版事業股份有限公司，2010），頁 439-476，收入本書時略作修訂。

鸞堂與近代臺灣的地方社群

緒論[*]

　　隨著中國大陸、台灣和海外華人社群研究環境的持續改善，更為豐富的材料開始進入學界的視野——包括檔案、家譜、碑文、帳簿、科儀本和口述歷史——用來描述地方宗教傳統的發展歷史及其在近代社會所面臨的挑戰。[1]目前，關於中國大陸扶乩社群的研究也已經開始出現類似的情況。正如高萬桑和宗樹人在他們即將出版，關於近代中國宗教歷史的書中所指出的：[2]扶乩社群在追求信仰救贖（永生、開悟）的過程中更專注於個人修持，而在這一層面上，這些群體可能更適合被劃分為自發性組織（與傳承性社群相對，諸如地方公廟、宗祠和宗教社團等）。中國的自發性扶乩組織數量繁多且種類多樣，既有由道士主持的宗教團體，也有由世俗信眾組織的以進行扶乩和慈善活動為主的善堂。一直以來，扶乩（也稱扶鸞、降筆）儀式深受中國精英階層的追捧，從六朝士族陶弘景（456-563）到清末參加科舉的舉子，以不同程度參與

---

[*]　我衷心地感謝我的研究助理邱正略和葉育倫。他們辛勤地收集原始資料和田野數據。同時，與梅慧玉及其學生們（特別是鄭育陞）的交談使我收穫甚多。梅慧玉目前正在研究埔里的宗教生活，括埔里鸞堂。此外，還要非常感謝林瑋嬪為本文的初稿提供了有價值的建議。

[1]　一些重要著作包括 Adam Yuet Chau, *Miraculous Response: Doing Popular Religion in Contemporary China*(Stanford: Stanford University Press, 2006); Thomas David DuBois, *The Sacred Village: Social Change and Religious Life in Rural North China*(Honolulu: University of Hawaii Press, 2005); Vincent Goossaert, "1898: The Beginning of the End for Chinese Religion?" *The Journal of Asian Studies*, 65.2 (2006): 307-336; 高萬桑(Vincent Goossaert)：〈現代中國的國家與宗教：宗教政策與學術典型〉，《中央研究院近代史研究所集刊》第 54 期（2006），頁 169-209； Daniel L. Overmyer, ed., Religion in China Today, The China Quarterly Special Issue, New Series, No. 3(Cambridge: Cambridge University Press, 2003); Pamela J. Stewart and Andrew Strathern eds., *Asian Ritual Systems: Syncretisms and Ruptures*(Durham, NC: Carolina Academic Press, 2006); Barend ter Haar, "Local Society and the Organization of Cults in Early Modern China: A Preliminary Study," *Studies in Central & East Asian Religions*, 8 (1995): 1-43。

[2]　David Palmer & Vincent Goossaert, *The Religious Question in Modern China*(Chicago: University of Chicago Press, 2011).

扶乩儀式。[3]至清朝晚期，扶乩活動尤為興盛，[4]且對道教各宗派及其相關道教運動的形成與發展產生了重要的影響，並延續至今。許多民國時期的文人也參與扶乩活動，例如許地山（1893-1941）曾詳細地研究和撰寫了扶乩活動的歷史；[5]而丁福保，則將扶乩作為一種宣揚佛教教義的方法。[6]

　　目前有關台灣自晚清到現代的地方社群宗教歷史的研究成果豐碩，包括 Donald deGlopper（德格洛柏）對鹿港的研究，Stephan Feuchtwang（王斯福）非常經典的對台北主要廟宇的研究，筆者對廟宇在新莊（台北縣的下屬市）街鎮發展歷史中角色的個案研究，Steven Sangren（桑高仁）對大溪鎮（桃源縣的下屬鎮）宗教與社會的研究，Kristofer M. Schipper（施舟人）對台南廟宇如何構建當地城市生活的研究。[7]相較於以上這些近代台灣宗教的研究，對台灣扶乩廟宇（通常稱

---

[3]　David K. Jordan and Daniel L. Overmyer, *The Flying Phoenix. Aspects of Chinese Sectarianism in Taiwan*(Princeton: Princeton University Press, 1986)；中文版為焦大衛、歐大年著，周育民譯：《飛鸞：中國民間教派面面觀》（香港：中文大學出版社，2005）。

[4]　Mori Yuria 森由利亞, "Identity and Lineage: The *Taiyi jinhua zongzhi* 太一金華宗旨 and the Spirit-writing Cult to Patriarch Lü in Qing China," in Livia Kohn and Harold D. Roth, eds., *Daoist Identity. History, Lineage, and Ritual*(Honolulu: University of Hawaii Press, 2002), 165-18；吳亞魁：《江南全真道教》（香港：中華書局，2006）；游子安：《善與人同：明清以來的慈善與教化》（北京：中華書局，2005）。

[5]　許地山：《扶箕迷信底研究》（長沙：商務印書館，1941）；王見川：〈清末民初中國的濟公信仰與扶乩團體：兼談中國濟生會的由來〉，《民俗曲藝》第 162 期（2008），頁 139-169；范純武：〈飛鸞、修真與辦善——鄭觀應與上海的宗教世界〉，收入巫仁恕、林美莉、康豹合編：《從城市看中國的現代性》（台北：中央研究院近代史研究所，2010），頁 247-274。

[6]　若要更多瞭解此方面，可參見范純武：〈近現代中國佛教與扶乩〉，《圓光佛學學報》第 3 期（1999），頁 261-292；康豹：〈一個著名上海商人與慈善家的宗教生活——王一亭〉，收入巫仁恕、林美莉、康豹合編：《從城市看中國的現代性》，頁 275-296。

[7]　Donald R. DeGlopper, Lukang 鹿港：*Commerce and Society in a Chinese City*(Albany: SUNY Press, 1995); Stephan Feuchtwang, "City Temples in Taipei Under Three Regimes," in Mark Elvin & G. William Skinner, eds., *The Chinese City Between Two Worlds*(Stanford: Stanford University Press, 1974), 263-301; Paul R. Katz, "Local Elites and Sacred Sites in Hsin-chuang 新莊——The Growth of the Ti-tsang An 地藏庵 during the Japanese Occupation,"，收入林美容主編：《信仰、儀式與社會：第三屆國際漢學會議論文集》（台北：中央研究院民族學研究所，2003），頁 179-227; P. Steven Sangren, *History and Magical Power in a Chinese Community*(Stanford: Stanford University Press, 1987); Kristofer M. Schipper, "Neighborhood Cult Associations in Traditional Tainan," in G. William Skinner, ed. *The City in Late Imperial China*(Stanford: Stanford University Press, 1977), 651-676。

之為「鸞堂」)社會史的討論,特別是其對地方公共生活的影響方面的討論仍然較少。在過去幾十年關於這些鸞堂的研究中,大部分將關注點放在善書中所傳達出的所謂「儒家」價值觀,以及製作傳播善書的群體之歷史上;[8]同時,也有學者將這些現象放在殖民時期的抗爭背景中進行研究,此外,[9]還有研究討論禮生這一角色在整個扶乩活動與發展中的重要性。[10]

本文嘗試在上述研究的基礎上進一步探討埔里鎮(位於南投縣,參見表 1、地圖 1)主要鸞堂的社會特性。在參與為期兩年的「南投縣烏牛欄庄的族群關係與產業變遷」研究項目(中央研究院主題研究計劃,同時也是王秋佳教授主持的「中國地方社會文化比較」課題的一部分)期間,筆者開始對埔里鎮的宗教傳統產生興趣。最近,筆者完成了一項在埔里地區的為期兩年的國科會研究項目「鸞堂與地方社會的發展—以埔里地區的鸞堂為例」(NSC 97-2410-H-001-112-MY2)。此項目的目標包括勾畫出埔里鸞堂的地域分佈,追溯其歷史發展脈絡,探究地方鄉紳在其中的角色與作用,描述鸞堂內在組織結構(特別是不同崇拜者的興趣和目的)以及分析以扶乩為代表的科儀意義和鸞堂間所形成的關係網絡。筆者的研究計劃是基於過去學對扶乩群體的社會動力學研究,其中

---

[8]　例如王志宇:《台灣的恩主公信仰——儒宗神教與飛鸞勸化》(台北:文津出版社,1997);王見川:《台灣的齋教與鸞堂》(台北:南天出版社,1996);宋光宇:〈清代台灣的善書與善堂〉,收入《民間信仰與中國文化國際學術研討會論文集》(台北:漢學研究中心,1994),上冊,頁 75-93;李世偉:《日據時代台灣儒教結社與活動》(台北:文津出版社,1999)。See also Philip A. Clart, "Chinese Tradition and Taiwanese Modernity: Morality Books as Social Commentary and Critique," in Philip A. Clart and Charles B. Jones, eds., *Religion in Modern Taiwan: Tradition and Innovation in a Changing Society*(Honolulu: University of Hawaii Press, 2003), 84-97; Philip A. Clart, "Confucius and the Mediums: Is There a 'Popular Confucianism'?", T'oung Pao, 89.1-3(2003): 1-38;柯若樸:〈「民間儒教」概念之試探:以台灣儒宗神教為例〉,《近代中國史研究通訊》第 34 期(2002),頁 31-38。鄭志明:《台灣扶乩與鸞書現象——善書研究的回顧》(嘉義:南華管理學院,1998)。

[9]　王世慶:〈日據初期台灣之降筆會與戒煙運動〉,《台灣文獻》第 34 卷第 4 期(1986),頁 111-151; Paul R. Katz, *When Valleys Turned Blood Red: The Ta-pa-ni* 噍吧哖 *Incident in Colonial Taiwan*(Honolulu: University of Hawaii Press, 2005);中文版為康豹:《染血的山谷——日治時期的噍吧哖事件》(台北:三民書局,2006)。

[10]李豐楙:〈禮生與道士:台灣民間社會中禮儀實踐的兩個面向〉,收入王秋桂等編:《社會、民族與文化展演國際研討會論文集》(台北:漢學研究中心,2001),頁 331-364。

最為著名的一本書是《飛鸞》，這本書是 Daniel L. Overmyer（歐大年）與 David K. Jordan（焦大偉）合作項目的研究成果（參見註釋 4）。Gary Seaman（沈雅禮）關於鸞堂在埔里近代史中的意義的開創性研究，也對筆者的這項研究具有重要的參考價值。[11]除此之外，相關的研究還有王見川和李世偉對客家鸞堂的開創性討論，[12]鄭寶珍考察代勸堂——一個與埔里關係密切的鸞堂——歷史的碩士論文。[13]

在下文中，筆者會首先通過一些數據來概述埔里在日本統治初期，一些最具聲望的鸞堂的發展情況，這些鸞堂包括懷善堂、參贊堂、育化堂和通天堂。[14]隨後，筆者會考察鸞堂在戰後初期所扮演的角色，特別是醒靈寺、醒覺堂、導化堂和良顯堂（參見附錄 1）。之後，本文會討論這些鸞堂間的互動和協作、鸞堂對地方公共生活的貢獻、埔里鄉紳對鸞堂的支持，鸞堂的成員構成和鸞堂的醫治等相關活動。然而，由於目前的研究仍在進行中，所以本文所給出的結論，只是一種基於目前研究進度的嘗試。此外，本文所列數據也不夠詳盡，並沒有將許多較新的鸞堂包括進來，筆者還需要在未來進行更深入的研究，進一步展現這些廟宇是如何構建當地社群形態和社區認同的。

一、埔里鸞堂的早期發展

埔里鎮位於台灣中部多山地區，隸屬台灣唯一的內陸縣南投縣（參見地圖 2）。漢族移民直到十九世紀初才伴隨著一系列血腥的掠奪遷入這裏。清政府試圖通過鼓勵平埔族（平原原住民）遷徙至此來控制這片地區，其中最大的一次遷徙發生在 1823 年，有二千多人從西部平原遷

---

[11]Gary W. Seaman, *Temple Organization in a Chinese Village, in Lou Tzu-k'uang* 婁子匡 *ed., Asian Folklore and Social Life Monographs*, volume 101(Taipei: The Orient Cultural Service, 1978).

[12]王見川、李世偉：《台灣的宗教與文化》（蘆洲：博揚文化事業有限公司，1999），頁 253-278；王見川、李世偉：《台灣的民間宗教與信仰》（蘆洲：博揚文化事業有限公司，2000），頁 293-338。

[13]鄭寶珍：〈日治時期客家地區鸞堂發展：以新竹九芎林飛鳳山代勸堂為例〉（國立中央大學歷史研究所碩士論文，2007）。

[14]懷善堂和通天堂目前已沒有扶乩活動。

徙到埔里盆地。十九世紀七十年代以前，埔里的大部分居民是平埔族（洪雅、巴宰和道卡斯）和山地原住民（泰雅）。[15]十九世紀末，由於清政府實施「開山撫番」政策，派遣文武官員進駐埔里地區發展經濟，情況開始有所改變。1878 年，總兵吳光亮（1878-1888 在任）圍繞埔里鎮修建城牆，通過增加官員以加強清政府對這一地區的控制，在一定程度上促進了漢族向這一地區大量湧入的遷徙浪潮的出現。[16]在埔里的漢族移民中，泉州移民主要居住於城內（他們在城內從事商業活動），漳州移民則散居在平埔族社群中。客家人主要在埔里盆地周邊的山上居住，[17]這些來自新竹縣和苗栗縣的客家移民豐富了埔里地區文化的多樣性，儘管原住地不同，但他們大部分人是穿過山地，通過東勢鎮進入到埔里盆地，並沿著北溪及其支流定居在北山坑、水尾和小埔社這些村莊，而正是水尾和小埔社的原住民興建了參贊堂。[18]

　　客家移民的遷入主要是因為對埔里地區甘蔗等自然資源，特別是樟腦的開發，需要大量的勞動力。台灣中部地區的望族霧峰林家在這一過程中發揮了重要的影響，特別是林朝棟（1851-1904）已被證實對客家移民的遷入了重要的促進作用。[19]一些以客家人為主的鄉村，男丁比率

---

[15] 若要更詳盡地瞭解這個地區的歷史，請參劉枝萬編：《台灣埔里鄉土志稿》（台中縣：劉枝萬自編，1951）；劉枝萬、石璋如等纂：《南投縣志稿》（台北：成文出版社，1983）；John R. Shepherd, *Statecraft and Political Economy on the Taiwan Frontier, 1600-1800*(Stanford: Stanford University Press, 1993), 390-393。

[16] 邱正略：〈《熟蕃戶口及沿革調查綴》譯註（南投廳埔里社堡部分）〉，《暨南史學》第 8 號（2005），頁 260-261；鄧相揚：《尋覓埔里客家桃花園——南投縣埔里鎮客家資源調查期末報告》（南投：南投縣政府，2004），頁 21。

[17] 洪敏麟：《台灣舊地名之沿革》第二冊（南投：台灣省文獻會，1984），頁 491-492。如要更多瞭解埔里地區移民史，可參見邱正略：〈日治時期埔里的殖民統治與地方發展〉（國立暨南國際大學博士論文，2008）。

[18] 鄧相揚：〈埔里鎮客家拓墾概略〉，《水沙連雜誌》第 42 期（2010），頁 21-32。另參鄧相揚：〈平埔族群拓墾眉社群傳統領域的初探〉，水沙連區域研究學術研討會，劉枝萬先生與水沙連區域研究，2008 年。

[19] Paul D. Barclay, "Cultural Brokerage and Interethnic Marriage in Colonial Taiwan: Japanese Subalterns and Their Aborigine Wives, 1895-1930," *Journal of Asian Studies*, 64.2 (2005): 323-360; Johanna M. Meskill, *A Chinese Pioneer Family: The Lins of Wu-feng, Taiwan, 1729-1895*

(Princeton: Princeton University Press, 1979); Antonio C. Tavares, "The Japanese Colonial State

很高（男丁比例：小埔社 58.6%、北山坑 57.1%），似乎也是樟腦生產需要大量單身男性所造成的結果。這些客家移民社群之間、以及其與埔里原住民社群間，都保持著緊密的聯繫。例如，以觀音山聞名的水尾地區最先居住的是來自東勢鎮、銅鑼鄉和卓蘭鎮的客家人，後來從小埔社遷徙過來的客家人也住在了這邊，而他們又都與當地的道卡斯平埔族有著廣泛的聯繫。[20]這樣的合作模式也體現在參贊堂的歷史發展過程中。

　　埔里宗教活動場所的發展在上述歷史進程中發揮了關鍵的作用。根據附錄 1，我們可以得知埔里最古老的宗教活動場所是建於 1871 年的恆吉宮（一些文本中記載建於 1824 年），這是一所由漢族和平埔族共同集資修建，祭祀媽祖的廟宇；另一所在當地頗有聲望的廟宇是供奉原住民的護佑戰神慚愧祖師和玄天上帝的福同宮；而建造年代排行第三的義民祠（建於 1887 年）則反映了移民對埔里發展的影響。

　　懷善堂是埔里最古老的鸞堂，據傳，1846 年懷善堂剛剛建成時乃是一座城隍廟（也有一些資料記載為 1888 年），直到 1900 年，在當地鄉紳的影響下，才被改造成鸞堂，像施百川（1876-1919）、施雲釵（1901-1960）、陳石鍊（1900-1974）和劉萬通（1924-2010）曾參與其中。[21]在此之後不久，其他鸞堂陸續興建，包括參贊堂（1902）、通天堂（1909）、[22]育化堂（1911）。[23]醒化堂是埔里另一座重要的鸞堂，1907年初建時它是日南的一座私人祭壇，後於 1917 年成為獨立的鸞堂，至1949 年，又以醒覺寺之名在愛蘭重建。[24]埔里的鸞堂與其主要的齋

---

and the Dissolution of the Late Imperial Frontier Exchange Economy in Taiwan, 1886-1909," *Journal of Asian Studies* 64.2(May 2005): 361-385；王和安：〈日治時期甲仙、六龜地區之客家移民與樟腦業的開發〉，《客家文化通訊》第 8 期（2006），頁 87-122。

[20]鄧相揚：《尋覓埔里客家桃花園——南投縣埔里鎮客家資源調查期末報告》，頁 33。

[21]《懷善》（懷善堂，1972），頁 21-23；潘祈賢編：《埔里瀛海城隍廟沿革》（懷善堂，1986），頁 13-25；埔里育化堂：《破迷針》（南投：埔里育化堂，1947），頁 37-38。

[22]埔里通天堂：《鐙光六十年》（南投：通天堂，1979），頁 1-11。鄧鏗揚、賴敏修主編：《埔里區寺廟弘道協會紀念特刊》（南投：埔里區寺廟弘道協會，2006），頁 36。

[23]育化堂編輯委員會：《昭平宮育化堂簡史》（南投：財團法人昭平宮育化堂董事會，2001），頁 12-13、23-24。

[24]醒靈寺：《醒靈集錦·序》（南投：醒靈寺，1978），頁 2；財團法人台灣省埔里醒靈寺編印：《醒靈寺專刊》（南投：財團法人台灣省埔里醒靈寺，1978），頁 4-6。

堂——包括善天寺（1888）、久靈寺（1904）、覺靈寺（1905）——都有
密切的聯繫。[25]而這些鸞堂的堂主正反映了上文中所說的族群模式，以
埔里市中心的鸞堂為例，根據我們目前獲得的數據，參與懷善堂活動的
主要成員中，河洛人有十一個，而客家人只有一個；類似的，育化堂的
主要成員中有十一個河洛人、一個客家人、兩個平埔族人；由客家人建
造的參贊堂中則有九個客家人和四個河洛人；而位於平埔族社群的醒化
堂的主要成員則有四個平埔族和一個河洛人。[26]

　　鸞堂對埔里地區的移民模式與族群互動的影響也許可以通過台灣
中部最主要的一座客家鸞堂——參贊堂的歷史發展體現出來。[27]參贊堂
位於永興（一新）里，由來自新竹縣的客家人興建於 1902 年，似乎曾
通過分香，與埔里最古老的鸞堂懷善堂聯繫在一起。同時，參贊堂與位
於新竹縣飛鳳山的客家鸞堂，特別是代勸堂也有一定的聯繫。參贊堂的
歷史與通過分香從新埔村主廟傳入的客家義民爺崇拜的興起密不可
分，[28]而當地鄉紳建立的客家嘗會也是該鸞堂歷史發展過程中的重要角

[25]後兩個齋堂由埔里客家人社群所建。

[26]此數據的討論出現於康豹與邱正略合著：〈鸞務再興——戰後初期埔里地區鸞堂練乩、著書活動〉，2008 年水沙連區域研究學術研討會，國立暨南國際大學人文學院會議廳，10 月 18 日至 19 日。

[27]關於此廟宇的歷史，可參見筆者論文 "Spirit-writing and Hakka Migration in Taiwan - A Case Study of the Canzan Tang 參贊堂 in Puli 埔里, Nantou 南投 County"，該文於香港中文大學舉辦「中國地方社會儀式比較研究」國際學術研討會上發表，2008 年 5 月 5-7 日，後收入譚偉倫主編：《中國地方宗教儀式論集》（香港：中文大學出版社，2011），頁 469-514。該鸞堂還存有很多歷史文獻和扶乩文本（括《參贊碎錦集》、《參贊碎錦續集》和《參贊碎錦第三集》）。

[28]若要更多瞭解客家人儀式團體，可參見 Myron L. Cohen, "Minong（美濃）'s Corporations:Religion, Economy and Local Culture in 18th and 19th Century Taiwan,"，收入徐正光、林美容主編：《人類學在台灣的發展：經驗研究篇》（台北：中央研究院民族學研究所，1999），頁 223-289; Myron L. Cohen, *Kinship, Contract, Community, and State: Anthropological Perspectives on China* (Stanford: Stanford University Press, 2005); John Lagerwey, "The Structure and Dynamics of Chinese Rural Society,"，收入徐正光主編：《第四屆國際客家學研討會論文集：歷史與社會經濟》（台北：中央研究院民族學研究所，2000），頁 1-43；楊彥杰：《閩西客家宗族社會研究》，《客家傳統社會叢書》第 2 輯（香港：國際客家學會、海外華人研究社、法國遠東學院、1996）；陳秋坤：〈帝國邊區的客庄聚落：以清代屏東平原為中心（1700-1890）〉，《台灣史研究》第 16 卷，第 1 期（2009），頁 1-28。林桂玲正以此為題進行她的博士論文寫作。

色。[29]

　　參贊堂創立時的外部環境很大程度上仍充滿疑問。據《參贊碎錦集》記載，懷善堂的正鸞生（正乩）河洛人李春生在 1902 年祈願將扶乩帶到埔里，他的努力得到了水蛙窟的一名鄉紳，客家人游朝安（1843-1909）的支持，游朝安是一位虔誠的持齋者，並利用空餘時間收集在惜字亭中焚燒的字紙殘片。游朝安向刣牛坑的客家人，特別是家中供奉有義民爺的徐阿石引薦了李春生。通過在徐阿石家的扶乩，李春生和游朝安從三恩主那裏得到諭示，[30]指示他們為新鸞堂的地基尋找一塊特殊的石頭。隨後幾經周折，最終在當地一位曹姓土地神的幫助下地基到位，參贊堂也最終得以興建，因此，這位土地神被認為是福神。到 1904 年，在蔡祥（1862-1931）和張世昌（1862-1927）的支持下，參贊堂進行翻修，從原來的臨時建築變成了永久性的廟宇。蔡祥是來自橫山的客家人，當時擔任保正一職（村長），後來他成為了參贊堂第一任堂主，而張世昌則是平埔族的地主。[31]因此，參贊堂的早期歷史清楚地反映了當地不同族群和民系之間的密切合作。

　　《參贊碎錦續集》的另一個故事也反映了類似的現象，這本書記錄了客家移民為種植樟腦從竹東遷移到福興村的歷史，據此書記載，當時客家移民因為洪水（可能由颱風引起）的緣故，中止了樟腦的種植，於是當時進行生產的腦寮（樟腦屋）被留在此地，並在夜晚發出奇怪的光芒。1900 年，這些奇聞怪事傳到了河洛鄉紳，同時也是商人的施百川（1876-1919）耳中，他雖居住在埔里鎮，但經常在埔里周邊山區尋找

---

[29]關於對土地爺崇拜的更詳細歷史可參見：莊英章：〈新竹枋寮義民廟的建立及其社會文化意義〉，收入《第二屆國際漢學會議論文集》（台北：中央研究院，1989），頁 223-239；賴玉玲：《褒忠亭義民爺信仰與地方社會發展：以楊梅聯庄為例》（新竹縣竹北市：新竹縣文化局，2005）；林桂玲：《家族與寺廟：以竹北林家與枋寮義民廟為例（1749-1895）》（新竹縣竹北市：新竹縣文化局，2005）。

[30]這三位行善之神分別是關帝（關公、文衡聖帝）、呂洞賓（孚佑帝君）和灶神（君、司命真君）。若要更多瞭解此信仰，可參見王志宇：《台灣的恩主公信仰——儒宗神教與飛鸞勸化》。

[31]這三位行善之神分別是關帝（關公、文衡聖帝）、呂洞賓（孚佑帝君）和灶神（君、司命真君）。若要更多瞭解此信仰，可參見王志宇：《台灣的恩主公信仰——儒宗神教與飛鸞勸化》。

適宜種植樟腦的地點。經過對腦寮的一番考察，施百川在那裏發現了一塊上面刻有「代勸堂關聖帝君三恩主」字樣的匾額（劍令），便將這塊匾帶回家供奉，後又把它交給了懷善堂，但從此這塊匾就再沒在夜晚發過光芒。[32]蔡堃祥的兒子蔡錦川在 2007 年十月的一次訪談中，證實了這些事件，並指出這塊匾來自飛鳳山（新竹縣），是施百川在進行卜杯儀式後將其帶回家的。蔡錦川還補充道，他的父親蔡堃祥在 1904 年幫助興建參贊堂的時候得知了這些事，隨後便安排將這一塊匾請回到代勸堂，這也許就是代勸堂與參贊堂之間長期保持密切聯繫的原因。[33]

　　懷善堂對以上事件的記載不盡相同，此堂的記錄中，施百川發現的那塊匾是 1899 年由大里（台中縣）傳入的，對幫助戒煙（鴉片）功效顯著。[34]這份記錄中也證實了李春生在 1902 年將懷善堂的扶乩傳入參贊堂，但並沒有提到游朝安。[35]這些事件的真相也許永遠無從知曉，但相互矛盾的記載在一定程度上反映了這兩間鸞堂在「香火權威」問題上的緊張關係。[36]

　　儘管關於參贊堂早期歷史的資料不多，但很明顯參贊堂與代勸堂之間關係密切，這可以從代勸堂正鸞生楊福來（1874-1948）寫的兩首詩中看出。鄭寶珍在她關於參贊堂的碩士論文寫作過程中，收集了相當可觀的關於楊福來的資料，其中也包括他的文章。這些資料顯示，1915 至 1939 年間，楊福來花了大量的時間拜訪台灣中部和南部的鸞堂、訓練當地的鸞生、參與當地的扶乩，並協助這些地方製作善書。楊福來在十九世紀二十年代拜訪了參贊堂，並迅速被參贊堂吸引，甚至一度準備辭去代勸堂的職位，去做參贊堂的正鸞生，但此想法後來被彌勒佛阻止，有參贊堂扶乩時所得的兩首訓示詩為證：

---

[32] 蔡錦川編著：《參贊碎錦續集》（參贊堂，1984），頁 3-4。

[33] 2007 年 10 月 25 日訪談蔡錦川，在此非常感謝林桂玲在訪談過程中幫忙翻譯。

[34] 對於日據早期扶乩群體如何抗擊鴉片吸食的研究，可參見：王世慶：〈日據初期台灣之降筆會與戒煙運動〉，《台灣文獻》第 34 卷第 4 期（1986），頁 111-151。

[35] 《懷善》，〈龍鳳閣懷善堂〉，頁 21-23。《懷善》保存了兩份作於 1902 年和 1903 年非常重要的扶乩文本——《懷心警世金編》和《醒悟金編》。

[36] 若要更多瞭解此爭議，可參見黃美英：《台灣媽祖的香火與儀式》（台北：自立晚報文化出版部，1994）。

小埔社聖廟參贊堂楊福來欲到參贊堂供職
蒙彌勒尊佛訓示詩

入鸞供職念餘年，又曉持齋志更堅，一旦移居辭大任，冥冥必有
一奇然。

其二

楊生何必入斯堂，福蔭邦人返故鄉，來救蒼黎登道岸，任他故害
總無傷。[37]

其他一些關於台灣北部客家人對埔里扶乩活動造成影響的證據，可
以從育化堂的歷史中找到，育化堂的第一個正鸞生劉旺進（1886-1969）
是在大湖（苗栗縣）的神農廟接受扶乩訓練；[38]愛蘭（烏牛欄）著名的
埔里長老會的歷史文獻中也有虔誠的客家乩生的記錄，包括 1916 年 9
月穿白衣的客家人繞南投縣的日月潭（傳統稱為水社湖）巡行，並傳講
關帝訓示，鼓勵人們素食。[39]

由於參贊堂的許多成員會將食齋視為修身的一部分，因此其與當地
齋堂──諸如覺靈寺和久靈寺──的密切關係也就不足為奇了。覺靈寺
與久靈寺都是由蔡塗祥建立的，寺廟中設有他的長生祿位以表達對他的
紀念，覺靈寺還有一個游朝安的長生祿位，正如我們之前提到的，游朝
安也是一名持齋者。[40]在楊福來的文章中也提到了覺靈寺和久靈寺，此
外，代勸堂與其自設的齋堂雲谷寺也有著密切的關係。[41]特別的，參贊
堂與埔里其他的鸞堂，包括懷善堂、育化堂和醒靈寺，一直保持著聯繫。
[42]這些鸞堂不僅會幫助彼此訓練新的鸞生，也會積極參與其他鸞堂舉辦
的重要科儀活動（參見下文）。

---

[37] 鄭寶珍：〈日治時期客家地區鸞堂發展：以新竹九芎林飛鳳山代勸堂為例〉。在此很感謝鄭
　　寶珍將這些詩歌共享與我。
[38] 《昭平宮育化堂簡史》（育化堂，2001），頁 23。
[39] 賴貫一：《台灣土龍傳奇》（南投：山水彩色印刷股份有限公司，2003），頁 42-43、50-51。
[40] 蔡錦川編著：《參贊碎錦第三集》（參贊堂，2002），頁 36-37；以及 2007 年 10 月 25 日對
　　蔡錦川的訪談。
[41] 鄭寶珍：〈日治時期客家地區鸞堂發展：以新竹九芎林飛鳳山代勸堂為例〉。
[42] 《參贊碎錦集》，頁 22-32、43-80。

二、戰後埔里鸞堂的復興[43]

　　與台灣眾多宗教組織一樣，鸞堂在日本殖民統治時期，特別是皇民化運動期間破壞嚴重。然而，以埔里為例，這些鸞堂也最先得到了迅速全面的復興，主要體現在兩個方面：1）傳統鸞堂被重建或重新使用；2）新的鸞堂從家庭扶乩祭壇中被挖掘或發展出來。

　　由於處在戰後初期異常混亂的環境下，這段時間埔里鸞堂的發展十分特別。一些埔里鸞堂製作的善書提到了這段時期發生的一些悲劇，包括不太著名的二二八事件。例如，在 1947 年 3 月 2 日醒化堂舉行的一次扶乩科儀中，獲得一個明確的訓喻，警告信眾在堂外活動可能有生命危險：

> 今宵訓告生等知之，時逢末劫之秋，今造新書，欲解天災下穰地禍，今日起，諸生不可離堂，回家要稟明，待吾指示則可回家，若不聽者，恐有禍生不測。[44]

　　同樣的，醒覺堂也在 1949 年 3 月 4 日的扶乩活動中獲得如下警告：

　　未雨綢繆、關於時局事，各位鸞生扶乩登鸞若無停者，誠恐受無辜之累。總是時局事、官吏注目結黨集合，各位小心，休言時戰事。[45]

　　這個時期埔里各鸞堂的活動普遍低迷，特別是對傳承扶乩儀式意義重大的新鸞生訓練，在日據時期基本上全面暫停。[46]

　　伴隨著太平洋戰爭的結束，埔里鸞堂開始復興。1945 至 1950 年間四本善書（《破迷針》、《引悟線》、《打痴鞭》、《醒化金編》）問世，[47]其中包含了大量那一時期扶乩集會的內容。[48]《破迷針》和《引悟線》充

---

[43]對此事件更詳細的討論可參見：康豹與邱正略合著：〈鸞務再興——戰後初期埔里地區鸞堂練乩、著書活動〉。

[44]《醒化金篇》，頁 24。

[45]《宣平宮醒覺堂誌》，頁 65。

[46]《昭平宮育化堂簡史》，頁 24。

[47]《破迷針》，頁 1-3；《引悟線》（南投：埔里育化堂，1949），頁 3、16-20；日南醒化堂：《醒化金篇》（南投：醒化堂，1947 年以後），頁 14、325。

[48]《醒靈集錦》，序，頁上 3，上 4。高紹德編：《打痴鞭》（南投：懷善堂，1950），頁 2；

分地反映了育化堂正鸞生從日據時期開始的持續影響力，著名的有劉旺進和王梓聖（1914-1997），其中王梓聖是來自魚池鄉的知名學者和詩人，也是啟化堂的正鸞生（若想瞭解王梓聖與埔里詩會的關係，請參見下文）。[49]正是這種持續的影響力，使育化堂逐漸超越了懷善堂，而成為埔里最主要的鸞堂，並且其影響力還擴展到遠至佳里和台南縣的周邊地區。[50]1957年，通天堂恢復扶乩活動，隨後，在1948至1950年間，參贊堂也恢復了其扶乩活動，但兩座鸞堂直到40多年後才開始發行善書。

　　另一個體現鸞堂持續影響力的例子可以從醒靈寺的戰後歷史中瞭解。醒靈寺初為醒化堂，位於日南，在1940年前後，由於其正鸞生林阿四老的影響力而成為一個興旺的扶乩中心，據說，只要信眾在扶乩科儀舉行當晚之前在廟中焚香供養，林阿四老便可獲知信眾所求。在1947年醒化堂組織的為期一周的遊行中，一個抬著李哪吒（中壇元帥）像的轎子被保存了下來，並被放在醒化堂最後建成的地方，這塊地是由涂水源和一位名叫涂楊普財的菜姑捐獻（「普財」很有可能是一個有宗教含義的名字）。涂楊普財對此事的參與再次證明了前面提到的持齋、齋堂和扶乩活動之間密切的關係，而醒靈寺的信徒最初舉行的龍華科儀傳統（在採納佛教和道教科儀之前）也反映了這一點。此外，當地鄉紳的經濟支持和領導，也是醒靈寺得以復興的重要因素，本文後面會對此進行論述。[51]此後，醒靈寺的扶乩活動一直保持興旺，延續至今。

　　即使後來這一段戰後復興熱潮開始減退，上面所提及的這些鸞堂仍然繼續蓬勃發展，同時他們的成員也會幫助許多家庭扶乩祭壇發展，成為正規的鸞堂。舉一個地母廟的例子，地母廟在1947年建成，後來逐漸發展成為埔里最大最有名的鸞堂，也就是今天的寶湖宮天地堂。[52]其

《埔里瀛海城隍廟沿革》，頁23。

[49]《破迷針》，頁7-8；《引悟線》，頁9-10。

[50]《昭平宮育化堂簡史》，頁30-33。

[51]《醒靈寺專刊》，頁2-4。

[52]鄧鏗揚、賴敏修主編：《埔里區寺廟弘道協會紀念特刊》，頁62；王永賢輯錄：《聖神仙佛降筆金篇》（手抄本），頁1；財團法人埔里寶湖宮天地堂：《寶湖瓊章》（南投：天地堂地母廟，2004）。天地堂於1995年停止扶乩科儀。

他由家庭扶乩祭壇發展而成的鸞堂還包括 1950 年初建成的衍化堂和昭德堂等鸞堂。[53]

　　Gary Seaman（沈雅禮）曾發表過一份考察醒覺堂從家庭扶乩祭壇發展成為正式鸞堂過程的詳細且頗有啟發的研究報告。醒覺堂的創立，辜添泉在太平洋戰爭爆發之後從台北帶回了一尊呂洞賓雕像（即呂恩主），並將此像作為他在 1946 年開設的新扶乩祭壇的主神。[54]後來，這一祭壇經歷了複雜的改革與發展，包括採納以齊天大聖為核心的神媒活動和組織內部成員的分裂，最終，在 1950 年成長為一個香火鼎盛的正規鸞堂，即醒覺堂。[55]

　　另一個重要的埔里鸞堂導化堂，因其與佛教居士的密切聯繫而聞名。導化堂最初也是家庭扶乩祭壇，依附於由居士葉金蓮主持的佛堂。由於佛堂主要成員的年事已高，佛堂傳承的觀世音信仰無以為繼，因此，這些虔誠的佛教徒向曾火爐求助。曾火爐是當地的製糖工人，對中國古典文學有著濃厚的興趣，並且是懷善堂的成員。曾火爐同意並繼承了這一佛堂的觀音崇拜，並於 1946 年在台糖工廠的空地上建立了一個小型祭壇。這一祭壇迅速吸引了眾多追隨者，但是直到 1951 年，祭壇成員才表現出對扶乩儀式的興趣。他們的扶乩儀式，有時會讓兩個人抬著一頂小轎在地上直接寫出一些簡單的訓示，或者他們會請其他鸞堂的鸞生過來幫忙（主要是育化堂和衍化堂）。儘管據說導化堂的成員也認為這種進行扶乩儀式的方式不太方便，但直到 1965 年，通過育化堂正鸞生蔡茂亮的努力，導化堂才開始訓練自己的鸞生，而蔡茂亮目前仍是該堂的現任董事長。後來，曾火爐到台南玉井的另一家糖廠工作，又在當地，與妻子曾素和其他導化堂成員在玉井建立了導化堂的分堂──導

---

[53]《衍化堂誌》（衍化堂，2000），頁 12，15-26。

[54]宣平宮醒覺堂管理委員會：《覺醒鸞聲》（南投：財團法人醒覺文教基金會，2006），頁 7。

[55]陳松明主編：《宣平宮醒覺堂誌》（南投：宣平宮醒覺堂管理委員會，2004），頁 60-61；宣平宮醒覺堂：《民國 38 年己丑年訓練第二乩（鏡壺）記錄簿》（手抄本），頁 1-53；Gary Seaman, *Temple Organization in a Chinese Village*, 36-38, 106-117. Seaman 的研究表明在保甲制度瓦解後，埔里鸞堂在當地政治生活中的重要性，以及當地士紳如何通過利用這些廟宇來增加他們的象徵資本、掌握當地權利網絡。

修堂。[56]

三、埔里鸞堂間的互動與互助

由於一般的鸞堂聲稱只有一些核心成員定期參加鸞堂活動（參見下文），因此不同鸞堂間的相互支持十分重要。換句話說，鸞堂若想發展，必須建立並保持與其他鸞堂的聯繫網絡與合作關係，特別是在鸞堂訓練新鸞生和發行善書時，這種支持網絡的重要性就尤為明顯。例如，懷善堂的正鸞生林再添為育化堂的善書《引悟線》、《破迷針》在製作上提供了支持，[57]而育化堂反過來也在懷善堂成員編輯《打痴鞭》時給予了一定的幫助。[58]

在參贊堂的記錄中有一份詳細的資料記載了育化堂曾如何為埔里的其他鸞堂提供支持：1948 年夏天，蔡錦川帶領十三名成員（包括黃松順、游朝安的孫子游好修）進行鸞生的培訓，醒化堂的成員也參與其中，但半年後仍未見成效。至 1949 年初，參贊堂的主神在育化堂傳下喻示，於是培訓遂改在育化堂進行。其喻示如下：「茲為吾堂練乩事，多勞貴堂，吾甚歉焉，因諸民沒甚極力，故事難濟……願高堂助一鞭之力，看事可成耶」。最終，經過數月的努力，這次培訓最終順利結束，並計劃在呂洞賓壽辰（農曆四月十四日）舉行慶祝儀式。在慶祝儀式的前三天，醒化堂主神降喻表達其喜悅之情：「吾今宵臨堂，喜見參贊堂和醒化堂，聯盟共樂配千秋，吾甚為欣喜」。[59]但鸞生的培訓並未至此結束，在 1952 年夏天又有了另一場培訓，隨後，參贊堂的主神通過下面的喻示表達了其對育化堂的感謝：

育世英才慧眼開
化成德業大道培

---

[56] 曾保明主編：《麒麟閣導化堂簡史》（南投：麒麟閣導化堂管理委員會，2006），頁 7-10。
[57] 劉萬通編：《懷善藻思》，頁 84；《破迷針》，頁 8；《引悟線》，頁 10。
[58] 《昭平宮育化堂簡史》，頁 31。
[59] 《參贊碎錦集》，頁 45、49、51-53；《參贊碎錦第三集》，頁 289。

　　　　眾多吉士錚錚輩
　　　　生就文華大學才[60]

　　以上事例說明鸞堂間可以共同完成某些特定項目，這在醒靈寺的例子中尤為明顯，醒靈寺曾邀請六個鸞堂來幫助它培訓正鸞生，在下面這首扶乩而來的喻示中，這些鸞堂的名字均有被提到（筆者在詩詞中標出了這些堂的名字）：

　　　　天地無私覆載公
　　　　堂參妙道振儒風
　　　　贊經大典求成果
　　　　醒覺神人協佐功

　　　　昭懷衍化助吾堂
　　　　平善修真援寺風
　　　　宮訓為公頒聖教
　　　　謝恩匡輔造奇功[61]

　　同時，這則喻示還指出埔里之外廟宇的神祇，包括來自北港朝天宮的媽祖，也幫助了這次的鸞生培訓。[62]

　　在埔里眾多鸞堂中，育化堂在協助其他鸞堂方面表現得最為積極，也十分熟練，這也在某種程度上解釋了其影響力在戰後迅速膨脹的原因（見地圖 3）。比如，大量來自育化堂的鸞生和成員共同幫助醒化堂建立了新的鸞堂，並為新鸞堂培訓鸞生，[63]在衍化堂和昭德堂的建立過程中也提供了類似的幫助。[64]在導化堂成立過程中，育化堂所發揮的輔助功能在上文中已經提到，而當導化堂開始訓練新的鸞生時，被選中的人正是育化堂的成員潘忠林，至今，潘忠林仍在導化堂服事。不僅如此，

---

[60]《參贊碎錦集》，頁 66-67、72-76、78。

[61]《醒靈集錦》，頁 12、112-113。

[62]同上注，頁 38、41、60、79、89、94、95、97。

[63]《覺醒鸞聲》，頁 120；《宣平宮醒覺堂誌》，頁 29-30；醒覺堂，《民國 37 年戊子年訓練第一乩（天吏筆）記錄簿》（手抄本），頁 1、4、42；《昭平宮育化堂簡史》，頁 31。

[64]隨後 1997 年的例子被詳細記錄在《鸞乩鍛訓記》（衍化堂，1998）。

育化堂還在埔里之外建立了廣泛的網絡。二十世紀三十年代，育化堂先是於 1934 年幫助魚池的啟化堂訓練新鸞生，後又在 1936 年與啟化堂和修悟堂一同製作善書《七政金篇》。[65]太平洋戰爭剛剛結束，育化堂就協助清德堂（位於國姓鄉）從一間齋堂轉型成為了正規的鸞堂。[66]

另一種瞭解鸞堂網絡範圍的辦法，是將參與其扶乩儀式的神衹考慮其中。筆者和助手曾嘗試用這種方法，通過導化堂自二十世紀六十年代流傳至今的 2041 次扶乩記錄來研究其關係網絡。以某一位特定的神衹為例，在這些扶乩記錄中，他共在導化堂出現了 1397 次（68.5%），在埔里地區的其他鸞堂中出現 66 次（3.2%），而在埔里之外的鸞堂僅出現50 次（2.5%）（參見表 2-4）。《訪友堂專用》是一本專門記錄其他鸞堂到訪事務的手冊，其中也列有一些通過扶乩到訪神衹的名號。

四、埔里鸞堂對公共生活的貢獻

即使聲勢浩大的儒宗神教運動使得台灣各地的許多鸞堂接受了其名號，但大部分的台灣鸞堂仍各自獨立，彼此統屬性不強。儘管如此，埔里的鸞堂普遍表現出對社會公共生活的較強參與度，也由此消除了一個普遍的誤解，即中國的宗教組織多以祕密宗教的形式存在發展。正如我們在附錄 1 中所看到的，埔里的大多數鸞堂，均在不同程度上參與慈善事業，其內容包括提供獎學金、緊急救援及護理老人等。其中較活躍的鸞堂有育化堂（漢學班，義教，賑災，施藥）和醒靈寺（漢學班，獎學金，急難救助，冬令救濟賑米），另外，醒覺堂還特別建立了致力於慈善事業的基金會（醒覺文教基金會），良顯堂則因著名女慈善家陳綢的支持而聞名。

另一方面，埔里鸞堂對齋醮儀式恢復的積極推動，促進了戰後埔里文化的復興。表 5 和表 6 顯示了許多埔里鸞堂的堂主在組織這些盛大的科儀儀式中（特別是 1948，1952，1972 和 1975 年）扮演了關鍵的角色。

---

[65]《宣平宮醒覺堂誌》，頁 30-31。我最近在修悟堂找到了這份文本的一個副本。
[66]《昭平宮育化堂簡史》，頁 31。

更為重要的是，埔里最重要的鸞堂育化堂（偶爾是負責組織埔里慶典的廟宇恆吉宮）的扶乩科儀成為籌劃和協調整場齋醮儀式的主要手段。這種傳統開始於何時已不得而知，但他們普遍存在於上文所提及的四種科儀中。這種與齋醮有關的扶乩科儀在育化堂舉行時，通常會由育化堂自己的鸞生主持，但在恆吉宮舉行時，則需要通過儀式，從埔里全部的鸞生中選擇主持者，鸞生被選定後，神祇再降諭指示齋醮科儀如何進行，這些諭示對解決各種議題都提供了非常詳細和具體的說明。以下是1975 年的一個例子：

西元 1975 年（民國 64 年）乙卯年二月十七日
恆吉宮
地母廟柯生永祥扶

太上老君到
律詩
例開三獻舉山城，乙卯逢各竭奉行，萬眾一心虔禱告，千祥百福應沾禎。風調雨順民安樂，物阜年豐慶太平，願各傾丹維大祭，設施依序邁前程。

其二
神仙素抱大慈悲，子懇柱壇綜合持，節約財源無不是，省施座式本非宜，四方分設堪斯舉，各角自應得竭為，古制五行難易改，天經地義慎遵之。
話
本業特蒞塵凡務為埔邑乙卯年祈安三獻乙節，而又關五壇未適繼闡醒已往錯處，而糾明正而來也。
又
自古天經地義不易改，何曰東方甲乙木，南方丙丁火，西方庚辛金，北方壬癸水，北方戊己土，此乃五行宮。而謂五宮，故凡於法祭必須各角有分壇，能日後有安吾宮之區。何況今生等懇於綜合四為一此，適理而論乎。所以子等抱意神仙均識務為財源，而

節省之用，意反不知背理無意味之行也。但總云不拘壇場啟大或縮小或貴華或簡素均可，自節切莫背意之行較妙也。

以上諸等明察乎，喻壇數，主壇外該四分壇不得合併也。又應在鼓發表之前建成就可也。

又有何特詢乎

求今另擇吉課如次

一、持齋：甲、一般，擇於十一月廿日壬寅子時至十一月念八庚午日亥時止。

乙、各執事：凡主壇開始，至十一月念九辛亥日寅時謝神恩後止。

二、封山禁水：擇於十一月念二甲辰日子時，至十一月念四丙午日亥時止。

三、立燈篙：擇於十一月念五丁未日卯時動土，至午時止完成。

四、各斗入座：擇於十一月念五丁未日申時一齊完備。

五、起鼓發表：擇於十一月念六戊申日卯時可。

六、放水燈：擇於十一月念七己酉日亥時可。

七、普施：擇於十一月念八庚午日申時起，至亥時止。

八、謝諸真神恩：擇於十一月念九辛亥日寅時可。

以上[67]

　　根據恆吉宮保存的一本記錄 1975 年齋醮儀式的手冊，我們得知上述諭示在後來齋醮儀式的實際操作中被切實執行了。不過，這本手冊並沒有含諭示中全部有價值的信息，在諭示中，特別提到了不應因為節省錢財，而將此齋醮儀式中的四分壇合併到恆吉宮一處，但關於此事在手冊中並未提及。然而，1980 年以後，由於恆吉宮新任董事會主席與育化堂堂主關係欠佳，以及對扶乩不甚明朗的態度，扶乩在齋醮儀式計劃過程中的重要作用迅速衰退。

　　鸞堂堂主還成立了一些組織來促進埔里各宗教組織之間的合作，並記錄他們的歷史發展。1961 年，埔里區寺廟聯誼會最先成立，並在 2005 年發展成為埔里區寺廟弘道協會。這兩個組織的發起者中有許多都是在

---

[67] 以上的文本是從育化堂的紀錄中複製的。在此我非常感謝此堂的現任董事會主席（也是前任正鸞生）蔡茂亮同意我們使用這些資料。

戰後積極促進齋醮儀式復的埔里鄉紳，2006 年他們編纂了一本專門介紹埔里寺廟（包括鸞堂）歷史的書。[68]

五、埔里鄉紳支持的重要性

　　過去一個世紀，埔里鸞堂的興盛香火很大程度上歸功於當地鄉紳的支持。筆者剛剛開始對鄉紳群體展開研究，但邱正略博士論文第五章中的埔里戶籍資料和其對埔里鄉紳後代的訪談均提供了這方面的信息，本文的表 7 和表 8 正是在此基礎上製作的。[69]埔里一位重要的鄉紳是客家人蔡堃祥（1862-1931），他在 1880 至 1890 年間從新埔移民到埔里。根據其子蔡錦川為其在家譜中撰寫的訃告，蔡堃祥一直致力於慈善事業，包括興建和管理宗教活動場所，如參贊堂（蔡堃祥死後參贊堂移交給他的長子管理）；同時，他還教育子女食齋並尊奉「儒家」價值。[70]

　　資助參贊堂的另一位重要鄉紳是游朝安（1843-1909），游朝安也是客家人，祖籍詔安，[71]他本人則是從邱厝仔村（位於今天的台中地區）搬到埔里的。蔡錦川和其他鸞堂中的鄉紳回憶游朝安為河洛人，可能是因為他居住在以河洛人為主的水蛙窟。游家和蔡家非常親密，一次蔡錦川生病，三恩主降諭蔡錦川需認一位義父才可痊癒，[72]而這位義父最終便請的是游朝安。游家一直保持著與參贊堂的聯繫，游朝安的孫子（游好修）還擔任過參贊堂的第二副鸞生。

　　參贊堂的資助也包括平埔族鄉紳，如張世昌（1862-1927）和張大陸墾戶中的成員。張世昌的後人張建光和張以利，分別是參贊堂第七任和第八任主委，他們的照片保存在張家，其中有一張照片還載有一首1985 年在參贊堂扶乩中獲得的四行詩。所有這些體現了台灣歷史上，

---

[68]鄧鏗揚、賴敏修主編：《埔里區寺廟弘道協會紀念特刊》。

[69]表 8 並沒有括懷善堂的數據，因為此堂不再舉行扶乩科儀。

[70]蔡錦川編：《濟陽堂蔡氏大族譜》（1972），頁 207。

[71]關於台灣的詔安客家人的更多資料可參見：康詩瑀：〈儀式與地方社會——以雲林二崙呂氏烏頭司公家族為例〉，台灣宗教史學術研討會，中正大學，2007 年 12 月 1 日。

[72]2007 年 10 月 25 日對蔡錦川的訪談。

平埔族人和客家人的交流與互動，[73]也許這種關係可以與中國南方的客家社群與族鄉紳間的關係，進行某種程度的相似性比較。[74]

埔里鄉紳在育化堂的發展中也發揮了重要作用。育化堂的堂主名單彷彿是一本埔里的名人錄，包括鄭錦水（1907-1928）、蘇樹木（1902-1979）、許清和（1896-1982）、陳南要（1916-1988）、陳石鍊（1900-1974）和羅銀漢（前任中研院副院長羅銅壁的父親）。[75]表6、表7和附錄1的數據反映了他們中的許多人不只參與一個鸞堂的活動，其中以許清和、陳南要和陳石鍊在這方面最為顯著。而像蔡茂亮、鄭錦水和蘇樹木，則不只參與育化堂的管理，還要作為鸞生主持扶乩科儀。這些鄉紳之間還會進行聯姻，例如許清和的女兒嫁給了羅銀漢的兒子。

從職業分佈來看，這些鄉紳大部分是糧食商人（許清和和羅銀漢），也有一些人的職業與鸞堂活動直接相關，特別是醫療、出版和廟宇建設方面的職業（最明顯的例子有陳石鍊、施百川、林文雄〔1924-2006〕、陳南要和邱石頭〔1916-1992〕）。此外，這些鄉紳中也有一些學者和詩人，[76]最有名的是育化堂的正鸞生王梓聖，王梓聖於1930年代由魚池搬到埔里，此後既擔任正鸞生，又是醫生和算命師，同時還組織了一個詩社（櫻社）並開辦了自己的私塾。[77]後來，許多重要的政客成為埔里的鸞堂堂主（包括前鎮長白金章和眾多候選人），這些鸞堂逐漸成為選舉政治中較有影響力的因素，如1997年曾有三位候選人（彭百顯、張鴻銘和馬文君）在鸞堂就其競選前景向神祇問乩。

---

[73]John Shepherd, *Statecraft and Political Economy on the Taiwan Frontier*, 148, 311.

[74]對此種種族交流模式的討論可參見：蔣炳釗：〈試論客家的形成及其與畬族的關係〉，收入莊英章、潘英海編：《台灣與福建社會文化研究論文集》（台北：中研院民族所，1995），頁271-301。楊彥杰主編：《長汀縣的宗族、經濟與民俗》，《客家傳統社會叢書》，第15、16輯（香港：國際客家學會、海外華人資料研究中心、法國遠東學院，2002）。

[75]《昭平宮育化堂簡史》，頁19-21。

[76]更多此方面的研究可參見：李世偉：〈振筆權、揚儒教——日據時代彰化「崇文社」的結社與活動〉，《台灣的宗教與文化》，頁279-306；李世偉：《日據時代台灣儒教結社與活動》，頁5-12，316-346，369-396；《飛鸞——中國民間教派面面觀》，頁10、68、188；陳欣慧：〈「詩」的權力網絡：日治時期桃園吟社、以文吟社的文學/文化/社會考察〉，國立中央大學碩士論文，2007。

[77]王梓聖：《王梓聖詩集》（埔里：文慈電腦打字排版社，1997）。

六、埔里鸞堂成員的多樣性

儘管本文中所指的宗教活動場所主要是「鸞堂」，但扶乩科儀僅僅是鸞堂宗教活動中的一部分，筆者通過訪談和觀察瞭解到，在一些鸞堂的日常宗教活動中，扶乩甚至並非其最重要的活動。對筆者和助手最近開始收集的本研究中所涉及的埔里鸞堂成員名單，並作初步整理，顯示出大部分鸞堂只有少數成員積極參與或幫助組織鸞堂活動，其他成員則偶爾參與部分活動，擔當一些無關緊要的角色。這些人一般來自不同的群體，這些群體間也不太經常參與彼此的活動。因此，大量非鸞堂成員的當地信眾通常一年中只在作醮或問乩的時候去鸞堂幾次，對他們來講，鸞堂與其他公共廟宇並沒有什麼區別。

扶乩只能由鸞生主持。為了獲得入鸞的資格，一個人必須在鸞堂神祇指定的監鸞的觀察下在廟宇中工作較長時間。一旦某個信眾具有了入鸞的資格，還需要經過全體鸞生的特別會議決定其能否最終獲得鸞生的資格。在扶乩科儀中，通常會有六到八個男性鸞生參加，他們分別是正鸞生、副鸞生、掃砂生和筆錄生等。

然而，並非所有鸞生會直接參與扶乩科儀，他們中的許多人或負責管理鸞堂的財務和公共活動，或組織奉神的相關科儀，特別是扶乩科儀前舉行的請誥儀式。由於對鸞堂中女性成員的研究目前來講相對較少，[78]我們在這次研究中開始著手訪談一些女鸞生。無論她們是否已到更年期，她們很少參與扶乩科儀，而較多的參與誦經等其他的科儀活動。她們也會就個人和家庭的康樂向鸞堂的神祇問乩，曾經有一位女鸞生因兒子在車禍中喪生而極度悲痛，她幾乎發狂的狀態遭到了神祇的責備。

七、醫療及其他科儀服務

埔里鸞堂的多樣性不僅體現在其成員構成方面，也包括扶乩儀式中

---

[78] 一個很著名例外的例子，見 Jordan and Overmyer, *The Flying Phoenix*, 158-165, 174-180, 184-212。

所得乩文的豐富內容，這些來自神祇的諭示，不僅有對信眾的道德勸導，也有對信眾諸如財富與健康等凡俗事務的關注。之前對扶乩科儀的研究多關注扶乩科儀對製作善書的重要影響，但需要注意的是，大多數鸞堂主要問乩的內容是信眾所關心的凡俗事務，其中比較集中的是有關健康與職業方面的問題，或者是為某些特別事件選擇吉日，而從這個角度來看，其與乩童（閩南的童乩）沒有太大的區別。在導化堂所記錄的信眾問乩的 8140 個問題中清楚的說明了這一點，其中，關心健康問題的有 3691 個（45.3%），關於擇吉日的有 1233 個（15.2%），關於運途的有 659 個（8.1%），餘下的 620 個（7.6%）問題則是關於公事稟，主要是興建土木一類的問題（參見表 9）。除了通過扶乩為信眾指點迷津，行醫施藥也是埔里鸞堂有效的吸引新的信眾的重要方法，例如內科醫生陳石練就是因為衍化堂神祇有效地醫治了他妻子的病而加入了衍化堂。[79]

　　許多埔里的鸞堂曾通過扶乩為老幼信眾求得藥方和藥籤，但如今因擔心違反公共健康條例而很少進行類似的活動。如在導化堂的案例中，1985 年，其神祇降諭終止了該堂的施方活動（來日賜符可，施方不准）。後來，儘管其信眾從 1987 年便開始致力於恢復導化堂的施藥，但直到 1996 年，也未有成效（請求乩日時施方，未獲主席允許；中壇太子降筆指示：「不違政令，施方不宜」）。一些衍化堂的成員抱怨施藥活動的中止導致了該鸞堂信眾的減少。

　　於是，很多鸞堂（包括導化堂和衍化堂）轉而賜予信眾「天方」，或稱之為符，即點燃在扶乩中降得的符咒，將所得之灰融入水或茶中。[80]一些鸞堂則為信眾提供放在自己堂內缸中，宣稱具有醫治功能的「丹水」。據傳，衍化堂有一晚開啟「丹水」，引來數十隻燕子見證這一聖事。還有一些鸞堂，比如醒靈寺，仍為信眾提供藥籤，而這些藥籤上所需的藥材，在尋常藥舖便可覓得。

　　除了醫療，鸞堂還為其信眾提供其他服務，例如，導化堂和衍化堂

---

[79] 《衍化堂誌》，頁 15-17。
[80] 一些崇拜聲稱天方是長時間誦經後出現在堂內香爐中的五種彩色藥片。

會通過扶乩為信眾提供新婚祝詞和死者祭文等；[81]還有一些諭示是讚揚鸞堂成員對鸞堂活動的積極參與以及對鸞堂發展所做出的貢獻；[82]有時鸞堂神祇也會通過審訊亡故的惡棍對信眾進行道德教育；[83]還有一些諭示是已經亡故的鸞堂成員下降，宣稱自己已經成神，其中包括游朝安和施百川，他們降諭說自己已經分別在嘉義和陝西被封為城隍。[84]然而，成神並不只局限於當地鄉紳，在鸞堂流傳下的諭示記錄中，就記載了一位貧窮但虔誠的佃戶潘阿敦最終成神的感人故事。[85]

結論

　　以上材料顯示了對於台灣的鸞堂研究，從歷史學或民族志學的社會視角切入的必要性。像埔里這樣一個地方，鸞堂與當地社群模式的形成與發展，以及不同種族和民系間的互動關係緊密。由於它的活動深入社群每個人的生活，且容易促成不同群體間的共同合作（突出體現在培訓新鸞生或舉辦大型科儀活動上），使得其存在極大的推動了當地戰後的文化復興。

　　同時，鸞堂對當地的公共福利作出了重要的貢獻，特別是對慈善活動的廣泛參與和組織大型齋醮科儀維護了當地信仰的連續性。因此，鸞堂贏得了眾多當地鄉紳的支持，同時又廣泛吸引了大量對扶乩、醫療、誦經、詩歌感興趣的男女信眾，形成了極具多樣性的成員結構。總之，我們可以毫無保留地說鸞堂不僅整合也促進和維護了埔里地區的文化

---

[81] 這些文本的例子可在《衍化堂誌》的 68-73 頁中找到。

[82] 《衍化堂誌》，頁 59-68。

[83] 例子可參見《醒化金篇》，頁 128；《打痴鞭》，頁 133-135；《破迷針》，頁 91-95、114-119、142-147、203-210。對於中國宗教中神聖審判的觀念的研究可參見拙作 *Divine Justice: Religion and the Development of Chinese Legal Culture* (London and New York: Routledge, 2009).

[84] 游朝安的敘述可在《醒化金篇》的 243-245 頁找到。施百川的論述可在《破迷針》260-261 頁中找到。其他例子可參見《破迷針》，頁 321-322；《打痴鞭》，頁 4、87；《宣平宮醒覺堂誌》，頁 16-26。

[85] 《衍化堂誌》，頁 73-75。

傳承。

　　最後，筆者希望就台灣鸞堂（特別是埔里鸞堂）的潛在影響提出一些初步想法，以期更進一步說明道教與扶乩團體之間複雜的互動關係。學者高萬桑富有創新性的研究，顯示了扶乩活動是許多近代道教世俗組織不可分割的組成部分，這些組織以呂祖或佛教中的濟公崇拜為核心，通過扶乩儀式而吸引了眾多虔誠的信徒成為正式的弟子，而這些組織也會進行各種形式的「內丹」與「養生」修煉。這種受道教信仰與道教實踐影響的扶乩團體在整個中國很流行，包括（但並不是局限於）華北（特別是北京和天津）、江南和嶺南地區。[86]

　　不過，如何適當的使用「道教」一詞來描述這些組織仍然有待商榷。例如，志賀市子將道壇定義為「香道教的一種形式……以扶乩和道教神祇崇拜為核心。他們的信仰主要基於道教，但也含了其他宗教傳統諸如儒家、佛教和民間宗教的信仰元素……在香，道壇通常被用來描述那些位於住宅樓或商業樓中的一個小房間，僅有一個扶乩祭壇的小型道教組織」。[87]儘管志賀市子正確地指出道教對這些組織的重要影響，以及這些組織對其他宗教元素兼收並蓄的本質特點，但她關於道壇是「道教的一種形式」，並形容這些扶乩團體為「道教組織」的表達則很容易引歧義，

[86]Vincent Goossaert, "The Quanzhen Clergy, 1700-1950," in John Lagerwey ed., *Religion and Chinese Society: The Transformation of a Field* (Paris: École Française d'Extrême Orient & Hong Kong: The Chinese University Press, 2004), 699-771; Vincent Goossaert, *The Taoists of Peking, 1800-1949. A Social History of Urban Clerics*, Harvard East Asian Monographs, No. 284 (Cambridge, MA: Harvard University Press, 2007), 308-319. Shiga Ichiko 志賀市子, "The Manifestations of Lüzu 呂祖 in Modern Guangdong and Hong Kong: The Rise of Spirit-writing Cults," in Livia Kohn & Harold Roth, eds., *Daoist Identity: History, Lineage, and Ritual* (Honolulu: University of Hawaii Press, 2002), 185-209; Lai Chi-tim 黎志添, "Hong Kong Daoism: A Study of Daoist Altars and Lü Dongbin Cults," *Social Compass*, 50.4 (2003): 459-470；黎志添、游子安、吳真：《香港道教》（香港：中華書局，2010），頁 7-48，87-118；希泰：《中國宗教史》，第 4 卷（成都：四川人民出版社，1995），頁 298-304；吳亞魁：《江南全真道教》。

[87] Shiga Ichiko, "The Manifestations of Lüzu in Modern Guangdong and Hong Kong," 185-186.亦可參見志賀市子著，宋軍譯：《香港道教與扶乩信仰：歷史與認同》（香港：中文大學出版社，2013）及志賀市子：〈地方道教之形成：廣東地區扶鸞結社運動之興與演變（1938-1953）〉，《道教研究學報：宗教、歷史與社會》第二期（2010），頁 231-267。

當然這種歧義不存在於對那些由某一個道士主持的，或屬於某一個道教組織的道壇的論述中。志賀市子的研究表明這類扶乩組織在香的確存在，但很難確定她文章中所涉及的所有道壇（參見表 1）屬於完全意義上的道士組織。

對「道教」這一形容詞的使用也影響了志賀市子對廣東和台灣扶乩團體的區別：

> 台灣和廣東的扶乩教團在信仰、儀式和活動方面均不相同。前者表現出對儒家的推崇……相反，廣東的扶乩更具有道教的特點……並且，兩地在活動上也有細微的不同。從整體上看，台灣的扶乩教團更熱衷於出版善書和舉辦公共講座，而廣東的扶乩團體則主要提供醫療服務。[88]

志賀市子的論點有其優點，但也體現了類似於本文論中所指出的對台灣扶乩團體的誤解。[89]台灣許多扶乩團體與道教互動頻繁，此點可以參見王見川對慈惠堂和張天師關係的討論。[90]在埔里的例子中，醒靈寺早在 1962 年農曆二月就已經通過邀請第六十三代張天師主持太上老君聖誕而開始廣泛參與道教活動。隨後，醒靈寺將其每年舉辦的禮斗祈安法會從農曆九月移到了農曆二月，這一傳統保持至今。二十年後（1983-1985），醒靈寺的堂主又從清水（位於台中縣）邀請了著名道士蔡茂雄來傳授該寺部分成員道家科儀，其中包括發表、午供和分燈等。蔡茂雄曾在 1962 年陪同張天師訪問過醒靈寺，並在中華道教學院擔任講師，而中華道教學院所在的指南宮本身就曾是一個與道教有著密切聯

---

[88]同上注，頁 187-189。

[89]類似的爭論出現在東南亞對扶乩群體的討論中。例如 Bernard Formoso, De Jiao (德教)-- A Religious Movement in Contemporary China and Overseas (Singapore: NUS Press, 2010). Soo Khin Wah 蘇慶華，"A Study of the Yiguan Dao 一貫道(Unity Sect) and its Development in Peninsular Malaysia" (Ph.D. thesis, University of British Columbia, 1997)；《馬新華人研究：蘇慶華論文選集》（馬來西亞：馬來西亞創價學會，2004）。

[90]王見川：〈慈惠堂與張天師〉，收入王見川、李世偉：《台灣的民間宗教與信仰》，頁 261-272。我們可以看到的是與天師的關係至少帶來了些許的便利，它幫助慈惠堂逃過了國民黨的打壓政策。

繫的鸞堂。[91]醒靈寺當時跟隨蔡茂雄學習的不僅只有男性信徒（他們中比較有名的有潘朝陽、許澤源、張敬），還包括許多女性信徒。而該寺目前進行道教科儀的成員，即玄門組的成員幾乎全部是已婚女性，而且如今該寺的道教科儀也全部是由女性主持（參見表 10 和圖 1）。

　　另一方面，醒靈寺也有佛教徒成員和佛教居士科儀團體，即沙門組和龍華組（參見表 9）。龍華組全部由女性組成，是醒靈寺最早成立的科儀團體，由資深成員林李清寄（1909-1982）、巧文義（1925-1977）和許連美（1915-?）創建。二十世紀六十年代，寺中部分成員跟隨來自豐原（台中縣）的弘賢法師修習佛教科儀，隨後成立了沙門組。由於信眾的支持，最初由沙門組主持的添壽科儀後被玄門組主持，由此三個科儀團體均參與到了醒靈寺一年一度的禮斗祈安法會中。所有這些表明了道教對醒靈寺歷史發展的重要影響，然而卻很難將這一鸞堂或其成員冠以

圖 1 玄門組

---

[91] 關於此堂歷史可參見康豹：〈台灣的呂洞賓信仰——以指南宮為例〉，《新史學》第 6 卷第 4 期（1995），頁 21-43。道家和扶乩群體在形式上的重合也決定了華南部分地區的現代宗教運動；參見高萬桑：〈金蓋山網絡：近現代江南的全真居士組織〉，收入趙衛東編：《全真道研究》（濟南：齊魯書社，2011），頁 319-339。

「道教」一詞。

　　以上內容或許可以提醒我們有必要進一步完善近代中國宗教中關於道教和扶乩的一般性定義。在埔里鸞堂的例子中，埔里鸞堂在參與當地齋醮科儀時，其角色更接近於通常負責組織這些活動的主要公廟。此外，即使一些鸞堂（例如醒靈寺和指南宮）與道教的某些活動形成了緊密的聯繫，也很難證明這些鸞堂便是道教性質的組織。總而言之，借助本文論部分所提到的高萬桑—宗樹人對扶乩團體的討論來理解鸞堂的性質可能更為合理，並且還需要在由道士主持的扶乩團體和世俗鄉紳發的扶乩團體中進行仔細的區分。儘管兩種扶乩團體努力滿足其世俗信眾的需求，受到道教信仰和道教實踐的影響，但可能只有前者才能被稱為「道教」團體。

　　本文初刊登於黎志添主編，《十九世紀以來中國地方道教的變遷》（香港：三聯書店，2013），頁 1-70，收入本書時略作修訂。

表 1　埔里地區的主要鸞堂

名稱	別稱	地點	村里別	創建年代	主祀神	主要善書（出版年代）	乩日
懷善堂	城隍廟	市區	南門里	1900	三恩主城隍尊神	打痴鞭（1950）懷善（1972）	2003 年停止
真元宮參贊堂	刣牛坑帝君廟	刣牛坑	一新里	1902	三恩主	參贊碎錦集（1971）參贊碎錦集續集（1984）參贊碎錦集第三集（2002）	1、11、21
玉衡宮通天堂		市區	杷城里	1909	三恩主	鐙光六十年（1979）	1988 年停止
昭平宮育化堂	孔子廟	市區	清新里	1911	關聖帝君孔子	破迷針（1947）引悟線（1949）滄海遺珠（共三冊，1968、1996、1997）頌春仙藻（2006）	7、17、27
醒化堂		大瑪璘	愛蘭里	1917	三恩主	醒化金篇（不詳，1947	3、13、23

醒靈寺				（194 9）		以後） 醒靈集錦（1978） 綠湖之秋（1980） 醒靈集錦（2009）	
宣平宮 醒覺堂		珠仔山	珠格里	1946	三恩主	宣平宮醒覺堂誌（2004） 覺醒鸞聲（2006） 宣平宮醒覺堂誌（2009年再版）	2、12、22
麒麟閣 導化堂		梅仔腳	北梅里	1946	觀世音菩薩三恩主	麒麟閣導化堂簡史（2006）	1、11、21
寶湖宮 天地堂	地母廟	寶湖崛	枇杷里	1950	地母	寶湖瓊章（2004）	1995年停止
恆山宮 衍化堂		牛眠山	牛眠里	1950	三恩主	鸞乩鍛訓記（1998） 衍化堂誌（2000）	3、13、23
昭德堂		史港	史港里	1951	三恩主	埔里昭德堂丙戌年練新乩專輯（2007）	3、13、23
受鎮宮		小埔社	廣成里	1959	玄天上帝	悟徹世針（1978）	1、11、21 5、15、25
玉清宮 良顯堂		崎下	大城里	1974	五顯大帝		1、11、21 6、16、26

表 2　在扶乩中出現的導化堂神祇

職稱	尊神名稱/別稱	降筆次數	備註
	城隍	451	含「本堂城隍」288 筆、「本堂城隍尊神」163 筆。
主席	觀世音菩薩	312	含「本堂主席」166 筆、「本堂觀音菩薩」78 筆、「導化堂主席」31 筆、「本堂觀音大士」14 筆、「主席」9 筆、「埔里導化堂主席」5 筆、「本堂觀世音菩薩」2 筆、「綠湖導化堂主席」2 筆、「本宮主席」2 筆、「本堂中壇觀音菩薩」1 筆、「埔邑導化堂主席」1 筆、「日組主席」1 筆。
副主席	（關聖帝君）	94	含「本堂副主席」91 筆、「導化堂副主席」2 筆、「導化堂副主席關聖帝君」1 筆。
	孚佑帝君	91	含「本堂孚佑帝君」90 筆、「導化堂孚佑帝君」1 筆。

	玄天上帝	90	含「本堂玄天上帝」89 筆、「導化堂玄天上帝」1 筆。
	天上聖母	75	含「本堂天上聖母」74 筆、「本堂司禮神天上聖母」1 筆。
	王天君	61	含「本堂王天君」60 筆、「導化堂王天君」1 筆。
	張仙大帝	36	含「本堂張仙大帝」35 筆、「本堂張大仙」1 筆。
	神農大帝	32	含「本堂神農大帝」31 筆、「本堂神農大帝、導化堂主席」1 筆。
	文衡聖帝	31	含「本堂文衡聖帝」29 筆、「本堂新莊任文衡聖帝」1 筆、「本堂關聖帝君」1 筆。
	中壇元帥	25	含「本堂中壇太子」14 筆、「本堂太子」6 筆、「本堂中壇元帥」3 筆、「本堂中壇元帥太子」1 筆、「本堂哪吒三太子」1 筆。
	司命真君	23	本堂司命真君。
	福神	20	含「本堂福神」9 筆、「本堂福德正神」8 筆、「本堂福德」2 筆、「本堂福神、李太白」1 筆。
	守爐神	15	含「本堂守爐福神」9 筆、「本堂守爐神」2 筆、「守爐福神」4 筆。（此神幾乎均出現於 1/1-1/3，只有 2 次在 5 月）
	關平	10	含「本堂關平太子」8 筆、「本堂關聖太子」1 筆、「本堂關太子」1 筆。
	司禮神	9	本堂司禮神。
	文昌帝君	5	本堂文昌帝君。
	韋馱尊	4	含「本堂韋馱尊」2 筆、「本堂監工韋馱尊」1 筆、「梅源寺導化堂韋馱尊」1 筆。
	護法尊	4	含「本堂護法尊」3 筆、「本堂護法神」1 筆。
	良女	3	本堂良女。
	周倉	2	含「本堂周將軍」1 筆、「本堂周倉將軍」1 筆。

	大常	1	本堂神大常。
	善才童子	1	本堂善才童子。
	玉女	1	導化堂玉女。
	瑤池金母	1	本堂瑤池金母。
小計		1,397	

表 3　在導化堂扶乩中出現的埔里神祇

宮堂別	尊神名稱/別稱	降筆次數		備註
寶湖宮天地堂	地母	3	9	含「寶湖宮天地堂地母尊佛」1筆、「寶湖宮地母尊佛」1筆、「寶湖宮天地堂地母」1筆。
	主席	2		含「寶湖宮天地堂主席」1筆、「寶湖宮主席」1筆。
	瑤池金母	1		寶湖宮天地堂瑤池金母。
	無極天尊	1		天地堂無極天尊。
	太子	1		天地堂太子。
	侍女	1		天地堂侍女。
通天堂	主席	5	8	含「通天堂主席」4筆、「埔里玉衡宮通天堂主席」1筆。
	南天使	1		玉衡宮通天堂南天使。
	保生大帝	1		通天堂保生大帝。
	玄天上帝	1		通天堂玄天上帝。
青天堂	主席	7	8	含「青天堂主席」6筆、「埔里青天堂主席」1筆。
	三上帝	1		
衍化堂	主席	7		含「衍化堂主席」4筆、「恆山宮衍化堂主席」2筆、「綠湖恆山宮主席」1筆。
育化堂	主席	5	6	育化堂主席。
	副主席	1		育化堂副主席。

本境	城隍	1		本境城隍尊神。
	玄天上帝	1		本境北極玄天上帝。
	福神	3		含「本境福德正神」2 筆、「本境梅福宮福神」1 筆。
本寺（覺靈寺）	釋迦牟尼	1	4	本寺（覺靈寺）釋迦牟尼。
	釋迦如來佛	1		覺靈寺釋迦如來佛。
	觀音菩薩	1		覺靈寺觀音菩薩。
	金蓮尊	1		覺靈寺金蓮尊。
良顯堂	主席	2	4	玉清宮良顯堂主席。
	文昌帝君	1		玉清宮良顯堂文昌帝君。
	玄天上帝	1		玉清宮良顯堂玄天上帝。
懷善堂	主席	3		懷善堂主席。
北門	福神	3		北門福神
醒靈寺	主席	2	3	醒靈寺主席。
	開台聖王	1		醒靈寺開台聖王。
昭德堂	主席	1	2	昭德堂主席。
	孚佑帝君	1		昭德堂孚佑帝君。
珠龍宮	主席	1		珠龍宮主席。
善安宮	福德正神	1		梅村善安宮福德正神。
德華寺	準提佛祖	1		德華寺準提佛祖。
本村	福神	1		本村福神。
本庄（小埔社）	福德正神	1		本庄（小埔社）福德正神。
小計		67		

表 4 在導化堂扶乩中出現的區外神祇

宮堂別	尊神名稱/別稱	降筆次數		備註
導修堂	主席	13	17	含「玉井導修堂主席」8 筆、「南台導修堂主席」2 筆、「玉井本宮主席」1 筆、「台南玉井導修堂主

			席」1 筆「南台玉井瑤闕宮導修堂主席」1 筆。
	觀世音菩薩	1	南台玉井導修堂觀音菩薩。
	聖帝	2	南台玉井導修堂聖帝。
	福神	1	玉井導修堂福神。
南瑤宮	天上聖母	5	含「南瑤宮聖母」3 筆、「南瑤宮天上聖母」2 筆。
代化堂	主席	2	含「代化堂主席」1 筆、「魚池代化堂主席」1 筆。
受天宮	玄天上帝	2	含「松柏嶺受天宮玄天上帝」1 筆、「松柏嶺玄天上帝」1 筆。
鹿港天后宮	天上聖母	2	含「鹿港天后宮天上聖母」1 筆、「鹿津天后宮天上聖母」1 筆。
英文堂	主席	1	魚池頭社英文堂主席。
朝奉宮	主席	1	朝奉宮主席。
碧雲宮	主席	2	碧雲宮主席。（國姓）
新竹城隍廟	城隍	1	新竹城隍尊神。
藍田書院	濟化堂主席	1	南投藍田書院濟化堂主席。
鹿耳門天后宮	天上聖母	1	鹿耳門天后宮天上聖母。（台南）
南海普陀山	觀世音菩薩	1	南海普陀山觀世音菩薩。
玄靈宮	導善堂主席	1	玄靈宮導善堂主席。
北極殿	玄天上帝	1	玉井北極殿玄天上帝。
育善堂	主席	1	佳里育善堂主席。
受奉宮	導化堂主	1	受奉宮導化堂主。
陀率宮	元始天尊	1	陀率宮元始天尊。
南天宮	天上聖母	1	南天宮天上聖母。（台中）
玉虛宮	使者	1	玉虛宮使。
同天宮	主席	1	同天宮主席。
清德禪寺	韋馱尊	1	清德禪寺韋馱尊。（國姓）

興南宮	福德正神	1	興南宮福德正神。
慈惠堂	主席	1	台北松山慈惠堂主席。
妙修宮	觀音菩薩	1	台中妙修宮觀音菩薩。
玄寶宮	主席	1	玄寶宮主席。
普濟寺	濟公活佛	1	普濟寺濟公活佛
小計		50	

表 5　組織埔里齋醮科儀的菁英名單（1948-1975）

年份	職稱	姓名	舊地名/村里別	職業	鸞生	經歷	備註
戊子年1948	總理	黃萬得	挑米坑/桃米里	富紳		1.1936年副總理。 2.日治時期保正、埔里街協議會員。 3.與堂兄黃萬固共同創立二高自動車會社。	
	副總理	鄭錦水	西門/西門里	富紳	✓	1.日治時期（1939）獻地100坪做為育化堂拓寬廟庭之用。 2.育化堂副乩（1945-?）。 3.育化堂第二屆主任委員（1964-1966）。 4.恆吉宮第四任、第八任主任委員。	鄭奕奇之子。
	副總理	蘇維琛	南門/南門里	布商	✓	無。	
	東柱	林火木	枇杷城/枇杷里	木器業	✓	1. 戰後初期曾擔任「雙九會」副會長。 2. 地母廟籌建董事會董事長（1947）。 3. 里長、埔里鎮民代表。	
	西柱	許清和	大肚城/大成里	米商	✓	1.日治時期保正、烏牛欄信用組合長。 2.醒靈寺建寺董事會董事長（1949）。 3.育化堂籌建委員會副主任委員（1955）。 4.埔里區寺廟聯誼會發起人之一，並擔任第一任主席（1961）。 5.地母廟首屆財團法人董事長（1979-1983）。 6.育化堂第五屆主任委員（1973-1976）。 7.日月潭文武廟第一至三屆董事長（1968-1980）。	

南柱	蔡秀清	南門/南門里	木材商貿易商	1.恆吉宮第一任主任委員（1960）。	
北柱	李文秀	北門/北門里	林業	1.1936 年北柱。 2.日治時期保正。	

表 5 組織埔里齋醮科儀的英名單（1948-1975）說明：

一、壬辰年（1952）四大柱名單不詳。

二、「經歷」欄主要記錄曾擔任的地方公職（縣議員、鎮民代表、里長等）、寺廟管理人及主要職務，以及曾擔任歷屆建醮主要的職務。重複出現的人物，於經歷欄注記「參考某年經歷欄」。

三、「備注」欄中所記關係人，主要是記載與該人物有關的親屬，且身份為地方菁英，或曾擔任寺廟管理人、建醮主要職務者。

年份	職稱	姓名	舊地名/村里別	職業	鸞生	經歷	備注
壬辰年1952	總理	陳南要	東門里	印刷業	✓	1.埔里區寺廟聯誼會發起人之一，並擔任第一任副主席（1961）。 2.通天堂第一至五屆管理委員會常務委員（1962-?）。 3.恆吉宮第二任主任委員。 4.第一、二屆南投縣議員。	
	副總理	許清和	大肚城/大成里	米商	✓	1.1948 年西柱。 2.參考 1948 年經歷欄。	
	副總理	蘇樹木	西門/薰化里	米商	✓	1.育化堂副乩（1929-?）。 2.育化堂第四屆堂主（1943-1960）。 3.育化堂籌建委員會主任委員（1955）。 4.埔里區寺廟聯誼會發人之一。 5.恆吉宮第五任主持人（1959 以前）。 6.育化堂第三屆主委（1967-1969）。 7.日月潭文武廟第二至三屆副董事長（1971-1980）。 8.里長。	蘇新伙長男。
庚子年1960	主席總理	許清和	大肚城/大成里	米商	✓	1.1948 年西柱、1952 年副總理。 2.參考 1948 年經歷欄。	
	副主席總理	蘇樹木	西門/薰化里	米商	✓	1.1952 年副總理。 2.參考 1952 年經歷欄。	蘇新伙長男。
	副主席總理	陳南要	東門/東門里	印刷業	✓	1.1952 年總理。 2.參考 1952 年經歷欄。	

總理	陳石鍊	西　門/西門里	醫生		1.日治時期開業醫師、埔里街協議會員。 2.醒靈寺建寺董事會總經理（1949）。 3.育化堂籌建委員會副主任委員（1955）。 4.埔里區寺廟聯誼會發起人之一，並擔任第一任副主席（1961）。 5.育化堂委員（1961-1963）及顧問（1964-1969）。 6.懷善堂籌建委員會主委（1961-?）。 7.覺靈寺第一任管理人。 8.導化堂重建顧問。	陳進之弟，醫師張祖蔭女婿。
總理	何萬俊	茄苳腳/同聲里	營造業		1.里長。	
總理	許元發	梅仔腳/北梅里	建築業	✓	1.育化堂第一、二屆副主委（1961-1966）。 2.育化堂第四任主任委員（1970-1972）。 3.導化堂第一任主任委員。 4.里長。	
總理	巫重興	南　門/南門里	商		1.埔里鎮長。 2.能高農田水利會第三、四屆會長。	巫俊之庶子。
總理	蔡秀清	南　門/南門里	木材商貿易商		1.1948年建醮南柱。 2.參考1948年經歷欄。	
總理	何阿福	西　門/西門里	貨運業		1.媽祖廟副主委。	
總理	陳瑞鏞	茄苳腳/清新里	木材商		無。	
總理	柯全福	西　門/西門里	商		1.埔里街協議會員	柯金同長男。
總理	吳瑞麟	西　門/西門里	食品業		無。	
總理	林來福	南　門/南門里	米商	✓	1.日治時期保正。 2.育化堂副乩。	
總理	黃大鏐	烏牛欄/鐵山里	農		無。	
總理	李文秀	北　門/北門里	林業		1.1936年、1948年北角大柱。 2.參考1948年經歷欄。	

	經理	施文彬	東　門/東門里	埔里信用組合書記	✓	1.日治時期保正、埔里街協議會員。 2.育化堂第三屆堂主（1940-1943）。 3.戰後首任官派埔里鎮長。	
	東柱	紀慶霖	東　門/東門里	營造業		無。	外地人，1941年從集集街遷入。
	西柱	張啟堯	茄苳腳/清新里	營造業		無。	
	南柱	蘇庚河	茄苳腳/清新里	製冰業		無。	
	北柱	游春旺	北　門/北門里	屠宰業		1.畜肉公會會長。 2.第六屆南投縣議員。	
癸卯年1963	總理	何萬俊	茄苳腳/清新里	營造業		1.1960年經理。 2.參考1960年經歷欄。	
	副總理	李文秀	北　門/北門里	林業		1.1936年、1948年北角大柱，1960年總理。 2.參考1948年經歷欄。	
	副總理	游春旺	北　門/北門里	屠宰業		1.1960年北角大柱。 2.參考1960年經歷欄。	
	東柱	賴路漢	枇杷城/枇杷里	燒窯業	✓	1.地母廟第二任管理主委、擴建主任委員。 2.寬龍宮重建主委。 3.奉泰宮第一、二任主任委員。 4.包公廟第一任管理人。 5.良善堂籌建主委。	
	西柱	許大椿	西　門/西門里	木材業		1.里長。	南　許道南四男、許秋之弟。
	南柱	周平忠	南　門/南門里	金飾業	✓	1.里長。 2.懷善堂第一任主任委員。 3.覺靈寺第二任主任委員。	前鎮長周顯文之父。
	北柱	許元發	梅仔腳/北梅里	建築業	✓	1.1960年總理。 2.參考1960年經歷欄。	

壬子年1972	總理	何萬俊	茄苳腳/同聲里	營造業		1.1960 年經理、1963 年總理。 2.參考 1960 年經歷欄。	何鎮海（1936 年東角大柱）次男。
	副總理	李文秀	北　門/北門里	林業		1.1936 年、1948 年北角大柱、1963 年副總理。 2.參考 1948 年經歷欄。	
	副總理	陳雲華	茄苳腳/薰化里	木材業	✓	無。	
	總幹事	陳光明	西　門/西門里	碾米業	✓	1.懷善堂第四任、第五任堂主。 2.懷善堂第六任主任委員。	1936 年西角大柱陳秋全長男。
	副總幹事	何肇欽	茄苳腳/同聲里	營造業	✓	無。	1960 年經理、1963 年總理、1972 年總理何萬俊之子。
	副總幹事	黃大椿	烏牛欄/鐵山里	教師	✓	無。	黃利用（日治埔里社辦務署參事）之孫。
	東柱	賴路漢	枇杷城/枇杷里	燒窯業	✓	1.1963 年東角大柱。 2.參考 1963 年經歷欄。	
	西柱	湯敏男	西　門/西門里	鐵材業	✓	1.導化堂第四屆副主任委員（1975-1976）。	
	南柱	藍和春	茄苳腳/清新里	樟腦業		1.里長。	
	北柱	許元發	梅仔腳/北梅里	建築業	✓	1.1963 年北角大柱。 2.參考 1963 年經歷欄。	

	職稱	姓名	地址	行業		經歷	備註
乙卯年1975	總理	周平忠	南門/南門里	金飾業	✓	1.1963年南角大柱。 2.參考1963年經歷欄。	前鎮長周顯文之父。
	副總理	李探雲	茄苳腳/清新里	旅館業林木業		1.第7、10屆鎮民代表,曾擔任埔里鎮民代表會主席、調解委員會主委。 2.恆吉宮第十一至十四任主任委員、第一、二屆董事長。 3.1984年、1987年、1996年建醮總幹事。	李憲章(日治時期保正)之曾孫。
	副總理	莊金源	北門/北門里	碾米業	✓	1.導化堂第五、七、八屆顧問。	
	主秘	林耀輝	茄苳腳/南門里	碾米業	✓	1.育化堂第六任主任委員(1977-1980)。 2.埔里鎮民代表會副主席。	林來福(育化堂副乩)次男。
	東柱	蔡文錦	茄苳腳/薰化里	木材業		無。	外地人,1944年從彰化市大埔遷入。
	西柱	劉興	西門/西門里	木材業		無。	外地人,戰後從台中縣遷入。
	南柱	梁金生	茄苳腳/清新里	手工業		無。	
	北柱	何鐵山	北門/北門里	建築業	✓	1.順隆堂第一任主委。 2.受鎮宮重建委員會主委。 3.1984年建醮北柱。	何萬俊堂弟。

表 6　埔里鸞堂參與組織埔里建醮的比例(1948-1975)

年份	主事人數	鸞生人數	鸞生比例	備註
戊子年(1948)	7	4	57%	
壬辰年(1952)	3	3	100%	四大柱名單不詳
庚子年(1960)	20	7	35%	

癸卯年（1963）	7	3	43%	
壬子年（1972）	10	7	70%	
乙卯年（1975）	8	4	50%	
小計	55	28	51%	

年份	職務	人數	鸞生人數	鸞生比例	備註
戊子年（1948）	總理、副總理	3	2	67%	
	四角大柱	4	2	50%	
壬辰年（1952）	總理、副總理	3	3	100%	四大柱名單不詳
庚子年（1960）	主席、副主席、總理、經理	16	7	44%	
	四角大柱	4	0	0%	
癸卯年（1963）	總理、副總理	3	0	0%	
	四角大柱	4	3	75%	

表 6　埔里鸞堂參與組織埔里建醮的比例（1948-1975）說明：

一、戰後以來舉辦六次建醮（1948-1975）的主事當中，鸞生一直佔有重要的比例。除了 1960 年、1963 年略低於半數之外，其餘四次皆超過半數，平均比例也超過半數（51%）。

二、若將建醮主事再區分為「四角大柱」及「四角大柱以上人員」（總理、副總理、主席、副主席、經理、總幹事、副總幹事、主秘等）兩類，還是可以看出鸞生在建醮活動中的主導地位（見表二），尤其是「四角大柱以上人員」所佔的平均比例逾五成（54%）。除了 1963 年「四角大柱以上人員」沒有鸞生，1960 年「四角大柱以上人員」略低於半數（44%）之外，其餘四次皆超過半數。

三、1952 年三位主事者皆為鸞生，1960 年「主席總理」、「副主席總理」三位全部是鸞生，十二位總理及一位經理當中，也有四位是鸞生，此二次建醮很明顯為鸞堂代表人物主導。

四、1963 年雖然「四角大柱以上人員」沒有鸞生，但該次「四

角大柱」卻有三位為鸞生。反觀 1960 年，雖然「四角大柱以上人員」三位全部是鸞生，但該次也是六次建醮當中唯一「四角大柱」全部都非鸞生擔任的一次。

年份	職務	人數	鸞生人數	鸞生比例	備註
壬子年（1972）	總理、副總理、總幹事、副總幹事	6	4	67%	
	四角大柱	4	3	75%	
乙卯年（1975）	總理、副總理、主秘	4	3	75%	
	四角大柱	4	1	25%	
小計	總理、主席等	35	19	54%	
	四角大柱	20	9	45%	

表 7　埔里八個主要鸞堂的管理名單

鸞堂別	職稱			屆別	姓名	村里別	生年	卒年	享年	職業	經歷/備註
	堂主	主委	董事長								
懷善堂城隍廟	✓			1	施百川	南門里	明治 9 年（1876）	大正 8 年（1919）	44	漢醫米業	
	✓			2	施雲釵	南門里	明治 34 年（1901）	民國 49 年（1960）	80	漢醫米業	
	✓			3	李金塗	北門里	明治 30 年（1897）	民國 53 年（1964）	68	漢醫米業	
	✓			4-5	陳光明	西門里	大正 2 年（1913）	民國 92 年（2003）	91	無	
		✓		1	周平忠	南門里	明治 42 年（1909）	民國 80 年（1991）	83	裝潢業	

		✓	2-3	劉萬通	南門里	大正 13 年（1924）	民國 99 年（2010）	87	金飾業	里長
		✓	4	蒲魏傳	大城里	大正 6 年（1917）	民國 80 年（1991）	75	教師、飼料業	
		✓	5	廖榮壽	西門里	昭和 11 年（1936）	存		雜貨商	里長
		✓	6	陳光明	西門里	大正 2 年（1913）	民國 92 年（2003）	91	農	
		✓	7	翁　式	南門里	昭和 8 年（1933）	存		裝潢業	與 4-5 任堂主同一人
		✓	8	魯義成	杷城里	大正 11 年（1922）	民國 93 年（2004）	83	客運司機	
		✓	9	林吉男	泰安里	昭和 18 年（1943）	存		土木業	曾任正乩生
		✓	10	吳進春	廣成里	昭和 3 年（1928）	存		農	里長
真元宮參贊堂		✓	1-5、8	張振春	史　里	明治 24 年（1891）	民國 62 年（1973）	83	農	
		✓	6	張建光	一新里	明治 42 年（1909）	民國 83 年（1994）	86	農	村長
		✓	7	張以利	一新里	明治 28 年（1895）	民國 65 年（1976）	82	農	村長
		✓	9-10	劉坪	合成里	明治 38 年（1905）	民國 77 年（1988）	84	農	
		✓	11-14	徐欽漢	向善里	昭和 2 年（1927）	民國 92 年（2003）	77	農	
		✓	15	陳敢當	向善里	昭和 12 年（1937）	存		農	
		✓	16	曾雲乾	一新里	昭和 8 年（1933）	存		農	

				17	曾雲章	一新里	昭和 10 年（1935）	存		農	監鸞
昭平宮育化堂		✓		1	江榮宗	北門里	明治 35 年（1902）	民國 60 年（1971）	70	豬肉商	埔里區寺廟聯誼會發起人之一
		✓		2	鄭錦水	珠格里	明治 40 年（1907）	民國 77 年（1988）	82	富紳	曾任副乩生
		✓		3	蘇樹木	薰化里	明治 35 年（1902）	民國 68 年（1979）	78	米店	里長 曾任副乩生
		✓		4	許元發	北門里	大正 2 年（1913）	民國 67 年（1978）	66	營造業	里長
		✓		5	許清和	大城里	明治 29 年（1896）	民國 71 年（1982）	87	米店富紳	保正地母廟董事長，醒靈寺董事長，育化堂主委，日月潭文武廟董事長
		✓		6	林耀輝	南門里	大正 12 年（1923）	民國 70 年（1981）	59	米店	日治時期教員調解委員會主席
			✓	1	蔡明煌	南門里	大正 7 年（1918）	民國 96 年（2007）	90	布店	
			✓	2	詹元和	大城里	昭和 14 年（1939）	民國 79 年（1990）	52	米店	鎮民代表會主席
			✓	3-6	黃冠雲	南門里	昭和 18 年（1943）	存		中醫師	
			✓	7-8	蔡茂亮	北門里	昭和 5 年（1930）	存		酒廠職員	曾任正乩生
醒靈寺			✓	1	廖阿相	房里里	大正 2 年（1913）	民國 76 年（1987）	75	農	
			✓	2-5	王河松	愛蘭里	大正 5 年（1916）	民國 84 年（1995）	80	碾米業	

			✓	6	邱石頭	愛蘭里	大正 5 年（1916）	民國 81 年（1992）	77	水泥業營建業	
			✓	7	葉蒼為	南村里	大正 5 年（1916）	民國 83 年（1994）	79	農	南村里長
			✓	8	梁水在	南村里	大正 15 年（1926）	存		工程業	
			✓	9	林文雄	大城里	大正 13 年（1924）	民國 95 年（2006）	83	紙廠、刻印	懷淳宮兩屆主委
			✓	10	莫其誠	鐵山里	民國 35 年（1946）	民國 98 年（2009）	64	營建業	
			✓	11	張伸二	大城里	昭和 19 年（1944）	存		退休教師	
醒覺堂		✓		1	劉阿才	溪南里	明治 34 年（1901）	民國 65 年（1976）	76	農	保正
		✓		2-8	黃清允	珠格里	大正 5 年（1916）	民國 73 年（1984）	69	農	里長（5 任）
		✓		7	鍾火琳	珠格里	明治 41 年（1908）	民國 81 年（1992）	85	農	鄰長
		✓		8	黃其東	珠格里	大正 9 年（1920）	民國 98 年（2009）	90	農	
		✓		9-10	潘清傳	溪南里	昭和 9 年（1934）	存		農	里長（4 任）
		✓		11	白金章	大城里	大正 13 年（1924）	存		酒廠會計	鎮長
		✓		12-13	陳新傳	溪南里	昭和 12 年（1937）	存		農	鄰長
麒麟閣導化堂	✓			1	曾火爐	北梅里	大正 12 年（1923）		49	台糖職員	
	✓			2	邱阿平	北梅里	明治 33 年（1900）		76	農	

	✓		3	潘來旺	牛眠里	明治 38 年(1905)	65			
		✓	4	許元發	北門里	大正 2 年(1913)	66		營造	
		✓	5	邱福興	清新里	大正 15 年(1926)	81		建築	
		✓	6-7	邱阿絨	北梅里	大正 13 年(1928)	80		農	
		✓	8	黃義芳	北安里	民國 49 年(1960)	存		五金材料行	
衍化堂	✓		1	潘得成	牛眠里	明治 32 年(1899)	民國 54 年(1965)	67	農	
	✓		2、5	潘阿得	牛眠里	明治 33 年(1900)	民國 69 年(1980)	81	農	代表、里長
	✓		3	林有源	牛眠里	明治 42 年(1909)	民國 78 年(1989)	81	農	
	✓		4、7-8	鄧阿僯	牛眠里	明治 41 年(1908)	民國 72 年(1983)	75	農	
		✓	5	潘文德	大湳里	明治 27 年(1894)	民國 52 年(1963)	70	農	里長
		✓	6	潘陳混	牛眠里	昭和 7 年(1932)	民國 68 年(1979)	48	農	代表
		✓	9	張樹發	牛眠里	昭和 5 年(1930)	民國 94 年(2005)	76	林業	
		✓	10-11	陳成林	北梅里	昭和 13 年(1938)	存		商	
		✓	12	徐傑位	牛眠里	昭和 16 年(1941)	存		農	農會理事長
		✓	13	鄧澤揚	南門里	昭和 14 年(1939)	存		代書	
		✓	14	塗森雄	牛眠里	昭和 15 年(1940)	存		農	
		✓	15-17	鄧鏗揚	西門里	昭和 17 年(1942)	存		代書	

良顯堂		✓		1	童誌誠	大城里	昭和 6 年（1931）	存		林業	南投縣議員
		✓		2	謝萬勳	西門里	昭和 7 年（1932）	民國 75 年(1986）	55	工	
		✓		3	林憲文	同聲里	昭和 12 年(1937）	存		警察	
		✓		4	陳綢	枇杷里	昭和 6 年（1931）	存		慈善事業	
		✓		5	徐永鎮	鐵山里	民國 37 年(1948）	存		糕餅店	

表 8　埔里 7 個主要鸞堂的扶乩帶領

鸞生姓名	所屬宮堂	職稱	出生年（西元）	死亡年（西元）	享年	村里	職業	任職時間	備注
劉旺進	育化	正乩	明治 39 年(1906）	民國 58 年（1969）	64	清新里	商	1911	
楊阿和	育化	正乩	明治 11 年(1879）	昭和 14 年（1939）	61	水頭里	農	1919	
王梓聖王梓性	育化	正乩	大正 3 年（1914）	民國 86 年（1997）	84	清新里	風水師	1929	
蘇樹木	育化	副乩	明治 35 年(1902）	民國 68 年（1979）	78	薰化里	米店	1929	
林來福	育化	副乩	明治 37 年(1904）	民國 70 年（1981）	78	桃米里	舂米店	1929	
許聰稿	育化	正乩	明治 40 年(1907）	民國 55 年（1966）	60	西門里	豆腐店	1944	
黃福壽	育化	副乩	明治 36 年(1903）	民國 38 年（1949）	47	清新里	商	1944	
林金海	育化	正乩						1945	
鄭錦水	育化	副乩	明治 40 年(1907）	民國 77 年（1988）	82	珠格里	富紳	1945	
施能秀	育化	正乩	大正 7 年（1918）	民國 85 年（1996）	79	薰化里	零售業	1952	
陳金連	育化	副乩	大正 4 年（1925）	民國 69 年（1980）	56	薰化里	雜貨商	1952	

施文戰	育化	正鸞	明治 39 年(1906)	民國 67 年（1978）	73	南門里	雜貨商	1952	
何忠信	育化	副鸞				北門里	農	1952	
邱天佑	育化	正鸞	大正 3 年（1914）	存		北門里	公所職員	1961	
許天森	育化	副鸞	大正 6 年（1917）	民國 85 年（1996）	80	北門里	酒場職員	1961	
蔡茂亮	育化	正鸞	昭和 5 年（1930）	存		北門里	商	1961	
陳明德	育化	副鸞	昭和 3 年（1928）			西門里	農	1961	
何肇陽	育化	正鸞	昭和 7 年（1932）	存		大城里	農	1971	
陳錦源	育化	副鸞	昭和 11 年（1936）	存		清新里	工	1971	1997 皈依佛教
吳揚誠	育化	正鸞		存			商	1971	
陳正輝	育化	副鸞	昭和 13 年（1938）			大城里	農	1971	1997 引退
許重祥	育化	副鸞	民國 31 年（1942）	存		薰化里	農	1997	陳錦源皈依佛教、陳正輝引退
賴琦文	育化	副鸞	民國 55 年（1966）	存		清新里	農	1997	陳錦源皈依佛教、陳正輝引退
賴琦文	育化	正鸞	民國 55 年（1966）	存		清新里	農	2001	
劉銀漢	育化	副鸞	民國 39 年（1950）	存		同聲里	農	2001	
柯建堂	育化	正鸞	民國 42 年（1953）	存		西門里	農	2001	
邱清松	育化	副鸞	民國 39 年（1950）	存		薰化里	農	2001	由通天堂（任 10 年正鸞）轉入育化堂（補煉一週）

陳界同	育化	正乩	民國 50 年(1961)	存		廣成里	農	2001	由通天堂轉入育化堂（補煉一週）；良顯堂副乩生
楊柏君	育化	副乩	民國 47 年（1958）	存		大城里	農	1949	
黃松順	參贊	正乩	昭和 4 年（1929）	存		一新里	農	1949	
蔡克（維）賢	參贊	副乩	大正 15 年（1926）	民國 65 年（1976）	51	一新里	農	1949	晚黃松順、蔡克（維）賢二個月煅煉
徐春龍	參贊	正乩	明治 40 年(1907)	民國 80 年（1991）	85	廣成里	農	1949	晚黃松順、蔡克（維）賢二個月煅煉
游好修	參贊	副乩	昭和 3 年（1928）			廣成里	農	1950	監鸞
劉蒼松	參贊	正乩				廣成里	教	1950	
葉昌水	參贊	副乩	大正 6 年（1917）	民國 89 年（2000）	84	一新里	農		
曾雲鑽	參贊	正乩	昭和 5 年（1930）	民國 74 年（1985）	56	一新里	農		
徐彭榮	參贊	副乩	昭和 7 年（1932）			一新里	農	1994	
葉雲浪	參贊	正乩	大正 10 年（1921）	民國 65 年（1976）	56	一新里	農	1994	
羅錦榮	參贊	副乩	大正 11 年（1922）			一新里	農	1994	
何金榮	參贊	正乩	明治 41 年（1908）			廣成里	農	1994	
袁炳松	參贊	副乩	昭和 8 年（1933）	存		一新里	農	2009	
彭文和	參贊	正乩		存		一新里	農	2009	
謝清水	參贊	副乩	昭和 14 年（1939）	存		一新里	農	2009	

林音吉	參贊	正乩	昭和 22 年（1947）	存		一新里	農		
楊朝清	參贊	副乩	昭和 16 年（1941）	存		一新里	農		
葉獻正	參贊	正乩	民國 45 年（1956）	存		一新里	農		
黃興隆	參贊	副乩	民國 48 年（1959）	存		一新里	農		
葉春耀	參贊	副乩	民國 44 年（1955）	存		一新里	農		
何金輝	參贊	監鸞	明治 40 年（1907）	民國 71 年（1982）	76	向善里	農		總監鸞
葉新萬	參贊	監鸞	昭和 5 年（1930）	存		一新里	農		
曾雲章	參贊	監鸞	昭和 8 年（1933）	存		一新里	農		男監鸞、主委
徐彭鳳英	參贊	監鸞	昭和 4 年（1929）	存		一新里	農		女監鸞
林阿四老	醒靈	正乩	明治 22 年（1889）	民國 48 年（1959）	71	房里里			
解阿智	醒靈	副乩	明治 31 年（1898）	民國 58 年（1969）		房里里	農		
林（李）清寄	醒靈	正乩	明治 42 年（1909）	民國 71 年（1982）	74	房里里			
潘水永	醒靈	副乩				鐵山里			
李慶祥	醒靈	正乩	大正 13 年（1924）	民國 65 年（1976）	53	愛蘭里	農	1948	
潘朝陽	醒靈	副乩	昭和 9 年（1934）	存		大城里	木匠	1948	
林長揚	醒靈	正乩	大正 13 年（1924）	民國 67 年（1978）	55	房里里	農	1948	
張敬	醒靈	副乩	大正 11 年（1922）	存		大城里	農	1948	
柯社	醒靈	正乩	大正 8 年（1919）			西門村里	糖廠	1948	

張慶隆	醒靈	副乩	昭和4年（1929）	民國51年（1962）	34	南村里	土木	1948	
廖煌柱	醒靈	正乩	昭和7年（1932）	民國95年（2006）	75	房里里	農	1948	
黃阿城	醒靈	副乩				桃米里	農	1948	
梁徽盛	醒靈	正乩	民國44年（1955）	存		南村里	農	2003	
陳新添	醒靈	副乩	民國43年（1954）	存		西門里	工	2003	
潘泰祐	醒靈	正乩	民國37年（1948）	存		大城里	酒場職員	2003	
談瓊洲	醒靈	副乩	民國35年（1946）	存		愛蘭里	農		
張寶山	醒靈	監鸞	明治30年（1897）	民國63年（1974）	78	南村里			
林慶源	醒靈	監鸞				房里里	農		
潘再三	醒靈	監鸞				南村里	司機		
王萬山	醒靈	監鸞				愛蘭里			里長、保正
張敬	醒靈	監鸞	大正11年（1922）	存		大城里	農		
潘春松	醒靈	監鸞	大正11年（1922）			鐵山里			
韋立賢	醒靈	監鸞	昭和8年（1933）	存		愛蘭里	軍人	2000-2006	
許澤源	醒靈	監鸞	昭和6年（1931）	存		大城里	水利會	2006-2008	
許明欽	醒靈	監鸞	昭和4年（1929）	存		鐵山里	農	2008-2012	
塗新添	導化	正乩	昭和9年（1934）	存		北安里	農	1965	
劉景文	導化	副乩	昭和元年（1926）			北梅里	農	1965	
卓波	導化	正乩	昭和9年（1934）	存		北梅里	農	1965	

余寶權	導化	副乩	民國 38 年（1949）	民國 77 年（1988）	40	北梅里	農	1965	
潘忠林	導化	正乩	民國 39 年（1950）	存		北梅里	農	2001	
王永和	導化	副乩	民國 45 年（1956）	存		北梅里	裝潢	2001	
潘東貴	導化	監鸞	大正 7 年（1918）	存		北安里	農	1975-1979; 1986	
莊永來	導化	監鸞	大正 14 年（1915）	存		北梅里	農	1983; 1998-2001	
曾素	導化	監鸞	大正 14 年（1915）	存		北梅里	農	1989-2001	
鄧友揚	衍化	正乩	大正 10 年（1921）	民國 76 年（1987）	67	牛眠里	農	1950	
劉瑞祥	衍化	副乩	昭和 9 年（1934）	存		牛眠里	農	1950	
林有芳	衍化	正乩	大正 6 年（1917）			牛眠里	無	1951	
鄧燦揚	衍化	副乩	昭和 7 年（1932）	存		牛眠里	代書	1951	
潘火樹	衍化	正乩	大正 5 年（1916）			牛眠里	農	1951	
潘陣堂	衍化	副乩	昭和 5 年（1930）	民國 79 年（1990）	61	牛眠里	雜貨商	1951	
劉瑞祥	衍化	正乩	昭和 9 年（1934）	存		牛眠里	農	1958	
黃進川	衍化	副乩	大正 9 年（1920）			牛眠里	農	1958	
鄧燦揚	衍化	正乩	昭和 7 年（1932）	存		牛眠里	代書	1961	
潘登閏	衍化	副乩	昭和 8 年（1933）	存		牛眠里	農	1961	
潘清吉	衍化	正乩	大正 10 年（1921）			牛眠里	農	1961	

游勝治	衍化	副乩	昭和13年（1938）	民國71年（1982）	45	牛眠里	農	1961	
徐成楠	衍化	正乩	民國43年（1954）	存		牛眠里	農	1998	
游瑞寬	衍化	副乩	民國38年（1949）	存		牛眠里	農	1998	
鄧錦松	衍化	正乩	民國46年（1957）	存		牛眠里	農	1998	
白進修	衍化	副乩	民國51年（1962）	存		牛眠里	農	1998	
潘志榮	衍化	正乩	民國50年（1961）	存		牛眠里	農	1998	
周有德	衍化	副乩	民國48年（1959）			牛眠里	農	1998	
黃刊	醒覺	正乩	明治44年（1911）	民國92年（2003）	93	珠格里	農	1947	
王水林	醒覺	副乩	昭和3年（1928）	民國84年（1995）	68	珠格里	農	1947	
潘明河	醒覺	正乩	明治43年（1910）	民國88年（1999）	90	房里里	製茶場	1948	
潘燈欽	醒覺	副乩	昭和4年（1929）	民國93年（2004）	76	溪南里	農	1948	
黃政秋	醒覺	正乩	昭和19年（1944）	存		珠格里	農	1991	
黃仁志	醒覺	副乩	民國38年（1949）	存		珠格里	農	1991	
張坤石	醒覺	副乩	民國40年（1951）	存		珠格里	農	1991	
黃仁虯	醒覺	正乩	民國42年（1953）	存		珠格里	電信局	1991	
陳裕源	醒覺	副乩	民國38年（1949）	存		溪南里	農	1991	
黃佳芳	醒覺	副乩	民國40年（1951）	存		珠格里	農	1991	
曾盛吉	醒覺	正乩	民國52年（1963）	存		珠格里	郵局	1997	

許榮雄	醒覺	副乩	民國43年(1954)	存		溪南里	農	1997	
黃世明	醒覺	副乩	民國40年(1951)	存		珠格里	農	1997	
石勝華	良顯	正乩	昭和8年(1933)	民國89年(2000)		愛蘭里	農	1981	發願服務20年(妻健康)
吳元壽	良顯	副乩	大正10年(1921)	民國77年(1988)		大城里	農	1981	
林有海	良顯	副乩	昭和元年(1926)			大城里	司機	1981	
洪文筆	良顯	副乩				大城里	工	1981	
吳雅柏	良顯	副乩				大城里	農	1981	
蘇友德	良顯	正乩	民國46年(1957)	存		國姓鄉	餐廳	2000	
石建成	良顯	副乩	民國52年(1963)	存		愛蘭里	自由業	2000	
欉煥文	良顯	副乩		存		史里		2000	
楊柏君	良顯	副乩	民國47年(1958)	存		大城里	商	2000	
陳忠和	良顯	副乩	民國37年(1948)	存		泰安里	工	1996-1999	

表 9　導化堂扶乩科儀中崇拜者提出的問題

問事類別 年份	公事稟	健康	擇吉日	運途	保身符	婚姻	安家	姓名	建宅	沖犯	安奉牌位	安胎產子	安車	尋人尋物	其他事	不詳	小計
54	4	87	21	2	1	1	2					1				3	122
55	12	282	79	3	20		7	4	2	1						15	425
56	5	262	103	5	36		8	2			1	1			1	61	485
57	4	180	86	8	27	2	7	2								52	368
58	4	73	40	4	16		4	5								33	179
59	6	93	58	6	17		8	2				3				42	235

60	57	98	32	7	12		7	1			2		1			47	264
61	28	108	60	4	13	2	4	4			1					47	271
62	22	121	54	8	5		3	5	1		2			3		33	257
63	14	103	28	2	5		3	3	3		1					30	192
64	4	21	13		4		1	1	1				1			20	66
65	8	1	1		1											3	14
67	7															1	8
68	39	3	3		1		1									2	49
69	8	1														2	11
71		1	3														4
72	10	7	11	1			1	1							1	7	39
74	49	117	48	39	20	9	11	3				1	6		5	25	333
75	19	5	1	2	1	1										1	30
76	25	85	26	23	8	4	6	1	4			3	2			11	198
77	13	181	32	14	18	5	19	4	3				3		5	18	315
78	14	107	35	18	13	3	3	4			2		4		2	27	232
79	29	191	39	29	12	8	13	1	2		1	2	8	1	9	21	366
80	17	209	34	35	18	6	10	3	4	1			5		1	41	384
81	15	161	49	28	19	3	11		4		2	1	3			39	335
82	28	193	33	25	15	5	8	1	3		4	2	9			30	356
83	11	76	23	11	9	4	2	2	1				1			6	146
84	8	115	31	36	25	2	5	2	1		1	2	6	2	2	22	260
85	13	111	44	49	22	13	10	5	3		1	1	4	1	1	37	315
86	44	177	54	73	29	21	5	6	9	2	1	2	6	3	8	50	490
87	29	133	46	44	21	21	4	3	4				2	2		18	329
88	24	133	52	55	18	10	3	6	7			1	4	2		27	342
89	12	88	43	41	23	10	1	5	4			1	6		1	22	258
90	24	82	22	49	10	6		5			1	3	7	4		16	229
91	12	57	25	27	9	10		3	3		2	1	3	2	1	14	169
94	2	29	4	11	4	3	2		2				1		1	5	64
小計	620	3,691	1,233	659	452	149	169	84	61	4	17	31	81	18	43	828	8140
比例	7.6	45.3	15.2	8.1	5.6	1.8	2.1	1	0.8	0	0.2	0.4	1	0.2	0.5	10.2	100

表 10　醒靈寺三組禮生

沙門組		
姓名	性別	地址

范金鳳	女	薰化里
李銀雀	女	南村里
林素英	女	南村里
張馨文	女	大湳里
韋立賢	男	愛蘭里
林士雄	男	鐵山里
鄭曜騰	男	北安里
鄭憲勇	男	房里里
莫豐誠	男	鐵山里
梁徽盛	男	南村里
陳梅鴦	女	大城里
陳金桃	女	大城里
蕭文豐	男	大湳里
許玉香	女	大湳里
彭瑞滿	女	鐵山里
林義清	男	愛蘭里
林琮祐	男	房里里
林淑娟	女	南村里
玄門組		
姓名	性別	地址
張敬	男	大城里
潘朝陽	男	大城里
許澤源	男	大城里
余欣樺	女	溪南里
鍾錦霞	女	大城里
談瓊洲	女	愛蘭里
許翠琴	女	薰化里
吳麒珍	女	南村里

黃萬海	男	南村里
黃琦惠	女	大城里
白志成	女	大城里
塗秀蓮	女	鐵山里
張瑞麟	男	大城里
塗素燕	女	鐵山里
塗如德	女	愛蘭里
潘叔颦	女	大城里
李水雲	女	愛蘭里
廖子綾	女	大城里
張玉梅	女	鐵山里
蔡金併	女	大城里
林阿梅	女	大城里
龍華組		
姓名	性別	地址
鍾阿梅	女	大城里
洪美絨	女	愛蘭里
洪桂英	女	南村里
莊雲子	女	鐵山里
朱柄春	女	向善里
胡乃月	女	枇杷里
周燕鈴	女	水頭里
周燕芬	女	北安里
石阿梅	女	大城里
張淑美	女	大城里

地圖 1 埔里鸞堂網絡

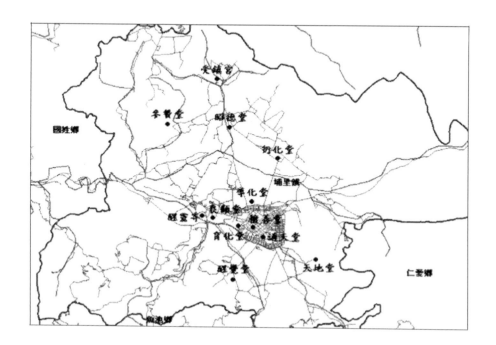

地圖 2　台灣

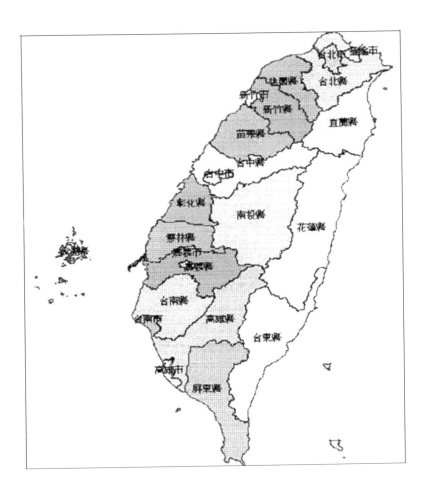

地圖 3　埔里地區主要鸞堂

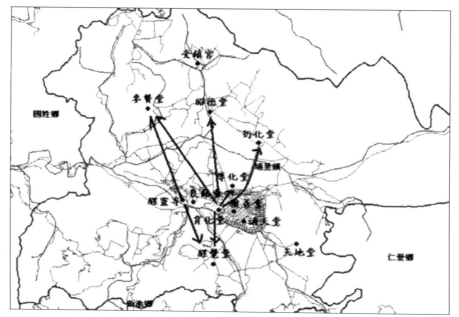

說明：以下的地圖皆以「台灣歷史文化地圖核心應用系統」繪製
完成。

附錄 1　埔里主要寺廟

說明：

一、本表所列寺廟以弘道協會所出版《埔里區寺廟弘道協會紀念特刊》所刊登之寺廟為主（部分非埔里地區的寺廟不列入），另補列少數未刊於書中的寺廟，依創建年代先後排序。

二、本表不包括觀音山玉佛寺、中台禪寺、地藏院、靈巖山寺等戰後新設之寺院及精舍，也不包括所有的土地公廟、有應公廟及私設宮堂。

三、「參加埔里建醮」欄中注有「分壇」之廟宇，引自 2008 年「埔里鎮戊子年祈安清醮法會手冊」中的分壇名單整理完成。

四、備注欄中「●」表示有參加 2007 年城隍遶境的宮堂，「▲」表示有參加 2007 年醒靈寺遶境的宮堂。

五、民國 47 至 49 年（1958-1960）劉枝萬所做「台灣省宗教調查」有關埔里地區僅 14 所，扣除天主教、基督教各一所，共計僅 12 所，除了已不存在的齋堂天德堂外，其餘 11 所分別於備注欄中加注「☆」

附錄 1　埔里主要寺廟

寺廟名稱	創建年代	地點	主祀神	同祀神	從祀神	扶鸞	乩童	參加埔里建醮	參與廟務重要菁英	著書善書	教育、慈善事業	主要族群	防番功能	備註
恒吉宮	1871	清新里	媽祖		城隍爺、註生娘娘、土地公、千里眼、順風耳			籌備中心	林其祥、謝仕開、施百川、陳雲釵、陳南要、鄭錦水		獎學金、急難救助			●▲☆ 弘道協會所記創建年代為 1824 年。
福同宮	1871	桃米里	衢儺祖師	玄天上帝	國姓爺、土地公			分壇	黃萬得					●▲ 弘道協會所記創建年代為 1886 年。
義民祠	1887	南村里	義民爺					分壇						《南投縣志稿》所記創建年代為 1879 年。
善天寺	1888	珠格里	釋迦牟尼						蔡火生、蔡乞、巫光輝、王彩、王興、陳石鍊、鄭火炎、蘇達時、徐雲騰、王峻楷、劉阿梧					☆ 即原來的齋堂善天堂，屬於龍華派。
義女廟	不詳	同聲里	天水夫人						羅金水、童誌誠					清代末期創建，創建年代不詳。
懷善堂城隍廟	1900	南門里	城隍爺	三恩主、玉皇大帝	元始天尊、釋迦牟尼				施百川、施雲釵、周平忠、陳石鍊、劉萬通		獎學金、急難救助（921 以後停辦）			●▲☆ 1、城隍廟的創建年代、廟方說法

寺廟	年代	里	主祀神	配祀神	分壇	人名	功能（客）	附註
貫元宮參贊堂	1902	一新里	文衡聖帝	城隍爺、土地公、楠、周倉、義民爺		張世昌、張以時、張以利、蔡祥、游民安	急難救助、敬老	☆ 2、2003年前停止降筆。
久靈寺	1904	向善里	釋迦牟尼	觀音菩薩		黃阿金、劉阿片、陳旺、張鎮安、潘鎮安、吳善慶		☆ 即原來的齋堂久靈堂，屬於龍華派。
鼉靈寺	1905	黃竹里	釋迦牟尼觀音	三恰主神農		范阿煌、張世昌、陳乙鍊、張以利、周平忠		1.即原來的齋堂鼉靈堂，屬於龍華派。2.弘道協會所記創建年代為1917年。3.法事「陳重正負責頌經、做法事。
正衡宮通天堂	1909	把城里	楠聖帝君	釋迦牟尼媽祖、玄天上帝、保生大帝		羅銀漢、陳乙鍊、陳尚要、蘇樹木、賴路漢、許清和、鄭錦水		●▲ 1998年停止降筆。
德華寺	1909	清新里	釋迦牟尼	孚佑帝君、司命真君		孔雲、吳朝宗、吳金水、吳龍福		☆ 即原來的齋堂德華堂，屬於龍華派。
昭平宮育化堂	1911	清新里	楠聖帝君	城隍爺、土地公		林其祥、謝仕朋、鄭錦水、許清水、陳乙鍊	漢學班、派災、施藥、義救	●☆ 曾興辦幼稚園，現已停辦。
湳興宮	1916	大湳里	洪府正爺	神農、玄天上帝、觀音菩薩、媽祖	齊天大聖太子爺、九天玄女			● 地名命名。
文華堂	1935	麒麟里	三恰主	城隍爺	分壇	黃佛緣、蘇新伙		☆

廟名	年	里	主神							備註
同修堂	1939	北門里	玄天上帝		土地公					玄天上帝賜堂號。
慈光寺太陽廟	1945	南村里	太陽星君	神農	城隍爺 土地公 太陰星君					
醒靈堂	1946	珠格里	關聖帝君	孚佑帝君 司命真君	城隍爺 土地公	分壇	鄭錦水、許清和 陳南要、施文彬、鄭火炎	◎醒靈文教基金會		☆
順隆堂	1946	清新里	蘇府大二三王爺	威靈大將爺	蛤江五王爺、南天門三夫人媽		馬發			☆
麒麟閣導化堂	1946	北梅里	觀音菩薩	三恩主 媽祖 玄天上帝	城隍爺 土地公	分壇	陳南要、陳石鍊 許元發	急難救助		●▲ 國語講習所舊址。
西鎮宮	1946	鐵山里	齊天大聖	玄天上帝 媽祖	唐三藏 豬八戒 沙悟淨 地藏王菩薩 五穀先帝	分壇	邱石頭			●▲
廣福宮	1947	成功里	義民爺	玄天上帝 媽祖	太子爺 濟公 普佑真君 開漳聖王	分壇			答	
同天宮	1947	枇杷里	池府千歲	媽祖 太子元帥	公 九天玄女 城隍尊神 福德正神			急難救助、獎學金、冬		乩童與通天堂共用。
醒靈寺	1949	愛蘭里	關聖帝君	孚佑帝君 司命真君	神農大帝 城隍	分壇	邱石頭、許清和 王進發、陳石鍊	急難救助、獎學金、冬		●☆ 前身「醒化堂」設立於1917年。

寺廟	創建年	里別	主祀	配祀	同祀	分壇	白金章、童誌誠	令教濟賑 米、漢學班		備註
寶湖宮 天地堂 地母廟	1950	枇杷里	地母至尊	三恩主 無極老母 媽祖	神農大帝 文昌帝君 玉皇上帝 太陽星君 太陰星君				●	1995 年停止降筆。
恆吉宮 衍化堂	1950	牛眠里	關聖帝君	孚佑帝君 司命真君	神農 太上老君 三官大帝	分壇	許清和	急難救助、清寒獎學金	●▲	
昭德堂	1951	史里	關聖帝君	孚佑帝君 司命真君	五穀先帝 關平 周倉 李府主爺 天上聖母 九天玄女	分壇	陳石鍊	助學金	●	
奉天宮	1951	枇杷里	三川國王	玄天上帝	城隍 土地公 太子爺 雷公 康王爺 趙王爺	分壇			▲☆	
霓龍宮	1952	麒麟里	太子爺 玄天上帝	關聖帝君	城隍 土地公 濟公	分壇	鐘宇章、賴路漢	送米濟貧	●	
參天宮	1955	南村里	媽祖		釋迦牟尼 觀音 土地公	分壇	賴路漢		●	
天旨宮	1958	枇杷里	衡慎祖師	關聖帝君 保生大帝	觀音 玄天大聖	分壇	周顯文	冬令救濟	●	

廟名	年代	里別	主神	其他神祇	分壇	人名	慈善事業	符號
受鎮宮	1959	廣成里	玄天上帝	五穀先帝 清水祖師 廣澤尊王 太子爺 36 元帥				
保安宮	1960	合成里	廣澤尊王	觀音 三府王爺 哪吒太子 尊王夫人	分壇			
晉天宮 恆善堂	1966	大城里	清水祖師	媽祖 太子爺 玄天上帝 濟公 東嶽大帝		賴路漢、劉萬通		●
青人堂 公廟	1971	東門里	公尊王	城隍爺 土地公 七俠五義				●
受善宮	1971	福興里	玄天上帝	釋迦牟尼 城隍爺 土地公	分壇			
良善堂	1972	水頭里	觀音菩薩	開台聖王 濟公 齊天大聖 媽祖	分壇	賴路漢		▲
金龍宮	1973	水頭里	中壇元帥	觀音 保生大帝 玄天上帝	分壇			●▲
玉清宮 良善堂	1974	大成里	五顯大帝	福德正神 媽祖 中壇元帥 齊天大聖	分壇	童誌誠、陳綢	兒童及少年服務中心、急難救助、獎學金	
珠龍宮 善化堂	1989	珠格里	玄天上帝	康元帥 趙元帥			送米濟貧 濟貧	

			神農					
玄吉岩	1990	泰安甲	玄天上帝			城隍爺 土地公 太子爺		●
北安岩 仙法堂	1990	合成甲	五年千歲			城隍爺 土地公	分壇	
天山岩	1992	房里甲	媽祖	關聖帝君 玉皇大帝		千甲眼 順風耳 城隍爺 土地公	分壇	●▲

說明：

一、本表所列寺廟以弘道協會所出版《埔里區寺廟弘道協會紀念特刊》所刊登之寺廟為主（部分非埔里地區的寺廟不列入），另補列少數未刊於書中的寺廟，依創建年代先後排序。

二、本表不包括觀音山五佛寺、中台禪寺、地藏院、靈嚴山寺等戰後新設之寺院及精舍，也不包括所有的土地公廟、有應公廟及私設鸞堂。

三、「參加埔里建醮」欄中注有「分壇」之廟宇，引自 2008 年「埔里鎮戊子年祈安清醮法會手冊」中的分壇名單整理完成。

四、備注欄中「●」表示有參加 2007 年城隍遶境的鸞堂，「▲」表示有參加 2007 年醒靈寺遶境的鸞堂。

五、民國 47 至 49 年（1958-1960）劉枝萬所做「台灣省宗教調查」有關埔里地區的鸞堂僅 14 所。有關埔里地區宗教調查計僅 12 所，除了已不存在的齋堂天德堂外，其餘 11 所分別於備注欄中加注「☆」。基督教各一所，共

邵式柏，《臺灣邊疆的治理與政治經濟（1600-1800）》推薦序

邵式柏《臺灣邊疆的治理與政治經濟（1600-1800）》中文版的發行，象徵著臺灣研究領域的一大成就。原因之一是，儘管邵式柏的著作有極高的學術研究價值，迄今卻未能發揮應有的影響力。這在美國及西方各國是臺灣研究遭受邊緣化的後果之一，在臺灣及亞洲各國則有一部分是由於他的著作以英文寫成。如今這部縝密且譯筆出色的中文版得以問世，應可大大嘉惠不以英文為首要閱讀語言的學者們。

本書對於臺灣研究推廣的諸多貢獻尤其值得稱道，邵式柏證明了只要放在中國及東亞研究的更大脈絡之下，臺灣研究更能有所成就。不僅如此，邵式柏的研究更向人們揭示，臺灣研究領域的學者們得天獨厚地擁有豐富的第一手史料，而他就充分運用大量史料探討許多關鍵問題。在我看來，本書對臺灣研究領域最重要的貢獻有三：

一、本書成功挑戰清代臺灣史的常識，尤其是所謂「消極治理」說法。邵式柏清楚呈現這個說法來自於多種不同立場的政治正確議題（參見第一章註 4），包括國民黨史家將林爽文事件之類的民變，視為對滿清消極治理的怨恨；共產黨史家將這些起義視為消極而腐敗的封建制度之必然後果；支持臺灣獨立的史家則認為消極忽視是臺灣遭受任何一個中國大陸政權統治的必然宿命（這個觀點同樣表現在他們主張的「清領」與「日治」兩個分期術語對照中），日本帝國主義史家則以清廷的消極治理，做為日本殖民臺灣的正當性。

反之，邵式柏則提出令人信服的主張，他認為一切試圖證明清朝消極治理臺灣的學術研究，都必須建立在臺灣與中國其他邊疆地區有系統的比較研究之上。不僅如此，書中更運用這樣的比較研究，揭示出截然不同的結論，也就是說，清帝國其實是積極治理臺灣等邊疆地區，並任命經驗豐富的官員制訂政策並試圖落實，務求盡量擴充稅收潛力，及減低控制成本（頁 2-5、252-255、276-277、290-291）。儘管這些政策不一定都能發生效果，但並不表示清廷消極忽視臺灣；換言之，「消極治理」

不應與「有效治理」混為一談，尤其清朝統治的效力就連在中國境內都證實是有限的。比方說，械鬥之類的現象在臺灣並不比中國其他地區更為猖獗，包括早已不是邊疆的東南沿海地區（頁 290-291），羅漢腳則是中國許多邊疆地區所共有的（頁 201）。

本書也以許雪姬等學者的論著為基礎，闡述軍事行政在清朝治理臺灣（及其他邊疆地區）的至關重要地位。這在附錄 D 中最能清楚說明，表 D-5 尤其顯示出清軍在臺灣的空間分布與集結，高於福建省以及中國其他地區。邵式柏也運用許多在地理資訊系統（GIS）科技引進之前，即已繪製完成的高品質地圖證明自己的論點（地圖 7-2 至 7-4），其中幾幅地圖更啟發了筆者對 1915 年噍吧哖事件的研究。

二、邵式柏的第二項貢獻，則是他樂意在中國邊疆史及世界海洋史的更大脈絡下研究臺灣史，正如他在作者序文所強調的，這出自於他從美國與臺灣的指導教授所接受的學術訓練。如同前文所述，本書凸顯出對臺灣及其他邊疆地區進行縝密比較研究，以求更精準地評價清朝統治效能的必要（頁 555-563）。為了達成這一目的，邵式柏指出幾項可供比較研究之用的關鍵因素，包括國家戰略、稅收及控制成本。從晚近研究中國東北及西南邊疆的論著看來，他的方法證明了極有先見之明。他甚至大膽追加美國與臺灣邊疆的比較研究（見附錄 F），這一比較看似冒險，但對於拓展我們的分析視角、啟發後來的學者卻足以證明是價值非凡的。

三、邵式柏對於族群特質與族群關係的批判性分析更應給予特別肯定，其精熟老練有時是同一領域的其他學者所不及。這可從第一章極為重要的一處註腳（註 26）看出，它將漢人、原住民等族群團體與不同漢人移民群體（例如閩與客、漳與泉、同安與三邑）的次族群嚴格區分開來。本書問世時對學界產生重大影響，喚起我們注意臺灣平埔族群的重要性，那時平埔族群才剛進入臺灣研究的主流。邵式柏的研究也包含一個引人入勝的發現：相較於北美、中美、南美原住民成為滅絕的對象，臺灣的平埔族群實際上受到滿清政權的保護，不只是由於同樣屬於非漢民族，也因為身為居於大租所有權人及徵收者的地位，以及其做為忠誠

勇士的價值。

　　邵式柏也在一個族群採用另一族群部分習俗的「涵化」，與一個族群完全認同另一族群的「同化」之間，做出十分重要的區辨（頁500-501），並進一步提出在這些過程中聲望階序的作用，以及漢人涵化重要意義的假說（頁509、520）。他所論證的親屬關係與性別價值轉變更為緩慢且言之成理（頁521），但恐怕需要更多宗教風俗的資料佐證（關於這方面的探討，可參見洪麗完、詹素娟、潘英海、簡文敏、簡炯仁等學者的論著）。

　　不過，正如一切開創性的學術著作，《臺灣邊疆的治理與政治經濟》一書也難免有些缺陷。首先，邵式柏有時不免過分強調帝國控制，以一種由上而下的觀點看待國家與社會的關係。儘管他確實承認人口壓力和經濟契機具有翻轉國家利益的潛能（頁199），國家與移民也有可能追求社會穩定、經濟成長等相似目的（頁227），本書對這些議題的分析仍一再運用「滲透及包圍」、「霸權與控制」、「增加正統性」等詞語（頁284-286）。

　　另一個問題則涉及邵式柏對中國菁英的定義，他強調科舉考試系統在所謂創造「文化上遵循正統的地方菁英」過程中的作用（頁285-286）。但這一觀點低估中華帝國晚期菁英群體的多樣性，他們不只包括士紳、具有功名的文人，還包括鄉治代理人、商人、地主、宗教儀式專家，以及地方頭人等等，這些人全都對

　　地方事務發揮巨大影響力，卻不一定擁有功名，甚至未必接受過儒家經典教育（對這個問題的更深入討論，可參見周錫瑞〔Joseph Esherick〕與冉玫鑠〔Mary Rankin〕合編的《中國地方菁英與支配模式》〔*Chinese Local Elites and Patterns of Dominance*〕一書。臺灣的情況則可參見吳文星、蔡淵絜、林玉茹、陳世榮等學者的論著）。

　　不過，以上這些缺憾都不足以減損本書的貢獻，及其整體的重大意義。《臺灣邊疆的治理與政治經濟（1600-1800）》透過鮮活地描繪出清代臺灣歷史的政治及社會經濟層面，同時增廣我們對於清代臺灣原住民族的知識，所達成的重大突破至今仍可做為臺灣、中國乃至東亞各國歷

史學者的典範。隨著這部優秀的中文譯本大功告成，邵式柏的作品得以成為一盞更閃亮的明燈，照亮往後幾代學者前進的道路。

康豹（Paul R. Katz）

中央研究院近代史研究所特聘研究員

2016 年 5 月

　　本推薦序初刊登於邵式柏，《臺灣邊疆的治理與政治經濟（1600-1800）》（台北：台大出版中心，2016），頁 iii-vi，收入本書時略作修訂。

國家圖書館出版品預行編目資料

康豹臺灣史研究名家論集（二編）/康豹　著者. -- 初版. -
臺北市：蘭臺, 2018.04
面 ；　公分. -- (臺灣史研究名家論集；2)
ISBN　978-986-5633-70-7（全套：精裝）

1.臺灣研究　2.臺灣史　3.文集
733.09　　　　　　　　　　　　　　　107002074

臺灣史研究名家論集 2

康豹臺灣史研究名家論集（二編）

著　　　者：康豹
主　　　編：卓克華
編　　　輯：高雅婷、沈彥伶、塗語嫻
封面設計：塗宇樵
出 版 者：蘭臺出版社
發　　　行：蘭臺出版社
地　　　址：台北市中正區重慶南路 1 段 121 號 8 樓之 14
電　　　話：(02)2331-1675 或(02)2331-1691
傳　　　真：(02)2382-6225
E—MAIL：books5w@gmail.com 或 books5w@yahoo.com.tw
網路書店：http://bookstv.com.tw/、http://store.pchome.com.tw/yesbooks/、
　　　　　　博客來網路書店、博客思網路書店、三民書局
總 經 銷：聯合發行股份有限公司
電　　　話：(02) 2917-8022　　　傳　真：(02) 2915-7212
劃撥戶名：蘭臺出版社　帳號：18995335
香港代理：香港聯合零售有限公司
地　　　址：香港新界大蒲汀麗路 36 號中華商務印刷大樓
　　　　　　C&C Building, 36,Ting, Lai, Road, Tai,Po, New,Territories
電　　　話：(852) 2150-2100　　　傳真：(852) 2356-0735
經　　　銷：廈門外圖集團有限公司
地　　　址：廈門市湖里區悅華路 8 號 4 樓
電　　　話：86-592-2230177　　　傳　真：86-592-5365089
出版日期：2018 年 4 月初版
定　　　價：新臺幣 30000 元整（套書，不零售）
ISBN：978-986-5633-70-7

《臺灣史研究名家論集》

（共十四冊）卓克華總編，汪毅夫等人著作

王志宇、汪毅夫、卓克華、周宗賢、林仁川、林國平、韋煙灶、
徐亞湘、陳支平、陳哲三、陳進傳、鄭喜夫、鄧孔昭、戴文鋒

ISBN：978-986-5633-47-9

套叢書是兩岸研究台灣史的必備文獻，解決兩岸問題也可以從中找到契機！

　　這套叢書是十四位兩岸台灣史的權威歷史名家的著述精華，精采可期，將是臺史研究的一座豐功碑及里程碑，可以藏諸名山，垂範後世，開啓門徑，臺灣史的來新方向即孕育在這套叢書中。展視書稿，披卷流連，略綴數語以説明叢刊的成經過，及對臺灣史的一些想法，期待與焦慮。

9 789865 633479　28000

臺灣史料研究叢書(套書)定價：28000元

《臺灣史研究名家論集》 共十四冊

陳支平——總序

　　臺灣史研究的興盛，主要是從二十世紀八十年代開始的。臺灣史研究的興起與興盛，一開始便與政治有著密切的聯繫。從大陸方面講，「文化大革命」的結束與「改革開放」政策的實行，使得大陸各界，當然包括政界和學界，把較多的注意力放置在臺灣問題之上。而從臺灣方面講，隨著「本土意識」的增強，以及之後的「臺獨」運動的推進，學界也把較多的精力轉移到對於臺灣歷史文化及其現狀的研究之上。經過二三十年的摸索與磨練，臺灣歷史文化的學術研究，逐漸蔚為大觀，成果喜人。以大陸的習慣性語言來定位，臺灣史研究，可以稱之為「臺灣史研究學科」了。未完待續……

汪毅夫——簡介

1950年3月生，臺灣省臺南市人。曾任福建社會科學院研究員，現任中華全國臺灣同胞聯誼會會長，福建師範大學社會歷史學院兼職教授、博士生導師，享受國務院特殊津貼專家。撰有學術著作《中國文化與閩臺社會》、《閩臺區域社會研究》、《閩臺緣與閩南風》、《閩臺地方史研究》、《閩臺地方史論稿》、《閩臺婦女史研究》等15種，200餘萬字。曾獲福建省社會科學優秀成果獎7項。

汪毅夫名家論集—目次

100 台北市中正區重慶南路1段121號8樓之14
TEL：（8862）2331 1675 FAX：（8862）2382 6225
E-mail：books5w@gmail.co
網址：http://bookstv.com.t